徳川日本の洋学者たち

下山純正

東京堂出版

はじめに

岡山県北東部の山間地に位置する美作地方（異称を作州）の歴史的特徴の一つに、江戸後期から明治初期にかけて、優れた洋学者を輩出したことが挙げられます。比較的天候が穏やかな岡山ですが、作州は天候が厳しく土地もやせていました。江戸時代には、たびたび激しい農民一揆が起こっています。一揆が多発することからしても、津山藩は決して裕福な藩ではありませんでした。しかし、古くから出雲街道や吉井川の舟運によって上方や他地域の文化に接する機会に恵まれ、いわゆる辺地にありがちな閉鎖性や後進性は少なかったと思います。そして何よりも、藩士たちは親藩としての誇りを持っていました。そうした風土は「頑固で議論好き」と言われる作州人気質を形成することになります。ともあれ、この気質が学問を極める学者を生み出すための素地としては、適当だったのかもしれません。

安永三年（一七七四）の『解体新書』刊行から、次第に隆盛となっていく江戸蘭学界の牽引役となった津山藩医（江戸詰）宇田川玄随・玄真・榕菴の三代や、幕末の対米・対ロ交渉に奔走した箕作阮甫（国元から江戸詰）とその一族の活躍によって、刺激を受けた美作地方の若者が多くいました。

杉田玄白の愛弟子となった小林令助。シーボルトの鳴滝塾に学んだ石坂桑亀や石井宗謙。阮甫の門人で、晩年は横浜で翻訳に専念した牧穆中。幕府のオランダ留学生に選ばれた法学者津田真道。国元で乳ガン手術を成功させた華岡門人の津山藩医久原洪哉。明治における自由民権運動に加わった仁木永祐。ヘボンに学び、横浜を舞台に多彩な活躍をした岸田吟香などがそれにあたります。

そのほかにも、緒方洪庵の適塾で塾頭を務めた石井信義。蘭医のポンペやボードウイン、英医ウィリスに学んだ芳村杏斎や高山俊斎などもいます。しかしながら、未だに詳しい経歴や業績が明らかになっていない人物もまだまだ多く存在します。このように、体制側の洋学者として功成り名を遂げた学者たちがいる一方で、帰郷して地域医療に尽力して名も無く散っていった在村蘭方医たちがいたのです。

全国の有名な蘭学塾の門人録から美作出身者を拾い出すと、その数はおおよそ六十～七十名にも及びます。これまで門人録を頼りに、その後裔ではないかと思われる旧家を現地に訪ね、墓碑や蔵の資料を調査してきた結果、「レベルの差こそあれ、この地域で洋学に関心を寄せた者はその数倍は潜在していたのではないか」と、考えるようになってしまいました。

本書では、郷土縁の洋学者たちの動静と共に著訳書や関連資料を題材として、江戸・長崎などでの活躍と、美作における洋学の広がり、あるいは浸透度について多角的に取り上げてみました。

「蘭学」（オランダ学）という言葉は知っていても、「洋学」（西洋学術）は聞き慣れない言葉です。専門的には「近世蘭学」とか「幕末洋学」といった分け方をしますが、本書では「蘭学」は「洋学」の一部と思っていただければ良いでしょう。

そして何よりも、洋学者たちがどのような思いで未知なる学問に挑んだのかについて、少しでも興味を持っていただけたら幸いです。

第五章 箕作家に続け！

【第Ⅱ部】津山・美作の洋学発掘記　143

第Ⅰ部

日本の洋学と津山の洋学

第一章

『解体新書』と宇田川玄随・玄真

1 解剖の記録

――伝わる東洋の実証精神

津山洋学資料館には寄託資料として、津山市籾保（もみほ）の医家仁木（にき）家の膨大な医学書籍が保管されています。その中には、医史学上大変貴重な医学書である『蔵志（ぞうし）』が伝わっています。これは、京都の漢方医山脇東洋（やまわきとうよう）が宝暦四年（一七五四）に京都所司代の許可を得て、刑死体の腑分（ふわけ）（解剖）を実施し、その結果をまとめた記録本です。

東洋は、漢方医の中でも実証精神を重視する「古医方」という一派の大家であり、全国的にも名の知られた人物でした。若い時から腑分の志を持っていましたが、やっとの思いでその機会を掴み、その所見を整理して『蔵志』という本を著し、五年後に出版したのでした。

『蔵志』は乾・坤二冊で、本文や図を見ると、この腑分けの主目的とされた「大腸と小腸の区別」が見落とされ、脊椎も数え間違えているのがわかります。しかし、斬首された遺体から、「気管が前で食道が後ろである」、ということを確認できたのは当時としては意義があったのです。

山脇東洋肖像（国立科学博物館所蔵）

個々の所見はともかく、これによって中国伝来の五臓六腑説は実物とは異なることを指摘し、「医学は実際に自分の目で観察しないとだめだ」ということを実証したからです。

東洋は「蛮書、すなわち西洋の本を参考にしてみて、初めは理解できなかったが、このたびの腑分で人体の内臓に接して初めて蛮書の正しいことがわかった」と述べています。

東洋は漢方医でありながら、ドイツ人でパドア大学のウエスリングの解剖書（オランダ語版）

を秘蔵していたようで、横文字は理解できなかったものの、その精密な解剖図を見ているうちに疑問が湧き、いつかは自ら腑分して観察したいと夢見たのでしょう。

公の許可を得て初めて実施された腑分が前例となって、その後も伏見（京都）や萩（山口）などで実施されることになりますが、『蔵志』が刊行された十七年後の明和八年（一七七一）に、歴史上重大な一つの腑分が、江戸の小塚原刑場（荒川区南千住）で行われることになります。それに立ち会ったのが杉田玄白、前野良沢、中川淳庵らの医師たちで、これが契機となって『解体新書』の刊行に繋がっていくのです。この主要翻訳メンバーと交流したのが、津山における洋学の開祖となった津山藩医（江戸詰）の宇田川玄随なのでした。

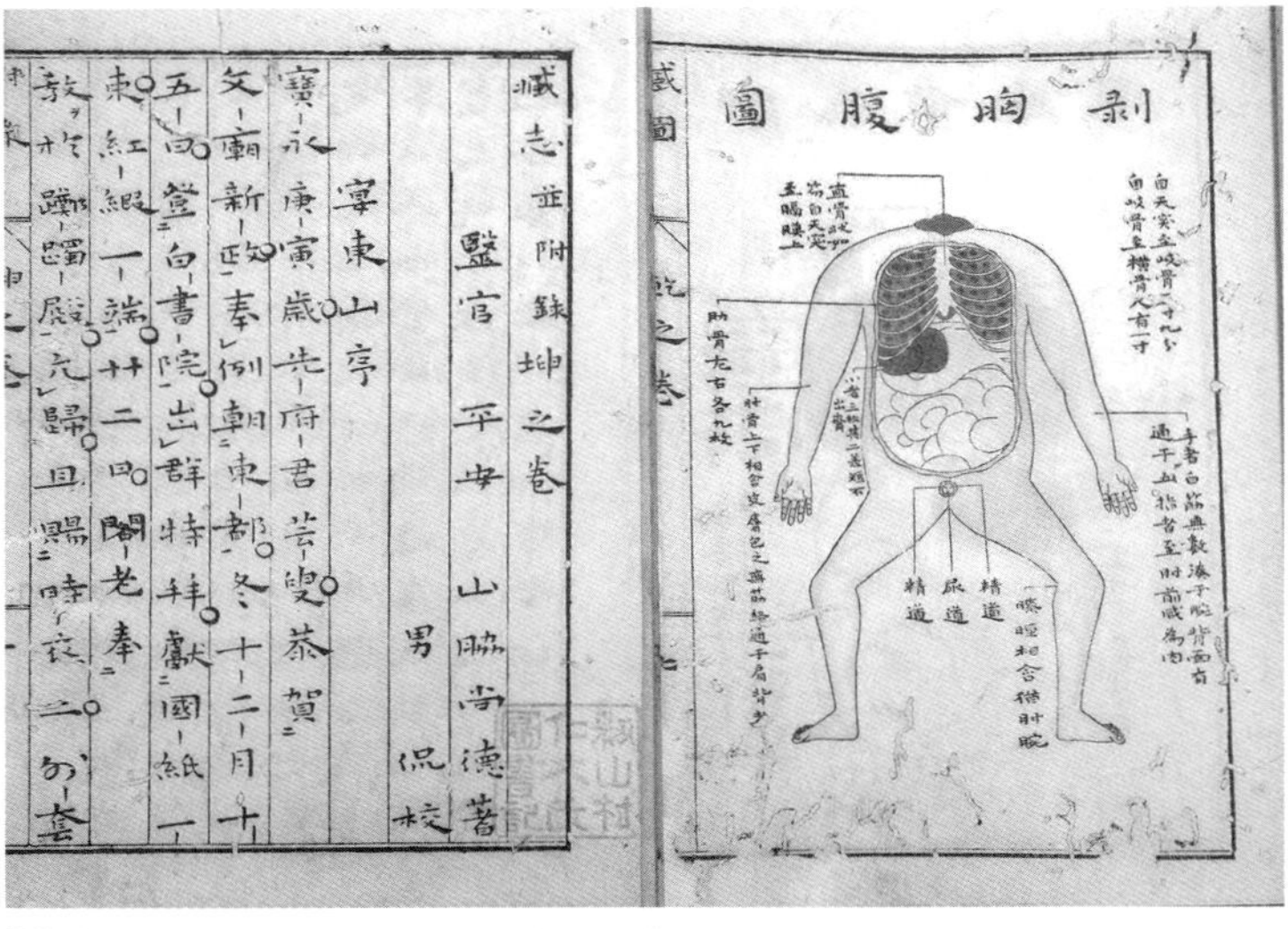

『蔵志』（津山洋学資料館・仁木家寄託資料）

解体新書

――難解な解剖書を翻訳

蘭学といえば『解体新書』ということで、この本はよく知られた医学書です。小学校で学習した教科書の、解剖図扉絵部分はとても印象的で、大人になった今でも鮮明に記憶に残っている読者は多いことでしょう。

津山洋学資料館に展示されている『解体新書』を見つけて、「あの有名な本はここにあったのか!」と、過去の記憶を辿りながら、新たな発見に感動する方もい

杉田玄白肖像（早稲田大学図書館所蔵）

『解体新書』（津山洋学資料館・仁木家寄託資料）

ますが、『解体新書』はこれ一点というものではなく、今でも全国にはかなりの数が残っています。現に洋学資料館でも、津山市籾保の医家仁木家と、岡山県勝田郡勝央町石生の医家原村家のそれぞれから寄託されています。

杉田玄白らが『解体新書』を刊行するまでの苦労話は、玄白の回顧録『蘭学事始』によってあまりにも有名ですが、少しだけ触れておきましょう。

今から二百四十八年前の明和八年（一七七一）三月四日、江戸の小塚原刑場（荒川区南千住）で女刑死体の腑分（解剖）が行われました。それに立ち会ったのが、江戸在住の若狭小浜藩医杉田玄白、豊前中津藩医前野良沢、そのほか中川淳庵、石川玄常らの医師たちでした。この時、玄白と良沢は当時なかなか入手することが困難なオランダ語の解剖書（俗に『ターヘル・

アナトミア』という)を、互いに持参したことの奇遇に驚き、感動して腑分けに臨むことになるのです。さらに玄白らは、その解剖書の緻密(ちみつ)な解剖図が目前の刑死体の内臓と比べて「まるで鏡に映したようにそっくりだ」と興奮し、翌日から長崎でオランダ語を学んだ経験のある良沢を中心に、この難解な解剖書の翻訳に挑戦することになりました。そして三年後の安永三年(一七七四)八月、苦労の末に『解体新書』(四巻附序図一巻)として刊行したのでした。この翻訳文は、今から見れば厳密には正確とはいえないものの、西欧の進んだ医学を翻訳によって直接学びとることを証明できたことが最も重要なのです。

当時、『解体新書』の刊行は医師たちの間で話題となりましたが、これを批判した多くの漢方医の中に、二十歳になった若き宇田川玄随(うだがわげんずい)がいました。

3 不屈の精神で翻訳された西洋の内科書

安永三年（一七七四）、『解体新書』の刊行によって、蘭学への道が大きく開かれました。これに続いて大槻玄沢などの優れた蘭学者が生まれてくるのですが、宇田川玄随もその中の一人でした。

宇田川家は代々漢方医として津山藩に仕えていました。『解体新書』によって西洋医学が唱えられるのをみて、玄随は当初それを嘲り、軽蔑していたといわれています。ところが、『解体新書』の翻訳メンバーと交流する機会を得てからは次第に西洋の医説に感服し、ついに安永八年（一七七九）、二十五歳でオランダ語の学習を始めることになるのです。

五年後、幕府の医官で『解体新書』翻訳メンバーの一人でもあった幕府医官桂川甫周から、オランダ人医師ヨハネス・デ・ゴルテルの著した『簡明内科書』を手渡され、その翻訳を依頼されます。それは「解体新書の刊行によって西洋の外科学は紹介されたものの、内科学はまだである」という理由からでした。それからというもの、玄随は不屈の精神をもってこの翻訳事業に専念することになるのです。そして、意味のわからない単語に出くわすたびに、元通詞（通訳）や蘭学者を訪ねて江戸市中を駆け回り、確認するという熱の入れようでした。こうした十年にもわたる努力が実り、寛政五年

宇田川玄随肖像（岡山県立博物館所蔵）

（一七九三）から文化七年（一八一〇）にかけて、わが国最初の西洋内科書『西説内科撰要』（十八巻十八冊）を刊行するに至るのです。

同書には症状による分類が多く収録され、各病症別に定義・鑑別・結果・療法が述べられ、当時の内科医に与える影響は大きなものがありました。玄随は晩年、この内科書をさらに訂正し、内容をわかりやすくした改訂版を出したいと筆をとったといわれています。しかし、その実現を見ないまま寛政九年（一七九七）二月十八日，四十三歳という若さでこの世を去りました。

平成元年（一九八九）、津山市民有志によって「宇田川三代顕彰実行委員会」が組織され、東京都府中市の多磨霊園から津山市西寺町の泰安寺に、宇田川家三代（玄随・玄真・榕菴）の墓所が移されました。その改葬時に玄随の遺骨が発見され、東京大学名誉教授の鈴木尚氏によって鑑定が行われます。その結果、身長は約一四八・五センチで、当時の庶民男性の平均身長が一五六センチだったのに比較して著しく低く、女性を思わせるほどだったことが判明しました。

玄随は号を「東海（とうかい）」といいますが、その女性的風貌や体型から「東海婦人」というあだ名を蘭学者仲間から付けられていました。奇しくも鑑定はそれを裏づける結果となったわけです。しかし、これとは逆に下半身の骨は当時の平均的庶民を凌ぐほど逞しいこともわかりました。長年にわたって一冊の洋書翻訳に奔走した玄随の意思の強さと、学問に対するひたむきな姿勢が骨格まで変えてしまったのでしょうか。

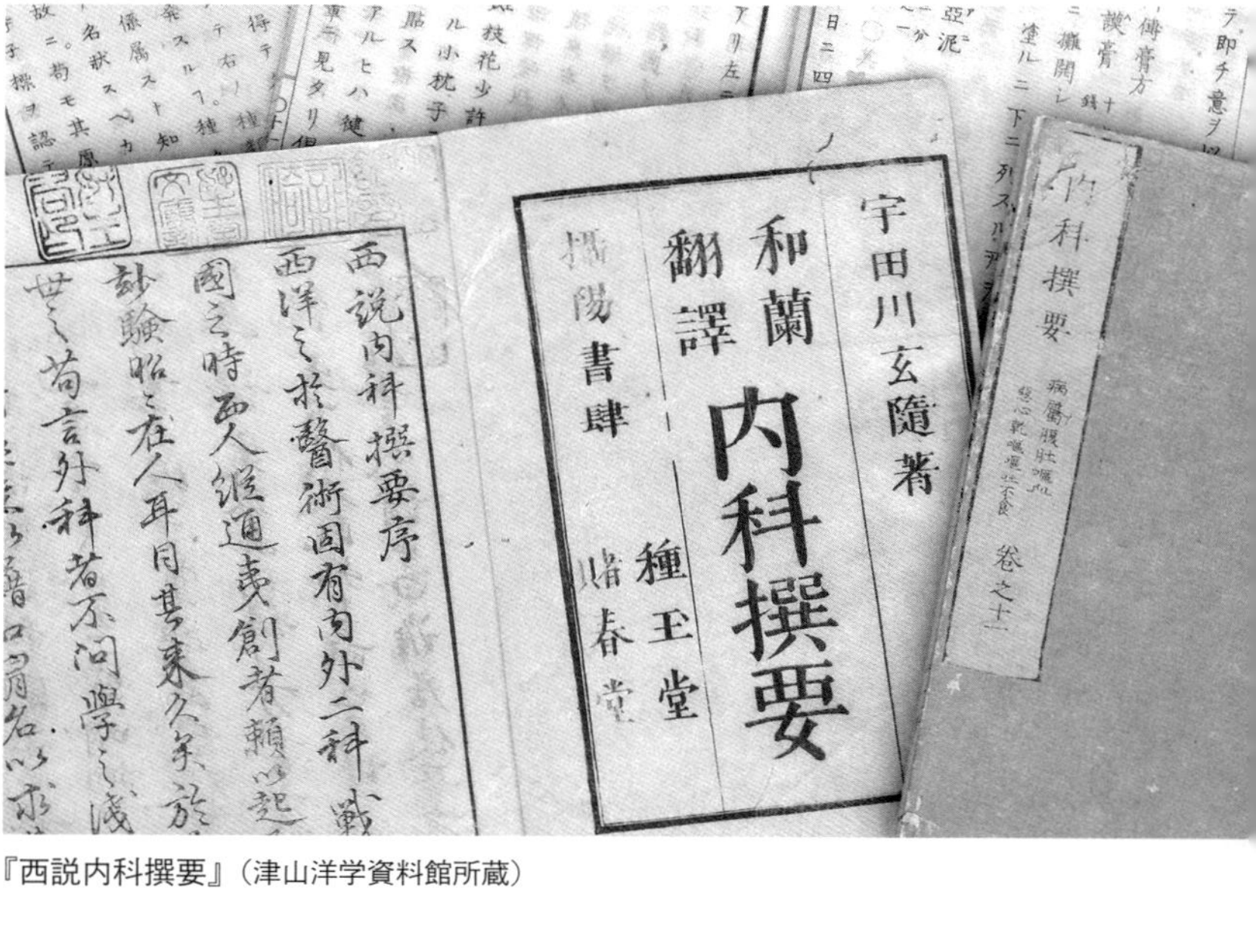

『西説内科撰要』（津山洋学資料館所蔵）

宇田川玄随肖像（武田科学振興財団杏雨書屋所蔵）

4

「芝蘭堂新元会図」と宇田川玄随

――江戸蘭学界での序列が上がる

寛政三年（一七九一）、江戸蘭学界の長老となった前野良沢の古希と杉田玄白の還暦を祝う賀宴が、玄白の養子伯元によって催されました。その三年後の寛政六年閏十一月十一日（太陽暦の一七九五年一月一日にあたります）、当時江戸蘭学界を主導する存在となった大槻玄沢が、蘭学の同志を家塾「芝蘭堂」（江戸京橋水谷町。中央区銀座一丁目）に招いて賀宴を開催した。その時の様子を市川岳山が描いたのがこの「芝蘭堂新元会図」、俗に「阿蘭陀正月」といわれる図です。

実物は早稲田大学図書館が所蔵していますが、ずいぶんと昔にその実寸大の複製品（複製品は彩色されていない）が同大学によって何枚か制作され、今でも相当の高値で流通しています。津山洋学資料館が所蔵するこの図もその複製品ですが、昭和六十一年（一九八六）に当時の館長木村岩治氏が私的に購入して館に寄贈したもので、その時の事情を知る者として思い出深い資料の一つです。

さて、この図をよく見ると、三机を並べて二十九人の盟友が円座しているのがわかります。参加者の名前は記載されていませんが、余白に賛文（画中に書き添える詩文）が寄せられているので、大槻玄沢、岡田甫説、宇田川玄随、唐橋進、稲村三伯、市川岳山、杉田伯元、森島中良などが出席していたことがわかります。机上には小皿や散蓮華と共に、フォークとナイフ、ワイングラスなどもあり、いかにも蘭学者の宴会です。

大槻玄沢は長崎遊学中に出島のオランダ通詞吉雄耕牛宅で西洋料理を食した経験があったので、その趣向は大変凝ったものだったでしょう。床の間にはウニコール（一角獣）の軸が掛かり、その左の壁に西洋人らしき画像が見えます。これは蘭学者に医聖と崇められた「ヒポクラテス像」と見るか、「ハイステル像」と見るかは研究者によって見解がわかれています。また、違い棚には洋書、筆立てには鵞管（羽ペン）も散見され、観察すればするほど興味が湧いてきます。

右端の椅子に座しているのは森島中良で、ロシアからの帰国後、江戸で軟禁状態だった大黒屋光太夫が持ち帰った洋服を着ています。その中良の煙管の下にいるのが主催した大槻玄沢でしょうか。

「芝蘭堂新元会図」（※複製。津山洋学資料館所蔵。原本は早稲田大学図書館所蔵）

さて、宇田川玄随がどこにいるかというと、断定はできませんが、おそらく床の間の左柱の下、丸刈りの人物が玄随ではないかといわれています。理由として、その柱を挟んで玄随（名は晋）の賛文が記されていることもありますが、この「阿蘭陀正月」の二年前から、わが国最初の西洋内科書『西説内科撰要』の刊行を始めていたため、江戸蘭学界における玄随の序列は当然上がっていたはずで、それゆえ上座に座らされたと思うからです。

5

「膵」の文字を作った宇田川玄真

寛政九年（一七九七）に宇田川玄随が亡くなったあと、その後継者となったのは伊勢松坂（三重県松阪市）生まれの宇田川玄真（旧姓は安岡）です。

若くして江戸に出た玄真は、玄随のもとで漢籍（漢文の本）を学んでいましたが、学業優秀だった玄真は、玄随の紹介によって桂川甫周や大槻玄沢から蘭学を学ぶチャンスを掴みます。さらに玄真は、大槻らの推薦によって江戸蘭学界の大御所

宇田川玄真肖像（武田科学振興財団杏雨書屋所蔵）

杉田玄白の娘八曽と婚姻し、杉田家の養子に納まるという実力と強運の持ち主でもありました。

しかし、幸運は長く続きませんでした。学業のほうは玄白の期待通りに進んだものの、身持ちの悪さが災いして娘とは離縁され、杉田家を追われてしまい、一介の書生に転落した玄真の生活は困窮します。その様子を見かねて助けたのが大槻門下の稲村三伯で、オランダ語が堪能な玄真に蘭書の翻訳を手伝わせて生活を援助したのです。この時、玄真が手伝った仕事は、のちにわが国最初の蘭日辞典『波留麻和解』（江戸ハルマ）となっています。

さて、玄随が亡くなった当初、宇田川家を継ぐ者はいませんでした。玄随には男子が二人いたものの、夭折（若くして亡くなること）していたからです。そこで、親類や知友らが集まって相談した結果、後継者に選ばれたのが安岡玄真なのです。こうして寛政十年（一七九八）、玄真は蘭学の名家を相続し、宇田川玄真と名乗ることになりました。

玄真の代表的な仕事として、『和蘭内景医範提綱』（文化二年〔一八〇五〕刊）と、その付図となる『医範提綱内象銅版図』（文化五年刊）を挙げることができます。

前者は、読みやすくわかりやすい平易な文章によって西洋医学の真髄を日本人に教えた江戸時代最良の外科書として知られ、当時のベストセラー医学書となりました。

同書で特筆すべきことは、私たちが今も使っている多くの医学術語が作られ、それが体系づけられたことです。例えば、杉田玄白たちが『解体新書』において klier（キリィール）を「機里爾」と音訳したのを改め、「腺」を作字していること。また同様に、klier bedde を（キリィール・ベデェ）を「大

『和蘭内景医範提綱』と『内象銅版図』（津山洋学資料館・仁木家寄託資料）

機里爾」と意訳したのを改め、「膵」を作字して「膵臓」としたことです。玄真は、本来「膵臓」を意味するオランダ語 Alvleesch を、AL（すべて）と vleesch（肉）の合成語と理解して、「肉月偏（にくづきへん）」に、「萃（あつめる）」を合わせて「膵」という国字（日本で作られた文字）を作字しました。ほかにも、『解体新書』では「薄腸」「厚腸」と訳されたものを、「小腸」「大腸」に改めてもいます。また『内象銅版図』も、その名の通り緻密で美しい銅版解剖図を日本で初めて医学書に所収した画期的なもので、全国各地で医学を志す人々を魅了し驚嘆させました。

その結果、玄真のもとには坪井信道をはじめ、飯沼慾斎、藤井方亭、箕作阮甫、戸塚静海、緒方洪庵、青木周弼らが次々と入門し、玄真は江戸蘭学界における「蘭学中期の大立者」と称されることになるのです。

6

宇田川玄真胸像の寄贈を全国発信

——顕彰に期待

旧洋学資料館玄関前に建つ宇田川玄真像

平成十七年（二〇〇五）三月十三日は小雪まじりの寒風が吹きすさぶ天候でしたが、旧津山洋学資料館の玄関先は朝から多くの人で賑わっていました。この日、津山ライオンズクラブが認証五十周年記念事業の一環として、「江戸蘭学界の泰斗　津山藩医宇田川玄真」胸像を津山市に寄贈され、その除幕式が執り行われたからです。

午前十一時から始まった式典にはクラブメンバー約三十名が参集、寄贈を受ける市側からは中尾嘉伸市長や教育

旧津山洋学資料館で行われた除幕式。玄真像と榕菴像が向かい合って建つ。

委員会代表者らが出席しました。胸像の揮毫を依頼した適塾記念会理事の緒方惟之氏（奈良市在住。平成二十七年逝去）も招待されましたが、緒方氏は緒方洪庵から数えて正統五代目の方です。また、蘭学資料研究会の会長を務め、昭和五十四年（一九七九）に津山市で本学会を開催した緒方富雄氏（東京大学名誉教授）の叔父にあたります。「先祖緒方洪庵の師であった宇田川玄真先生の胸像に揮毫させていただけるのは大変光栄」と、依頼を快諾されました。

挨拶に立たれた宮本久士会長は「これまで津山の各ライオンズクラブは、津山が誇る洋学の系譜の重要な学者たちを顕彰してきました。洋学五峰のうち残る箕作秋坪像を建てるのが今後の課題ですが、これらの像を活用して、洋学が盛んだった津山を全国に発信していきたい」と抱負を述べられました。

宮本会長の言葉通り、津山ライオンズクラブは、箕作阮甫旧宅（西新町）が国指定史跡になったのを契機に、箕作阮甫胸像（津山文化センター前、昭和五十年寄贈）、続いて津山洋学五峰（旧津山洋学資料館中庭レリーフ、昭和五十五年寄贈）、武田科学振興財団所蔵宇田川関係資料マイクロ複写化と製本（昭和六十三年寄贈）、宇田川玄随胸像（郷土博物館前、平成七年寄贈）、駅前整備事業に伴い市内六つのライオンズが協力して建てた箕作阮甫立像（津山駅ロータリー、平成十四年寄贈）、そして今回の宇田川玄真胸像と、一貫して洋学顕彰を継続してこられました。また、鶴山ライオンズクラブも、武田科学振興財団所蔵宇田川関係資料マイクロ複写化と製本（昭和五十四年寄贈）、宇田川榕菴胸像（旧津山洋学資料館正門脇、平成九年）を寄贈されています。

宇田川玄真像の完成によって、宇田川家三代（玄随・玄真・榕菴）の胸像が揃ったことになります。岡山県内で洋学者の像といえば、ほかに岡山市北区足守に建つ緒方洪庵像と、美咲町栃原の旭川ダム護岸に建つ岸田吟香像だけですが、津山という一地方都市に洋学者の銅像がこれだけ建っているのは全国的にも珍しいことでしょう。

平成十六年（二〇〇四）、歴史雑誌『歴史読本』（八月号）に発表された金子務氏（大阪市立大学名誉教授）著「科学史の風雲児たち⑳　箕作阮甫・大学者血脈の原点」の文中で、駅前の阮甫立像が写真で紹介されてからというもの、各地からその所在についての問い合わせが相次いだことがあります。

新館前庭に建つ銅像群

このように洋学者の銅像は、歴史書・学術雑誌・製薬会社機関誌・観光雑誌・インターネットなどで紹介され「洋学の町津山」のアピールに一役買っています。また、山田養蜂場などの企業が、商品リーフレットに宇田川榕菴の胸像を使った例もいくつか見られます。

これまで市内各所に点在していた洋学者の銅像は、平成二十二年（二〇一〇）に津山洋学資料館が箕作阮甫旧宅隣地（西新町）へ新館移転したことに伴って前庭に移設されました。

第二章 宇田川榕菴と科学・珈琲・アコーディオン・カルタ

1 植物学を日本に紹介した宇田川榕菴

日本に植物学というものが芽生え始めたのは一体いつ頃のことでしょうか？古くに中国から本草学（ほんぞうがく）というものが伝わっていましたが、これは植物の薬としての効能を解説したもので、いわゆる薬物学でした。それに対して植物学とは、植物の形態を調べ、キク科、タンポポ属

宇田川榕菴肖像（武田科学振興財団杏雨書屋所蔵）

などと分類する西欧伝来の学問のことです。

実は、この植物学を江戸時代後期に日本へ紹介したのが、津山藩医（江戸詰）の宇田川榕菴なのです。津山藩医（江戸詰）の宇田川玄真には嗣子がなかったため、門弟だった美濃大垣藩医（江戸詰）の江沢養樹の長男榕を文化八年（一八一一）に養子に迎えました。

榕は幼い頃から一般の子供がするような遊びはせず、紙と筆でなにやら絵を描くことが好きでした。生来頭が良く、六歳の時に麻疹に罹った際も高熱でうわごとに『唐詩選』（漢詩文の入門書）の絶句を唱えたといいます。また十歳の時には、『千字文』（中国の初等教科書）などを習い始めましたが、翌年には目をひどく煩って眼鏡をかけることになってしまいました。榕は元服して養庵、のちに榕菴と改めます。

好奇心溢れる榕菴は、宇田川家を継ぐことになれば、すぐにでもオランダ語を学べるものと期待していました。しかし、玄真は「早くオランダ語を学ばせるとそれに染まってしまい、漢学の素養が足りなくなる」という理由から、「まずは漢学を習熟しなければならない」と榕菴に命じたようです。

しかし、榕菴のオランダ語熱は冷めるどころかますます熱くなるばかり。そこで玄真は、文化十二年（一八一五）、語学の天才といわれた馬場佐十郎（オランダ通詞）のもとへ榕菴を通わせることにしたのです。

幕府の命によって蛮書和解御用では、文化八年からフランス人ショメールが編纂した『家政百科事典』の翻訳が進められていました。養父玄真はその翻訳事業の一員でしたが、やがて榕菴もこれに加わることになります。

文化十四年、榕菴は『シャルモ増訂版』（『家政百科事典』オランダ語版）の中に「ボタニカ」（植物学）の解説文を発見。西欧には「ボタニカ」（植物学）というものがあることを知った榕菴は、養父玄真から命じられる翻訳の仕事を手伝いながら、同時に植物学（榕菴自身は「植学」といっている）の研究に没頭していきます。そして文政五年（一八二二）、「植物学とは何か」について経本風に解説した『菩多尼訶（ボタニカ）経』を刊行したのです。

さらに十二年後の天保五年（一八三四）には、リンネ（Carl von Linné 一七〇七～七八、スウェーデンの植物学者）の植物分類法などに基づいて植物の分類形態・生理・生化学などを解説した日本で初めての本格的な植物学書となる『理学入門植学啓原』（三巻）を刊行しました。

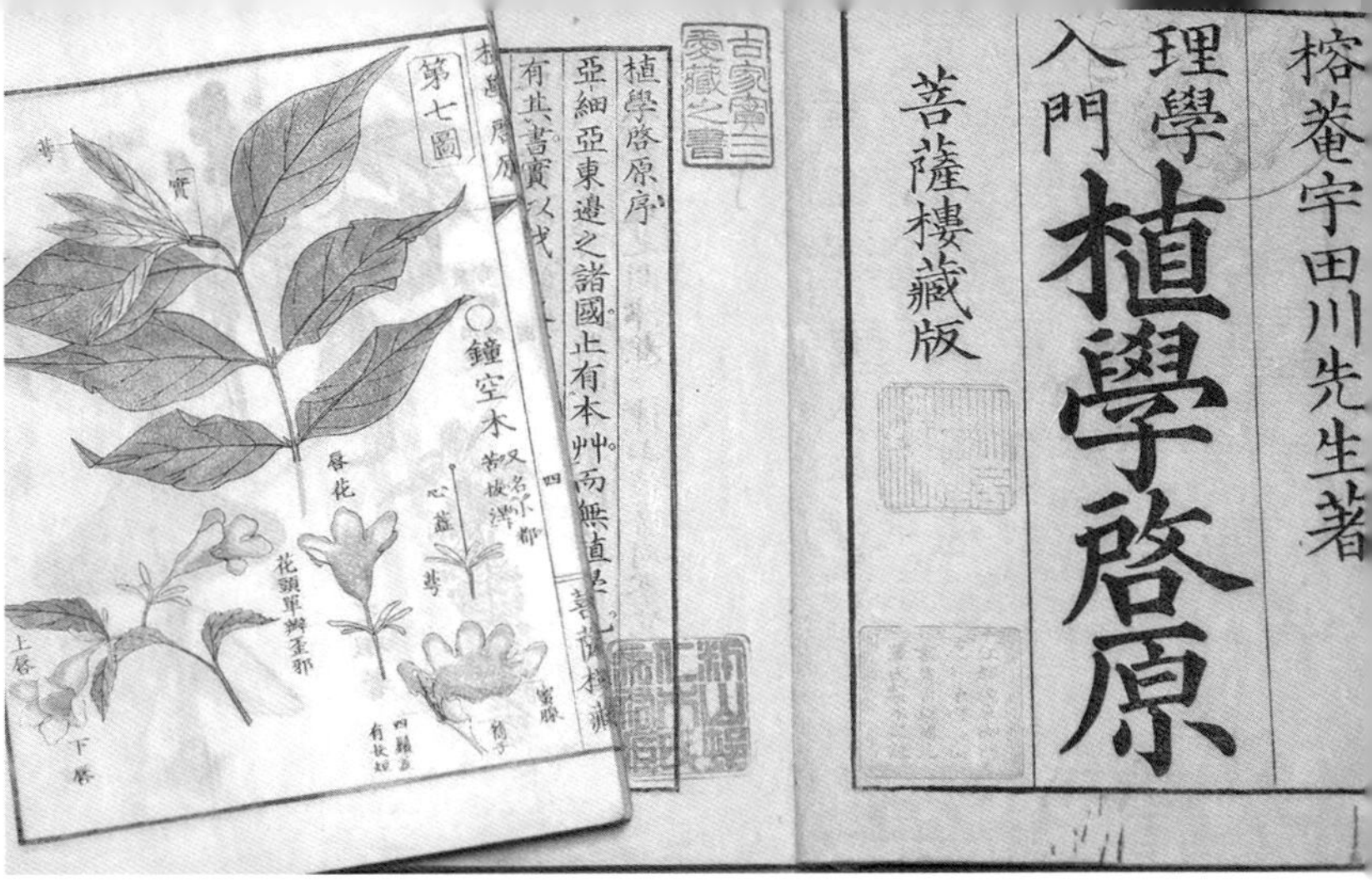

『理学入門 植学啓原』（津山洋学資料館・仁木家寄託資料）

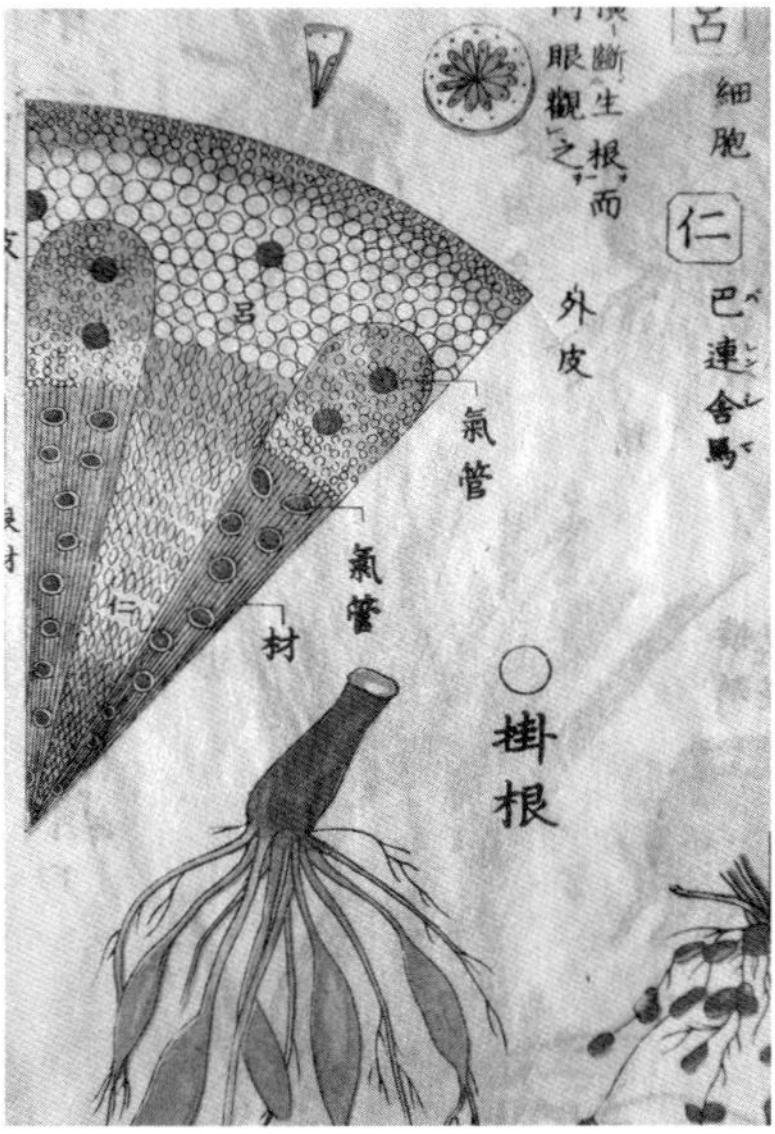

細胞、外皮などについて解説がある
（『理学入門 植学啓原』部分）

この本の中にある「外皮」「雄蘂」「雌蘂」「花粉」「柱頭」「葯」「纖維」「細胞」などの術語は、榕菴による造語です。

2

西欧の近代化学を日本に紹介した宇田川榕菴

宇田川榕菴（うだがわようあん）は、天保八年（一八三七）から弘化四年（一八四七）にかけて、『舎密開宗（セイミかいそう）』（七冊二十一巻）を刊行し、日本に初めて西欧の近代化学を紹介しました。

「舎密」と聞き慣れない言葉ですが、これはラテン語系オランダ語のchemie（化学）の音訳です。「開宗」とは「もののおおもとを啓発する」という意味ですから、平たくいえば「舎密開宗」とは「化学入門」ということになるでしょうか。

当時は「化学」という言葉さえありませんでした。のちに川本幸民（かわもとこうみん）が中国の漢書から引用して「化学」という言葉を使っていますが、それが定着したのは明治になってからのことです。

この『舎密開宗』は、ただの翻訳本ではありません。榕菴は「近代化学の父」と称されるフランスの化学者ラヴォアジェ（Lavoisier 一七四三～九四）の化学体系を骨子として、二十余冊にも及ぶ蘭書を参考引用し、自らも実験と考察を加えているのです。

榕菴の化学への関心は、養父玄真（げんしん）の名で天保五年（一八三四）に刊行した『遠西医方名物考補遺（えんせいいほうめいぶつこうほい）』の翻訳を手伝っていた頃から次第に高まっていきました。私たちが小・中学校の理科で学習した「酸

『舎密開宗』（津山洋学資料館所蔵）

素」「水素」「窒素」「物質」「還元」「酸化」「元素」などの術語は、榕菴が苦悩の末に造語したものなのです。

その後も榕菴の舎密研究への情熱は衰えませんでした。早稲田大学図書館の洋学文庫が所蔵する「榕菴自叙年譜」（一年ごとの大事を記したもの）の天保十二年（一八四一）の記録によれば、「大変高価な洋書を数冊（蘇〈ス〉氏舎密スマレンベルグSmallenbergの化学書など）購入したが、蓄えた金を使い果たし、妻の花かんざしなど、すべてを質屋に入れた。食費を節約して一年あまりで借金を返した」とあります。

また、名古屋に住む博物学者の伊藤圭介に宛てた手紙には、「オランダ人が江戸参府の途中で御地へ泊まった時に、化学の本などを何か買われたと思います。もし買っていないなら私のほうへ回してください。そのことを隠しておい

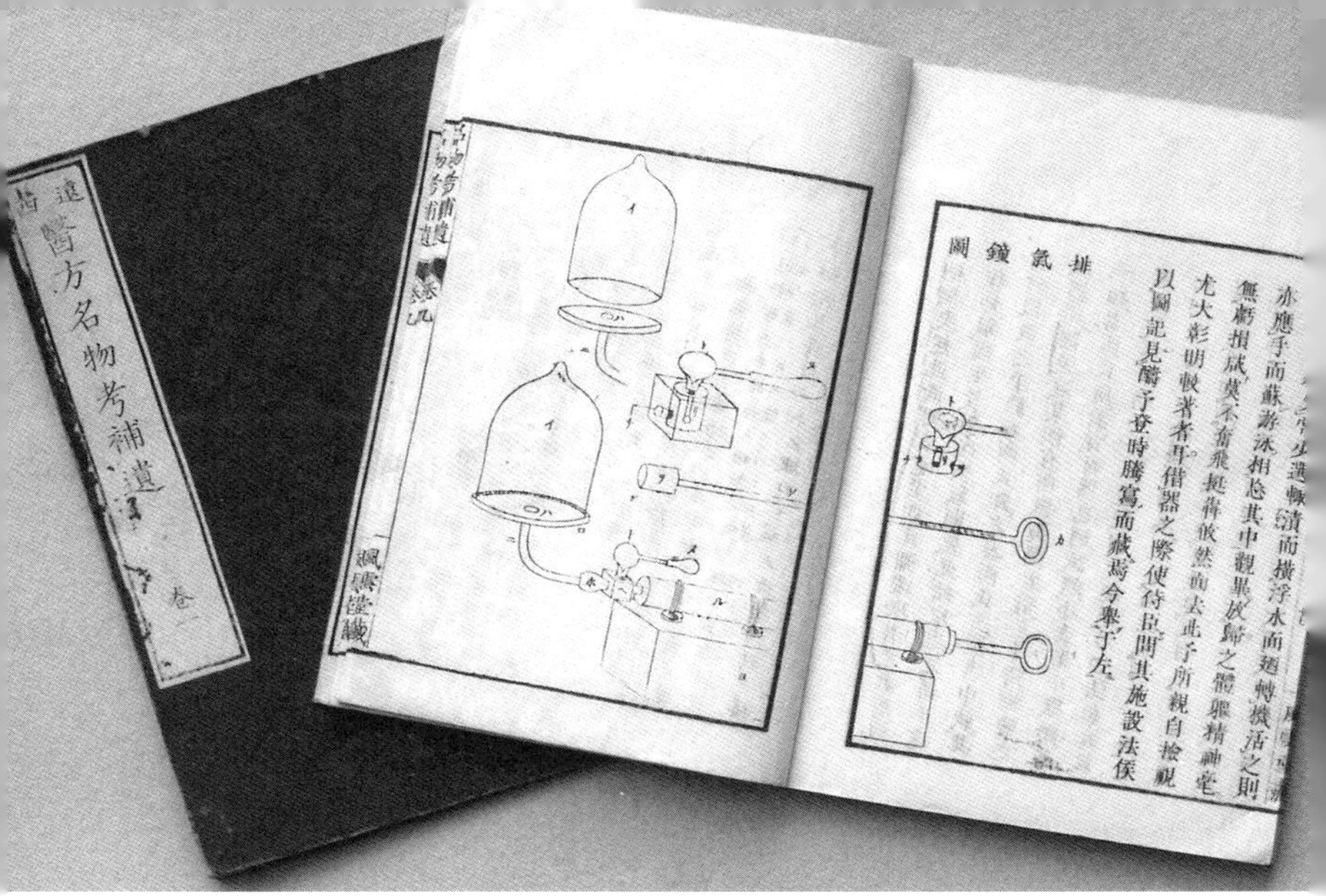

『遠西医方名物考補遺』（津山洋学資料館所蔵）

て、あとでわかれば、終生恨みに思います」とあり、榕菴の学問に対する凄まじいまでの執念を感じるのです。

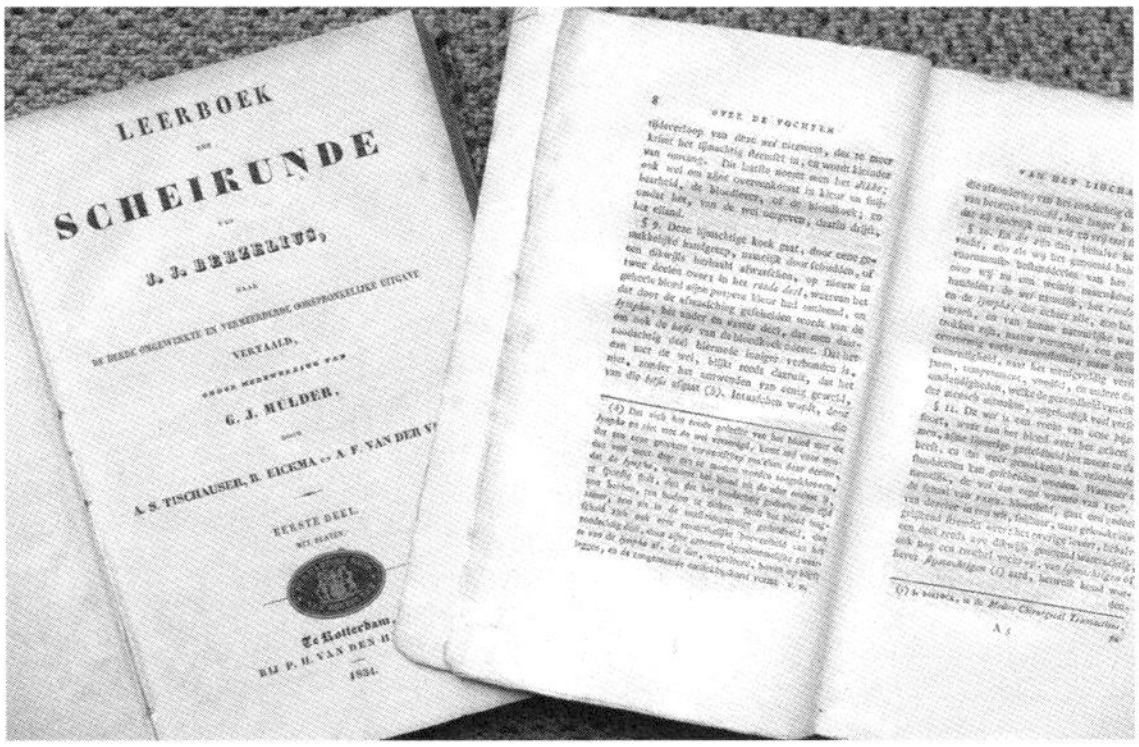

榕菴が『舎密開宗』執筆時に参考にした化学書（津山洋学資料館所蔵）

3

シーボルトと宇田川榕菴

——益となった交遊

長崎出島のオランダ人たちは、日本との貿易がスムーズにいくことを願い、将軍に拝謁（はいえつ）する目的で年に一度（寛政二年〔一七九〇〕以降は四年に一度）「江戸参府」を行っていました。

文政九年（一八二六）、シーボルトはその江戸参府メンバーの一員として江戸にやって来ます。三年前の文政六年（一八二三）に来日し、長崎で鳴滝塾（なるたきじゅく）を開いた蘭医シーボルトの名は、すでに江戸の洋学者たちに知れ渡っていました。

記録によれば、津山藩医（江戸詰）の

シーボルト肖像（シーボルト記念館所蔵）

宇田川榕菴は、弟子を品川あたりまで遣わしてシーボルトを出迎えました。そして榕菴自身も、江戸本石町(中央区日本橋本石町)のオランダ人宿舎「長崎屋」にシーボルトをたびたび訪ねています。

シーボルトの日記には「四月十三日(旧暦の三月七日)、日本の友人、多数の医師の来訪があり、私はたくさんの腊葉(押し葉のこと)標本をもらったが、特に高い教養をもった桂川またの名をボタニクス(桂川甫周のあだ名)と宇田川榕菴からのものが優れていた」とあり、シーボルトも榕菴の学識を認めていたようです。

一方、シーボルトと面会した榕菴は、その時の印象を「シーボルトは南オランダ人で幼くして父母を失い、ドイツ国に遊学し、博覧多通、音律を解し、多識の学(博物学)に長じている、交遊を重ねるごとにますます益になる」(「宇田川榕菴自叙年譜」)と記しています。

シーボルトはオランダ人ではなくドイツ人だったので、入国の際、「オランダ語が変だ」と役人に疑われました。そこで彼は「山オランダ人である」と偽って切り抜けたのでした。

これらの記録から、シーボルトに面会した榕菴は、普段から疑問に感じている様々な質問をぶつけた様子が見て取れます。それに対してシーボルトは懇切丁寧に答え、榕菴をいたく感激させたことでしょう。

オランダ人一行が江戸での行事を終えて長崎に帰る時、シーボルトは榕菴に二種の洋書をプレゼントしています。一つは、バスター(Baster)著の『科学の楽しみ』という本で、その献呈辞には「上外科医、王立自然アカデミー、バタビア芸術自然科学協会、フランクフルトならびにハナンチェットの協会の会員であるシーボルト博士は、江戸の医師にしてナチュラリスト（naturalist＝博物学者）の宇田川榕菴に、あなたの親友として記念に贈る。一八二六年五月十二日」と記しました。そしてもう一つは、スプレンゲル（Sprengel）著の『植物入門書』で、それにも「私の好学の友、宇田川榕菴への記念として、フォン＝シーボルト博士　一八二六年」と献呈辞を添えています。

　短期間ではありましたが、シーボルトとの交遊は榕菴にとってきらめくような日々だったことでしょう。プレゼントされたこれらの洋書が、榕菴の自然科学への関心に大きな影響を及ぼしたことはいうまでもありません。

　武田科学振興財団が所蔵する「宇田川榕菴遺書（のこしがき）」には、榕菴が長崎のシーボルトに贈った植物画のリストが、番号を打たれて詳細に記録されています。

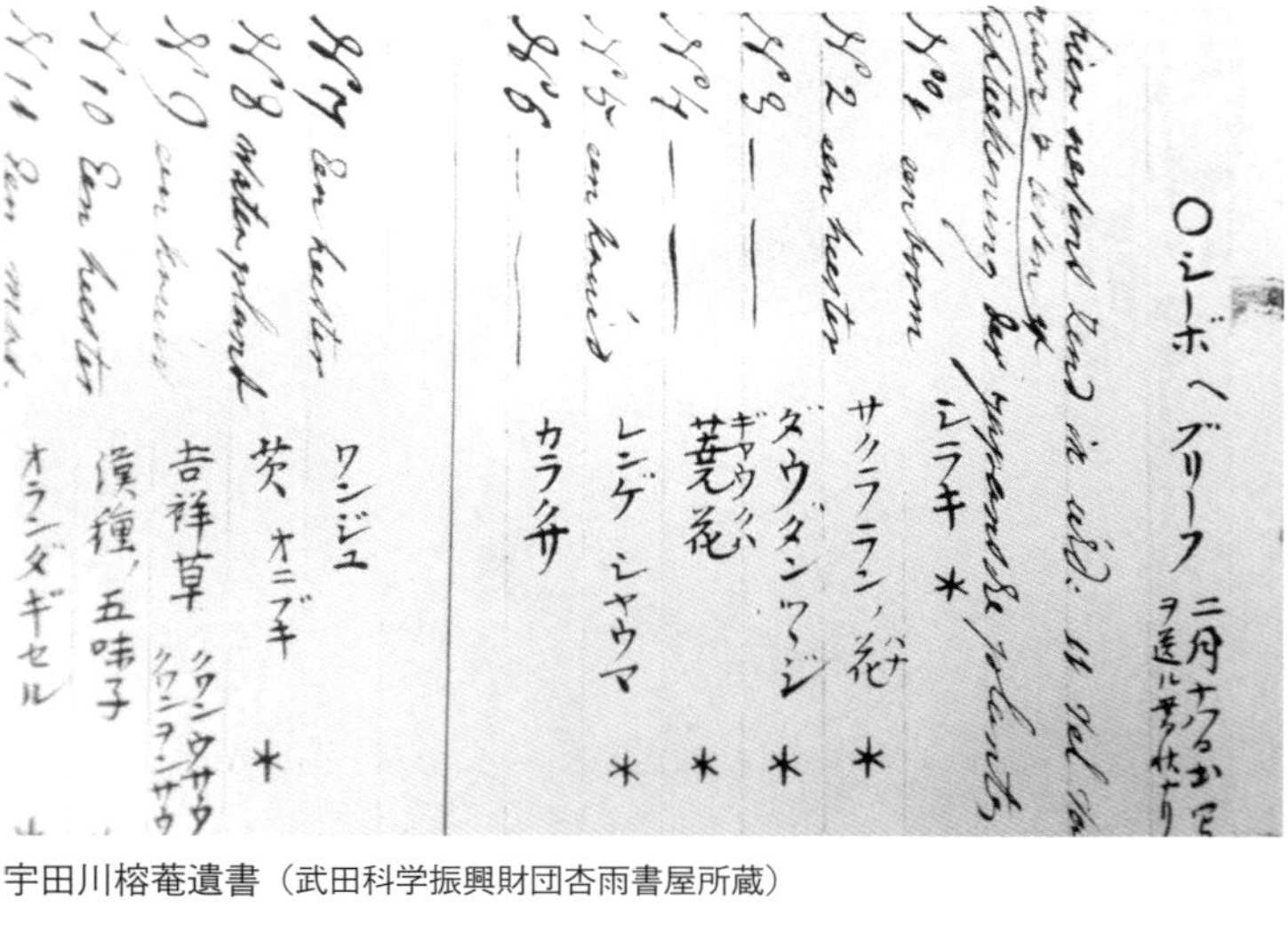

宇田川榕菴遺書（武田科学振興財団杏雨書屋所蔵）

4

当て字「珈琲」について

――宇田川榕菴が考案

コーヒーは、もともとオランダ語「KOFFIE」（英語でCOFFEE）です。オランダ人は早くからコーヒーに着目し、一六一六年にはモカ港（アフリカのイエメン）からオランダ本国へコーヒー豆を運んでいます。さらに一六六三年にはアムステルダム市場で定期的に取引するようになり、一六九六年にはジャワ島（インドネシア）のプランテーションで最初のコーヒー栽培を始めました。まだ日本が江戸時代前期の元禄頃（一六八八～一七〇四）のことです。

「かうひい異名熟字一覧」

長崎の出島に出入りする通詞（つうじ）（通訳）や役人たちもコーヒーを飲んでいたことは資料によって明らかですが、オランダ人一行が江戸参府で旅行中、調達の難しい食料品として、

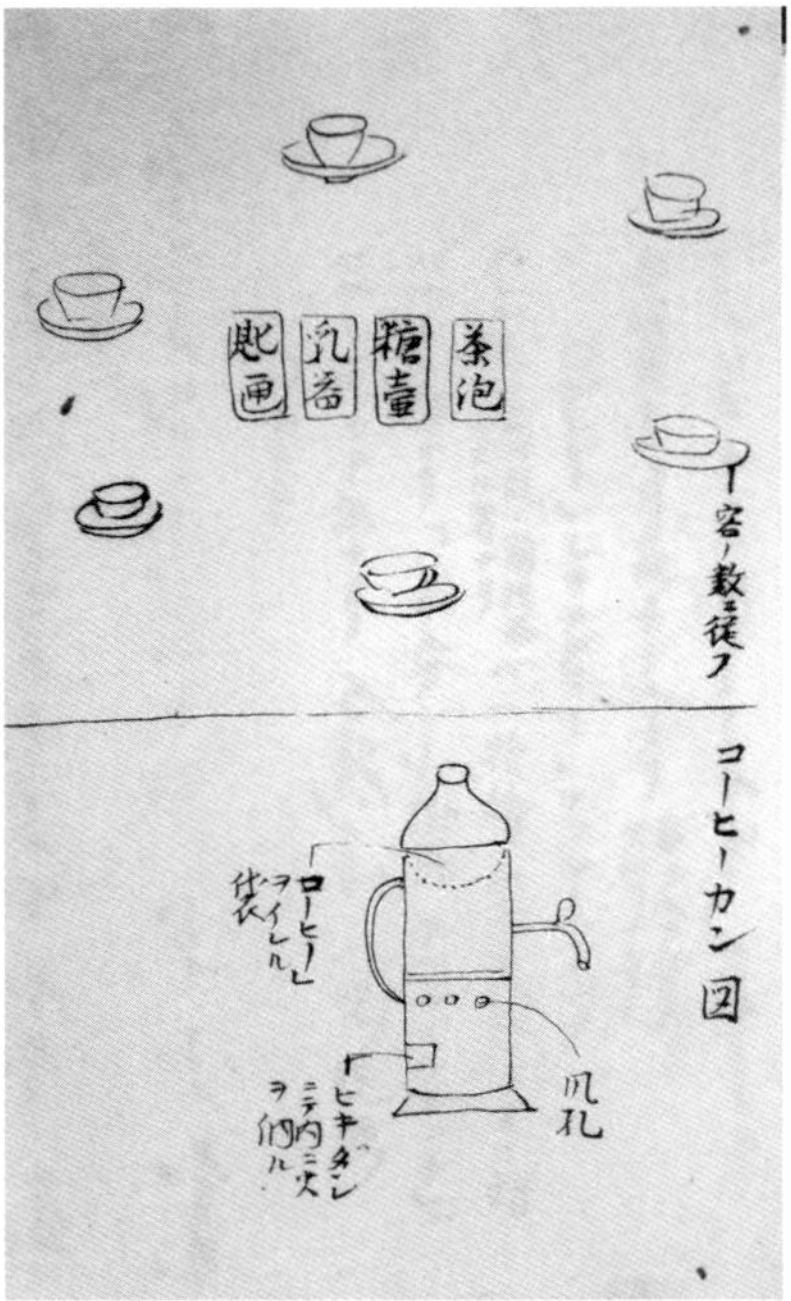

宇田川榕菴随筆中に所載のコーヒーカップとコーヒーカン図（武田科学振興財団杏雨書屋所蔵）

ぶどう酒・バター・燻肉・塩肉・砂糖・焼菓子・甘菓子などを持参し、コーヒー豆もその中に含まれていました。

宇田川榕菴も江戸でコーヒーを飲んだ一人です。すでに十九歳で「哥非乙（コーヒー）説」（文化十三年〔一八一六〕）なる論文を著しています（現在その所在は不明）。また、榕菴の収集品を記録した稿本『榕菴雑録』の中にも「エンゲルセ・コッヒー」（英国珈琲）や「ショコラート」（チョコレート）などの文字を拾うことができます。ほかにも榕菴の随筆『観自在菩薩楼（かんじざいぼさつろう）随筆』中には「コーヒーカン」（コーヒーの煮出し器）や「コーヒーカップ」などを描いているので、よほどコーヒーに興味があったのでしょう。

さらに、『厚生新編（こうせいしんぺん）』（幕命で『ショメール家庭百科事典』を翻訳した事典）には、養父の玄真が「これは榕菴の考え」として、「えごのきと、図で見る可非（コーヒー）の木は形状がよく似ていて、味淡白、微甘、油気多く西船上のコーヒーボーン（ボーンとは「豆」ビーンズのこと）に異ならず」とあります。

かつて、津山市二階町に「風月」という喫茶店がありました。この店には、コーヒーの味もさることながら、好奇心をくすぐる物がもう一つありました。それは、カウンター奥の壁に掛かっていた「かうひい異名熟字一覧」という一枚の版木風看板です。昭和十七年（一九四二）に千葉県松戸市の奥山儀八郎という人が、蒐集（しゅうしゅう）した文献を元にコーヒーの当て字やその出典などを列記した版画を制作しましたが、それを「KEY COFFEE」（キーコーヒー株式会社）が同社の豆を扱う店舗のディスプレイ用として作った複製品でした。

その「かうひい異名熟字一覧」には、歌兮・可喜・骨喜・哥非・架非・和蘭豆・可否（いずれもコーヒー）など、五十五種の珍しい当て字が並んでいましたが、その中に「23珈琲」として、「宇田川榕菴自筆蘭和対訳辞書ヨリ。現代の「珈琲」の字は榕菴の作字なりし」と刻まれていたのです。

しかし厳密にいえば、この解説には二ヵ所の問題があります。まず一つは「珈琲」の出典が「榕菴自筆の蘭和対訳辞書」とあることです。これでは辞書名が正しいかどうかわかりません。そしてもう一つは「珈琲」を作字だとしている点です。「作字」とは文字自体を新しく考案することであり、「珈」（婦人の髪飾り）、「琲」（珠を貫いて作った飾り）共に通用している漢字であることから、正確には当て字とすべきでしょう。それにしても、「珈琲」が最初に載ったとされる蘭和対訳辞書はどこにあるのでしょうか？

奥山儀八郎が昭和三十二年（一九五七）に刊行した『珈琲遍歴』（四季社）によれば、

わが国でも明治初年に出た官省の出版物や百科辞書では中国式を採用して「咖啡」の字が使われ

> ていた。「珈琲」の熟字は、勝俣銓吉郎先生が珍蔵する（宇田川）榕菴自身手控えの「蘭和語彙」に次のようにあった。「koffij 骨喜 哥兮 珈琲 架非 koffij boon」これは文化・文政の頃のものと思われるが、それ以後では堀達之助の辞書に「珈琲」が使われている。

とある。筆者の知るところでは、故勝俣氏の所蔵資料は現在、早稲田大学図書館の洋学文庫に収められているはずです。そこで調べてみましたが、前出の資料「蘭和語彙」は見つかりません。納得のいかないまま書名のよく似た「博物語彙」という資料にあたってみると、その中に奥山説を裏づける箇所を確認することができたのです。おそらく図書館へ寄贈された際、書名が変わって登録されたことで、これまで榕菴が当て字したという「珈琲」の出典がわからなくなってしまったのでしょう。どうも、これが原因のようです。

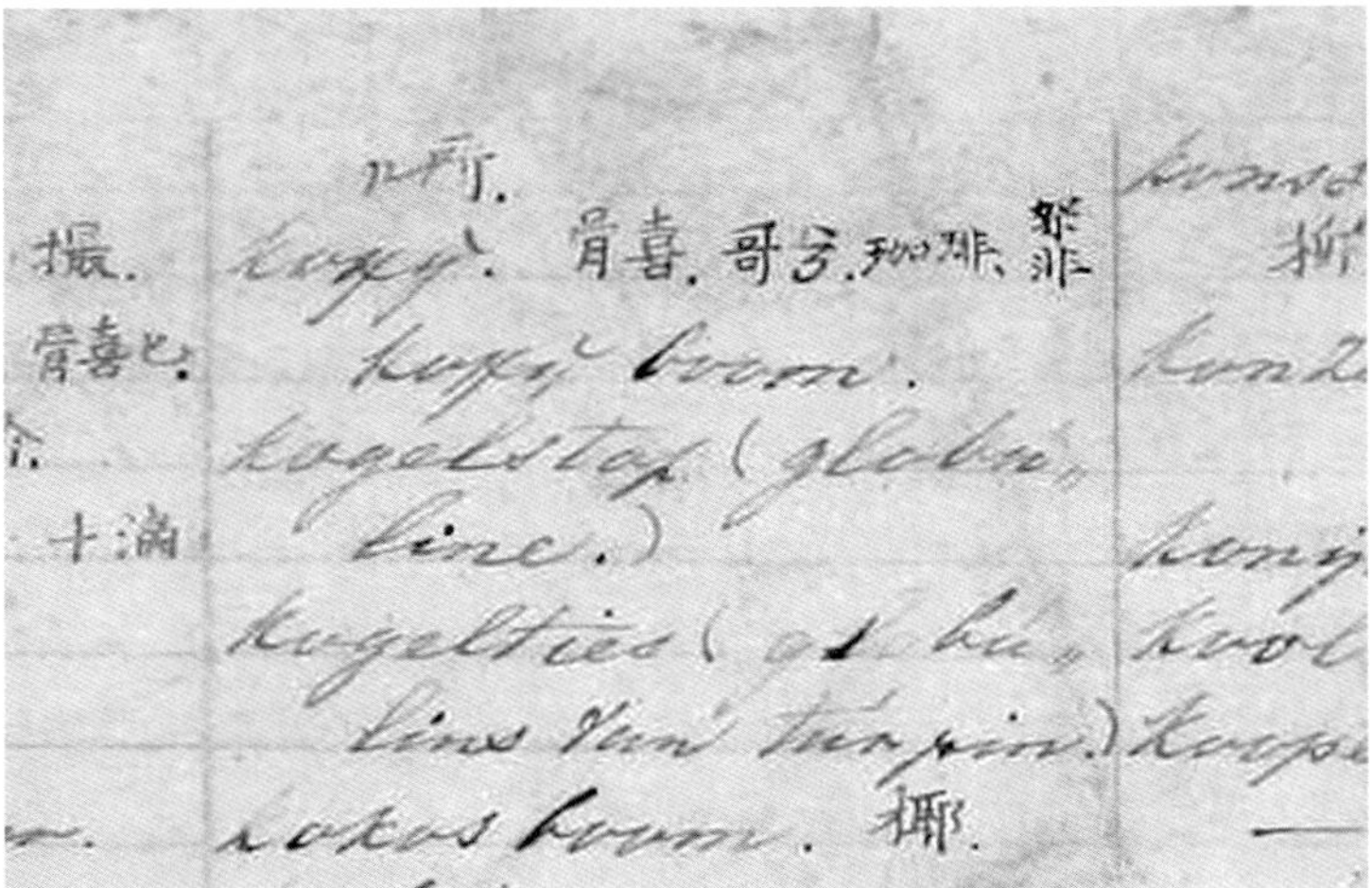

「博物語彙」中の当て字「珈琲」箇所（早稲田大学図書館所蔵）

5

最古？ アコーディオン図を榕菴が描く

津山洋学資料館が所蔵している「宇田川榕菴蔵張込帖」は、その名の通り宇田川榕菴旧蔵の、今でいうスクラップブックであり、実に九十八種もの様々な絵や図が貼り込まれています。

その中の一枚に正体不明の図があります。よくよく観察してみると蛇腹の上部にハーモニカらしきものが取り付けられ、鍵盤のようなものが四つ付いています。おまけに革製の指を通す輪もあります。これはどう見ても古いアコーディオンのようです。

図の上部の文字は、「一噏音雙、二嘘音黄、三噏音壹、四噏音平」とあり、これは鍵盤の数と合います。「噏」は吸う、「嘘」は吐く意味にとれます。一の雙（双）は二つの音の間に半音が七つの時「完全五度」、二の黄は二つの音の間に半音が九つの時「長六度」、三の壱は二つの音の間に半音が二つの時「長二度」、四の平は二つの音の間に半音が四つの時「長三度」を意味していると思われ、いずれも調和のとれた和音の音程を説明したものでしょうか。

榕菴が西洋の音楽理論や楽器にただならぬ関心を持って研究していたことはわかっていますが、アコーディオンの実物を見たのか、また洋書の中にその図を見つけて模写したのかは定かでありません。

さて、日本で現存する最古のアコーディオンが島根県松江市美保関町の美保神社に所蔵されています。ここの祭神は「鳴り物が好き」ということから、松江の大名が鼓を奉納し、旅や航海の安全を祈願したといわれています。神社宝物館には、琴や三味線、琵琶など実に八百点が保管されているそうです。その中で最も有名なのがアコーディオンであり、嘉永二年（一八四九）に松江藩士の朝日千助が武運長久のために奉納したというもので、アコーディオンに関する最も古い記録とされています。

渡辺芳也著『アコーディオンの本』（春秋社、一九九三年刊）もこのことに触れ、「オーストリアの首都ウィーンで一八二九年にアコーディオンを初めて特許登録した、シリル・デミアンの作品の流れを汲むものではないか」と解説。さらに、「ウィーンの工業博物館に数個保管されている初期型アコーディオンの特徴である、少ない蛇腹の折り目の数や、鍵盤の数も少ないというデミアンの楽器と共通点がきわめて多い」ことも指摘しています。

しかし、これが現存する日本最古のアコーディオンであることは間違いないとしても、前出の奉納記録がアコーディオンに関する日本最古というのには疑問が残ります。

榕菴が西洋音楽について盛んに研究していた時期が文政から天保にかけてということは、残された資料からわかっています。仮に、この図を描いたのが歿年の弘化三年（一八四六）だとしても、朝日千助が奉納した嘉永二年よりも三年古いということになります。しかも、美保神社のアコーディオンと榕菴の描いた図とを比較すると、明らかに後者のほうがデミアン初期型に酷似しており、型としては旧式なのです。

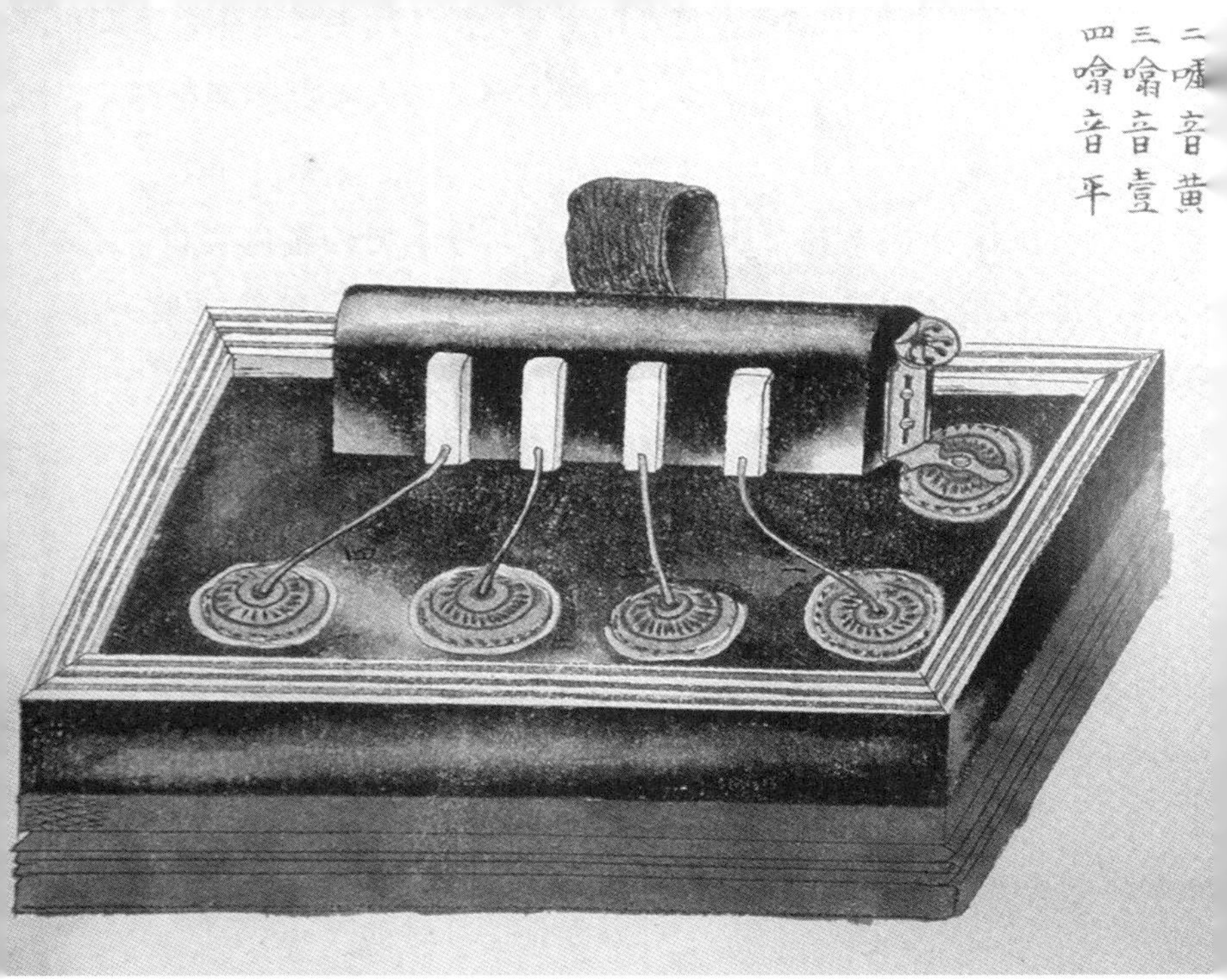

「宇田川榕菴張込帖」に所収の初期アコーディオン図（津山洋学資料館所蔵）

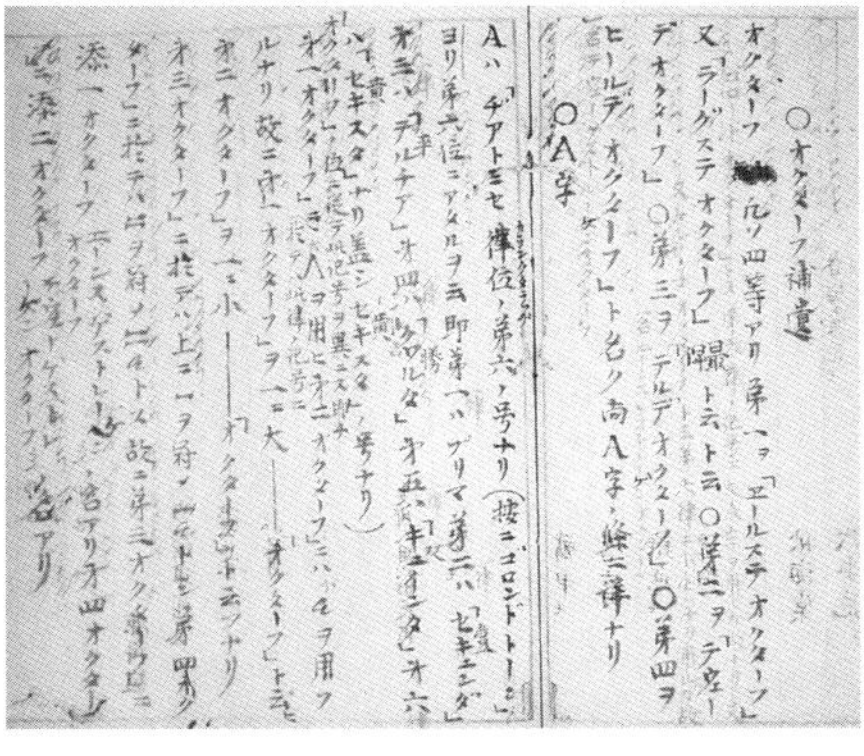

榕菴は明清音楽や西洋音楽の研究をしていた。
榕菴自筆の「西洋楽律稿」（津山洋学資料館所蔵）

いずれにせよ、この二つの資料が中国地方の松江と津山という比較的近くに現存していることは奇遇といえるでしょう。

6

榕菴の和蘭カルタ

——同型で現存は世界に四組

津山洋学資料館が所蔵する資料の中で一番人気なのは「和蘭カルタ」です。カルタといっても今日のいわゆるトランプで、宇田川榕菴が文政四年（一八二一）に描いたものと伝えられています。当時、日蘭貿易を円滑に継続するため、長崎出島のオランダ商館長一行が将軍のご機嫌伺いとして、四年に一度、江戸参府をしていました。その旅中で手慰みに使われ、やがて江戸に持ち込まれたカルタが、好奇心の強い榕菴の目に留まったのでしょう。本当は実物を譲って欲しかったに違いありませんが、思うようにはいかず、模写することになったようです。

文政元年（一八一八）に江戸本石町（中央区日本橋本石町）の長崎屋でオランダ商館長ヤン・コック・ブロムホフと面会した際、鵞管（羽ペン）一束と白紙十帖（洋紙）を贈られているので、その洋紙をカルタのサイズに切り分け、一枚ずつ丁寧に模写したのではないかと推察されます。この洋紙には透かし模様（ウォーターマーク）があり、灯にかざすと冠をかぶった獅子が七本の矢を束ねたオランダ総徴号のマークと、製紙会社「J・HESSEIS」の文字が浮かび上がりました。当然榕菴もそのことには気づいていて、透かし模様を「和蘭志略」に何枚も模写しています。

この和蘭カルタを津山に持ち帰ったのは、津山市南新座の水田病院長水田栄一氏の伯父にあたる蘭学史研究家の故水田昌二郎です。

昭和五〜六年（一九三〇〜三一）頃、宇田川家から資料が流失するという事態が起こり、これを競って収集したのが武田製薬の五代目武田長兵衛や、慶應義塾大学医学部教授の藤浪剛一です。藤浪の死後、藤浪家を訪問した昌二郎（当時は上智大学の学生）は、未亡人の厚意によって立派な薬箱を拝見する機会を得ました。それは藤浪が宇田川家から贈られたもので、もとは宇田川（玄真）家が加賀の前田侯から拝領したという由緒ある品だったといわれています。

興奮気味に昌二郎が薬箱の中を調べていると、無造作に紙で包まれた小さな包みを引き出しから発見。恐る恐る開いてみると、出てきたのがこの「和蘭カルタ」だったのです。夢中になって調べていると、夫人から「そんなに興味があるのなら差し上げる」といわれたそうです。

榕菴は、わが国に西洋の植物学や化学を初めて紹介

榕菴が模写した和蘭カルタ（津山洋学資料館所蔵）。一見絵が稚拙に見えるが、原物と比較しても忠実に描かれている。

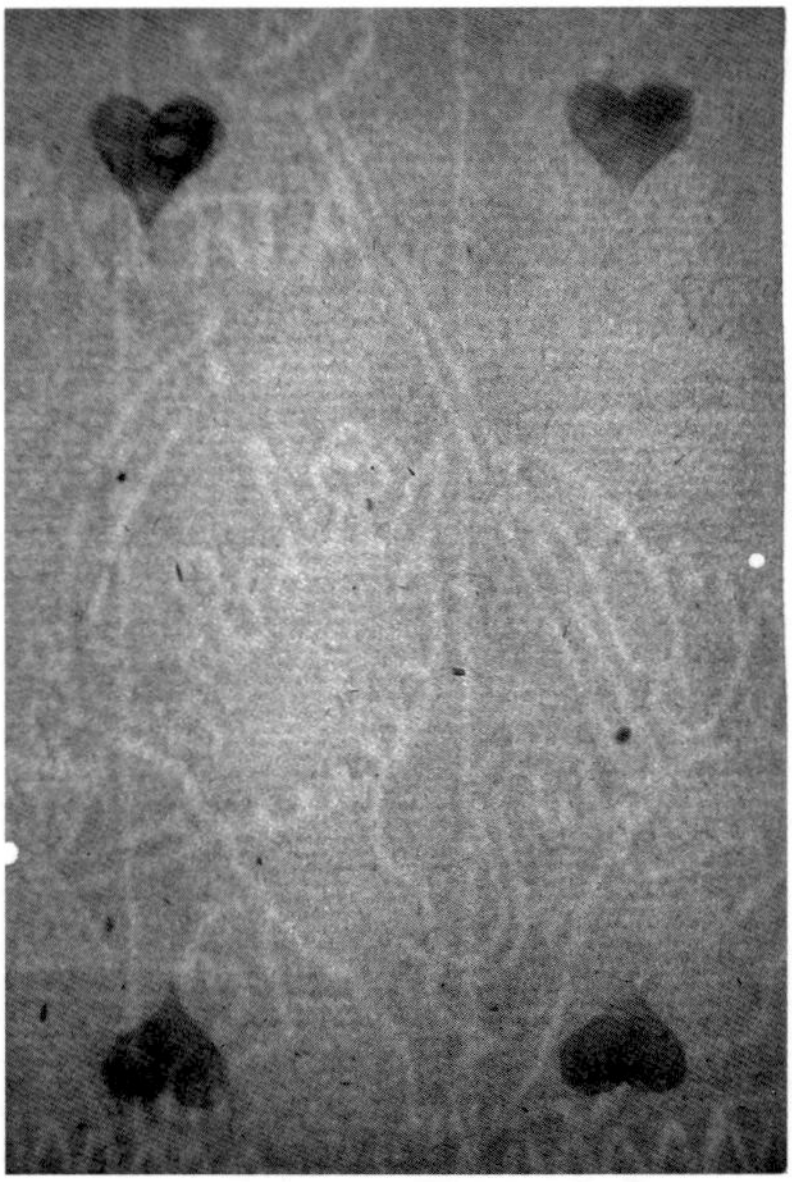

ハートの4に浮かび上がる透かし模様（津山洋学資料館所蔵）。オランダ語でPROPATRIA(祖国のために)が読みとれる。

し「日本近代科学の生みの親」と称される人物です。実はこの榕菴、ほかの洋学者と同様に渡来物好きで、珍品をかなり収集していました。このカルタは特に大切な一品だったとみえて、箱書きには「榕菴十二珍玩之一」とありました。

大阪市中央区道修（どしょう）町にある武田科学振興財団杏雨書屋が所蔵する宇田川家資料「榕菴雑録」に所載の「榕菴玩器目録」には、「龍動（ロンドン）製石けん」「龍動製のタルモメートル」「和蘭製ねじ釘」「ショコラート」「エンゲレセコーヒー」「商館長ブロムホフの手紙」「白磁のインク壺」「紅硝子の指輪」「ドイツ人使用の銀印」「彩画焼煙管」「和蘭製の釣針」「銀ボタン」など、百点以上の品々が記録されています。その一覧中に「カールチー○文政四」とあるのが、この「和蘭カルタ」のことだと思われます。

一枚も欠けることなく、百九十八歳を迎えた「和蘭カルタ」は、洋学資料館の看板資料として今なお異彩を放ち、来館者を魅了し続けています。同型のカルタは、模写も含めて世界に四組しか残っていません。

7 宇田川興斎

——翻訳で活躍

宇田川榕菴には実子がいませんでした。そのため、養父玄真の門弟だった美濃大垣藩の植物学者飯沼慾斎の三男興蔵（のち興斎）を天保十四年（一八四三）に養子として迎えています。そこには、榕菴自身が大垣藩医（江戸詰）江沢家の出身だったことも少なからず影響しているものと思われます。

　興斎は若くして江戸に上り、安積艮斎や坪井信道らについて蘭学を学び、榕菴のもとで本草学を学んでいました。当時、坪井信道が緒方洪庵に宛てた手紙には「宇田川

「宇田川」と刻まれたお梶と轍四郎の墓

家の養子となった興斎は頗る才子で（中略）原書も相応に出来」とあります。

弘化三年（一八四六）、榕菴の死去に伴って家督を相続し、津山藩医（江戸詰）となった興斎は、同年、幕府天文方の蛮書和解御用手伝を命じられています。そして、嘉永六年（一八五三）のペリー来航時には、同僚の箕作阮甫と共に江戸城へ登ってアメリカ大統領の親書（アメリカ国書）翻訳に従事したり、翌年のロシア使節プチャーチンとの下田における日露和親条約締結時にも外交文書の翻訳などで活躍しました。主な著訳書には、英文法をオランダ語で解説した『英吉利文典』や、地震の原因・予防について解説した『地震預防説』、ほかに『万宝新書』や『山砲用法』などがあります。

江戸での生活を希望していた興斎でしたが、文久三年（一八六三）に国元津山への転居を命じられ、家族を連れて旅立つことになりました。ゆえあって前年に離婚していた興斎は、坪井信道に入門していた長男榕之介（のち準一）と、病弱な養母（榕菴の妻）を江戸の親族に預け、九歳の次男真二郎と、四歳の三男三郎を連れて津山へ転居したのです。

維新後の明治五年（一八七二）、再び東京に移りますが、その間、藩主のお供で幕長戦争に従軍したり、一時江戸詰を命じられたり、京都・大坂・大垣への公務出張など、席の温まる暇もありませんでした。また、明治三年には同藩医だった久原洪哉と協力して、藩主松平慶倫の胃弱や、夫人儀姫の乳がん治療に心を砕きました。そして翌年の廃藩置県直後には、慶倫公の死去にも遭っています。さらに私的には、江戸に残していた養母の死去に続き、津山で娶った妻お梶と、その間に生まれた轍四郎を相次いで失うなど、大動乱の世相の中、内外共に苦難の日々を送りました。

興斎は、約十年間を津山で過ごしました。住んでいた場所は北町で、津山城の東側を流れる宮川に架かった三枚橋西詰めあたりです。かつて屋敷があった敷地の大部分は県道大篠津山停車場線（通称は城北通）に変わってしまい、西南隅の一部のみが残りました。平成九年（一九九七）、土地の所有者だった本島大道氏は、これを津山市に寄付され、今は案内板が建てられています。

興斎が住んだ屋敷跡に建つ案内板

第三章

津山人箕作阮甫こそ日本人文社会学の祖

1

箕作阮甫①

——家の再興かけて医師を志す

津山の人たちにとって、幕末の対アメリカ・ロシア交渉に活躍した箕作阮甫（みつくりげんぽ）は、最も知られた洋学者です。

旧出雲街道沿いの西新町の家並みに溶け込むように建つ箕作家旧宅は、寛政十一年（一七九九）に

箕作家が最初に定住した美作市楢原上の風景

生まれた阮甫が、文化九年（一八一二）に戸川町へ転居するまでの十三年間を過ごした家で、昭和五十年（一九七五）に復元されて国指定史跡となったものです。また、旧宅近くの林田山(はいだやま)根(ね)の丘陵には箕作家墓所もあって、城東地区の歴史散策における格好のコースとなっています。

さて、箕作家の先祖を辿ると、近江（滋賀県）の佐々木源氏(ささきげんじ)に行き着きます。佐々木氏は琵琶湖の東側に位置する観音寺山(かんのんじ)に本拠を置いた守護大名でしたが、その観音寺山と向かい合う低い山を箕作山といい、地図にも載っています。箕作家の先祖は、観音寺城の出丸(でまる)（本城から張り出して築いた小城）の大将で、その山の名にちなんで箕作と名乗ったといわれています。永禄の末頃、箕作一族は織田信長の上洛に反抗して敗れ、甲賀(こうか)（滋賀県）に逃れたといわれ、また、その四十数年後には豊臣方について大坂の

津山市西新町の箕作家旧宅（国指定史跡）

陣で敗れ、小豆島（香川県）に隠れ住んでいます。その後、縁類だった勝田の宿（岡山県勝田郡勝央町勝間田）の三木長理の勧めにより、楢原上大谷（岡山県美作市楢原上）に移住することとなりました。ここで初めて美作との関係ができたわけです。

当時の当主箕作泰秀には泰連と義林の息子がいて、兄泰連は大谷に永住して楢原箕作を継ぎ、弟の義林は津山藩主森家二代の長継に仕官して津山箕作の祖となりました。阮甫が生まれる百数十年前のことです。

津山の箕作家で最初に医者になったのは、阮甫の曽祖父貞弁で、祖父の貞隆、父の貞固と医業は続きましたが、貞固がその評判によって天明二年（一七八二）に藩医に登用されます。貞固は一女三男に恵まれたものの、長女と長男は夭折し、貞固自身も四十四歳で急死してしまいます。当時八十歳になる祖母や、九歳の次男豊順と四歳の三男阮甫を抱えた母清子の苦労は大変なものだったと推察されます。箕作家の後継者は豊順となりましたが、その豊順も医学修業の半ばで労苦がたたってか死去してしまいました。そこで文化七年（一八一〇）、十二歳となっていた阮甫が家を継ぎましたが、箕作家の生活はますます

美作市楢原にある箕作家墓所

困窮していくことになります。

　故高橋明治氏の口伝によれば、高野山西（津山市）の高橋家二代目高橋種右衛門の妻ウタは阮甫の叔母（母の実妹）であったことから、阮甫は高橋家をよく訪ねてきたといいます。ウタは阮甫のために、よもぎ団子や柏餅（かしわもち）、栗めし、大根めし、かき餅など、四季折々のものを作って歓待しました。しかし、阮甫が一番喜んだものは紙と筆だったようで、一生懸命に習字を練習したと伝えられていて、少年期の姿を垣間見ることができます。しかし、そうした阮甫も、この頃の怪我がもとで右ひじに障害が出て、成人してからも食事は匙（さじ）を使って食べるようになりました。

　文化十三年（一八一六）、十八歳になった阮甫は、箕作家の再興をかけて京都の高名な漢方医だった竹中文輔（たけなかぶんぽ）に入門することになります。三年後の文政二年（一八一九）春に津山へ帰った阮甫は、七人扶持（ぶち）として藩医に登用されることになるのですが、その時の母清子の喜びは一入（ひとしお）だったろうと想像できるのです。

箕作阮甫②

――江戸で蘭学を学ぶ

文政二年（一八一九）、京都での修業を終えて帰郷した阮甫は、七人扶持という微禄ながらも藩医の一人に加えられました。そして二年後の文政四年（一八二一）、津山藩士大村成夫の養女登井と結婚しています。

登井は、成夫の実弟で英田郡倉敷村（岡山県美作市）在住の医師本澤篤祐の娘でした。篤祐は、元は良夫といい、成夫・良夫兄弟の父は津山藩が肥後熊本から招いた儒者大村庄助です。庄助の妻が箕作家の縁戚だったため、阮甫にとって登井は遠縁にあたりました。しかし、当時の武士は格式を重んじたことから、伯父成夫の養女となってから箕作家に嫁ぐことになったのです。本澤家の墓所は、美作市林野の泰平橋近くにある日蓮宗寿林寺の一角にあります。

「国元日記」によれば、文政五年（一八二二）、二十四歳になった阮甫は、高五十石御小姓組御匙代に抜擢され、いよいよ藩主の側に仕える侍医に昇進しています。

翌六年、阮甫は藩主の参勤に従い、初めて江戸に滞在する機会を得ました。しかし不運にも、江戸に到着して間もなく国元から母（清子）重篤の知らせが入り、急遽津山へ戻ることになってしまったのです。阮甫は長年苦労をかけた母を献身的に看病しましたが、その甲斐なく、清子は六十三歳で多難な生涯を終えました。

母の最期を看取って再び江戸に引き返した阮甫は、新たな志を胸に同藩医（江戸詰）宇田川玄真に入門して、本格的に蘭学を学ぶことになります。

阮甫の妻登井の実父本澤篤祐の墓碑

当時玄真は、幕府天文台の蛮書和解御用（外国の書物を翻訳する仕事）として活躍すると共に、多くの門弟を抱える名実共に江戸蘭学界の重鎮でした。玄真の養子となった榕菴は、阮甫より一つ年上でしたが、前年（文政五年）には、わが国最初の植物学啓蒙書『菩多尼訶経』（ボタニカ経）を出版するなど、阮甫を大いに刺激しました。その後、三年間の江戸詰が認めら

本澤家墓所のある美作市林野日蓮宗寿林寺

れた阮甫は、ますます蘭学への理解を深めていったのです。

文政十年（一八二七）、江戸詰が終わって一度帰郷したものの、江戸でのことが忘れられず、津山での暮らしぶりを「寒郷僻邑、書籍に乏しく、又師友を欠く」と、湧き上がる向学心がゆえに不満を吐露しています。

そうした阮甫の気持ちがようやく通じたのか、文政十三年（一八三〇）十一月、藩から十年の江戸詰（定府）を命じられ、翌天保二年（一八三一）、今度は家族を伴い、希望に燃えて江戸へと旅立ったのです。

箕作阮甫③

——幕末の対外交渉に活躍

江戸詰の藩医として江戸定府となった箕作阮甫は、いよいよ本格的に蘭書の翻訳に専念することになります。阮甫の著訳書は、わが国医学雑誌の創始となった『泰西名医彙講』や『外科必読』『産科簡明』などの医学書をはじめ、『改正増補蛮語箋』や当時オランダ語学習の教科書として使われた『和蘭文典』などの語学書、さらには『地球説略』や『八紘通誌』

箕作阮甫肖像。ガラス原板から転写する際、着物の左前が逆になっている（ロシア科学アカデミーが所蔵する若き日の箕作阮甫）

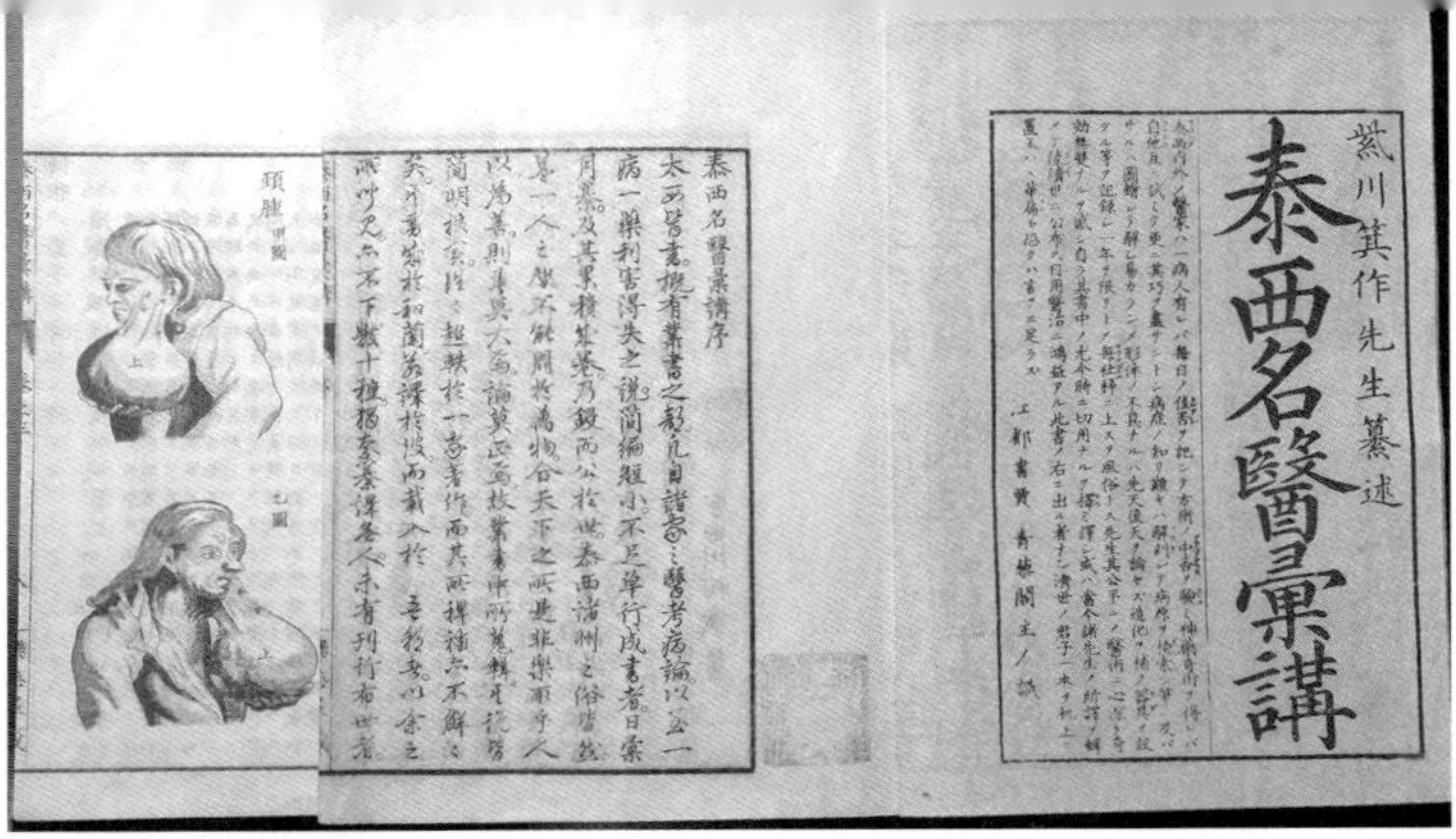

箕作阮甫の著訳書『泰西名医彙講』と『和蘭文典』（左頁）（津山洋学資料館・仁木家寄託資料）

などの外国地誌に関するものまであって、実に広範です。

変わったところでは、薩摩（鹿児島県）の藩主島津斉彬の依頼により、蒸気船の原理を解説した『水蒸船説略』を著しています。これを参考にして薩摩藩が日本で初めて「雲行丸」という蒸気船を造船し、安政二年（一八五五）に隅田川で実験したことは有名です。

阮甫は幼少からの持病である喘息に加え、右ひじが不自由でした。それゆえ患者を診る医師よりも、次第に翻訳に専念することになったのかもしれませんが、生涯を通じて九十九部（百六十余冊）もの著作を残しているのは驚きです。これらの著作を積み上げると「背丈を超えた」という逸話もあり、こうした多くの稿本類は、箕作本家から国立国会図書館の憲政資料室に寄託されています。

さらに、阮甫が果たした業績として、幕末の対外交渉を挙げることができます。嘉永六年（一八五三）、アメリカのペリー来航時には、杉田成卿らと共にペリーから伝達されたアメリカ合衆国大統領フィルモアからの親書の翻訳に従事しています。

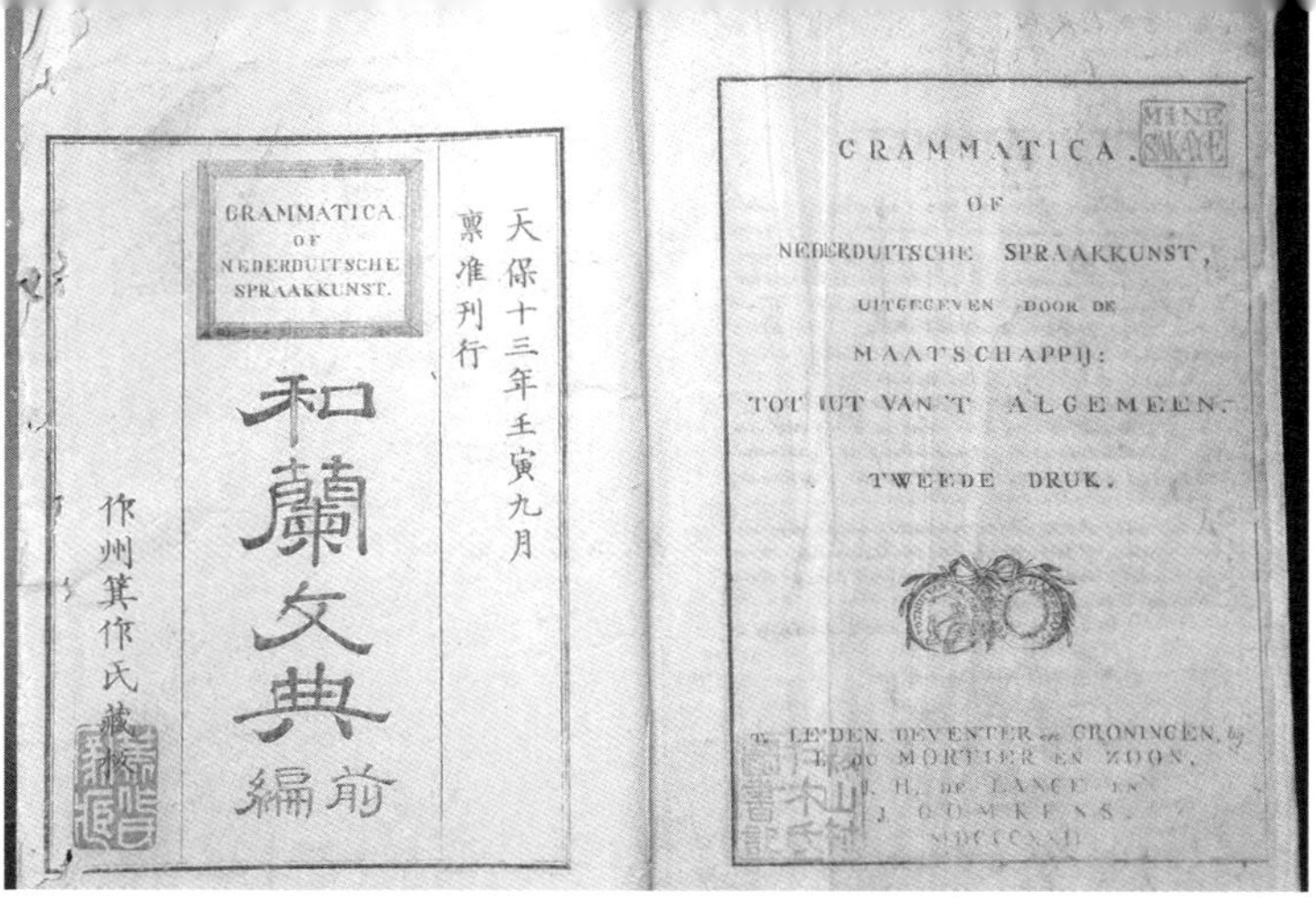

また同年、ペリーに少し遅れて来航したロシアのプチャーチンとの応接にあたった勘定奉行川路聖謨の命により、西洋事情に精通した学者として、長崎や下田（静岡県）での交渉に随行しましたが、この交渉のために江戸から長崎へ往復した際の日記「西征紀行」を書き残しています。

安政二年（一八五五）、家督を養子の秋坪（旧姓は菊池）に譲って隠居した阮甫でしたが、翌三年には幕府が設立した洋学研究・教育機関である蕃書調所の教授職に就任しています。さらに蕃書調所（同年「洋書調所」、翌年「開成所」と改称）は文久二年（一八六二）に幕府官立学校の列に加えられますが、阮甫はその首席教授となっています。ここには、教授方として養子の秋坪や、弟子の津田真一郎（のち真道）、教授方手伝並・手伝並出役として阮甫の孫である箕作貞一郎（のち麟祥）や箕作奎吾ら津山藩関係者が名を連ねています。

このように多くの著作を残し、幕末の対外交渉に活躍した阮甫は、文久三年（一八六三）に湯島天神下の自宅で波乱の生涯を閉じます。享年六十五でした。

4

箕作阮甫銅像

――世代を超えた交流の象徴

平成二十二年（二〇一〇）、津山城の桜が満開となった三月三十一日、津山駅前において洋学者箕作阮甫銅像の除幕式が厳かに執り行われました。津山市による駅前整備事業に伴い、在郷のライオンズクラブ六団体が一致協力して駅前に相応しい郷土の偉人像をと企画・制作して寄贈したのです。銅像の作者は大阪市枚方在住の彫刻家田中彰氏です。津山を拠点に活躍された彫刻家の故久原濤子（くはらなみこ）氏（長崎の「平和の像」を制作した北村西望（きたむらせいぼう）の弟子。久原家は代々津山藩外科医の家系で、濤子氏は京都帝国大学総長久原躬弦（みつる）氏の姪にあたります）の友人であり、主旨に賛同され、意気に感じて制作を引き受けられました。除幕された阮甫像は、洋学を志した若き日の勇姿をイメージしたもので、陽光を浴びて立つその姿からは、力強い「立志」というようなものが伝わってきます。

阮甫像といえば、津山城の西側に建つ文化センター玄関近くに、昭和五十年（一九七五）津山ライオンズクラブによって寄贈された中国山系を借景に建つ阮甫胸像（久原濤子作）が知られていました。当時、津山市ではこの場所に歴史博物館を建設すべく構想を進められていましたが、博物館が建った時に、その正門玄関脇に像が来るようにと計算してこの場所に設置されたと、故木村岩治氏（当時の教育長）から伺ったことがあります。しかし、その後の「オイルショック」によって構想は頓挫（とんざ）し、像だけが残ってしまいました。

さて、銅像を制作するために参考資料としたのは、箕作家が所蔵する阮甫晩年の肖像写真です。けれども彫像となると、立体的な骨格データが必要となります。そこで後裔の中でも阮甫そっくりと評判の高い、故菊池正士（きくちせいし）博士（阮甫の曽孫で、文化勲章を受章した原子物理学者）の写真が参考となりました。除幕式に出席されたご令嬢の野田克子氏は「父に面影が似ていてとても感激いたしました」と作者に話されましたが、田中氏も「その一言で安堵し報われました」と胸をなで下ろしたそうです。

それにしても、ライオンズクラブによって一年がかりで進められたこの事業は、何かとご苦労があったようです。市関係者の協力は当然としても、市民それぞれが自主的に本事業に協力したことは忘れてはなりません。除幕式に参列された四十名以上の後裔の方々がいつ墓参をされてもよいようにと、事前に箕作家墓所の清掃を行った林田山根（はいだやまね）町内会青壮年部の方々。また、除幕式前日、箕作旧宅を閉館後に訪ねられたご後裔のために快く開館して対応していただいた西新町老人会の方々。さらに、来春講演を予定していたミュージカル「箕作阮甫と四人の娘たち・チューリップ咲いた」のプレ公演を最近行ったばかりの劇団きんちゃい座の皆さんも、記念パーティーの席でその挿入歌を披露し、会場を盛り上げました。

このような、郷土の先覚者を誇りとして顕彰していこうとする気持ちは、「洋学」に対する市民意識の高まりがあって初めて可能になったものと思います。

JR津山駅前の箕作阮甫立像

後日届いた野田氏からの手紙には「津山という土地の人材のすばらしさに感動いたしました。その一人に先祖が列することは本当にありがたいこと。そして、こうして津山の皆さまが大切に思ってくださることが、どんなにありがたいことかとつくづく感じ入りました。いつの日か娘や孫にも津山を見せてやりたいと存じます」とありました。駅前の箕作阮甫像は、歴史が取り持つ世代を超えた人と人との交流の象徴でもあるわけです。

時は移って平成二十二年（二〇一〇）、津山洋学資料館が津山市西新町に新館移転した際、阮甫胸像も含めて市内に点在する洋学者銅像五点すべてを新館前庭に移設。その後、箕作秋坪（しゅうへい）胸像を加えて現在六点が建っています。

さらに、平成二十七年（二〇一五）の津山駅前整備事業によって箕作阮甫銅像は駅構内の別の場所に移設されています。一つ残念だったのは、制作者が意図した「江戸に向かって立志する」という点にまでは配慮が行き届かなかったことです。

5

赤穂浪士神崎与五郎と箕作家

——貞弁といとこの関係

年の瀬に話題になるものの一つに「忠臣蔵」があります。その赤穂浪士四十七士の中に三人の美作出身者がいたことは『津山市史』にも紹介されていますが、その中で特に有名なのが神崎与五郎です。

与五郎は美作国勝南郡黒土村（岡山県勝田郡勝央町黒土）の住人だっ

津山市林田山根の箕作家墓所に眠る「ほお切れ丈庵」こと箕作貞弁の墓碑

た神崎又市の次男として、寛文六年（一六六六）に生まれました。幼い頃から武芸を好み、貞享元年（一六八四）には津山藩主の森家に仕えましたが、翌年にはこれを辞去し、貞享三年に赤穂藩浅野内匠頭（長矩）に仕官することになります。ところが元禄十四年（一七〇一）三月十四日、君主が吉良上野介（義央）を江戸城内松の廊下で刃傷沙汰に及んだことから、十五年十二月十五日の仇討ちに加わり、十六年二月に幕府から切腹を命じられました。

さて、この神崎家ですが、実はのちに洋学者を輩出した箕作家と浅からぬ関係にあります。備前国和気郡片上村（岡山県備前市片上）の隠士だった神崎林範の息子が与五郎の父又市で、又市は藩主の森家に仕えていましたが、隠居後、後妻の郷里に近い黒土村で耕作の傍らに寺子屋を開いたといわれています。林範には娘もいて、これが英田郡楢原村（岡山県美作市楢原上）から森長継に仕官した箕作義林（箕作阮甫の五代前）に嫁し、貞弁（丈庵・十兵衛、箕作家医家初代）を産んでいます。つまり、与五郎と貞弁は従兄弟ということになるのです。与五郎の生母（又市の先妻）の墓は津山市西寺町の愛染寺にあるので、与五郎は父の在任中に津山で生まれたとも考えられますが、今となっては定かではありません。

慶応二年（一八六六）に津山藩士馬場貞観が執筆した『老人伝聞録』中に、与五郎と貞弁（丈庵）についての興味深い話が載っています。

丈庵には「ほお切れ丈庵」というあだ名があったといいます。丈庵が十三歳の頃、刀鍛冶の子と遊んでいて、その子が差している脇差しを見て、誰が打ったのかと尋ねました。「親父が打った」と答

勝田郡勝央町黒土に残る神崎与五郎の父母（義母）の墓

えたので、丈庵がすかさず「切れはすまい」とからかい、これに腹を立てた相手が脇差しで斬り付け、丈庵の頬を傷つけました。丈庵が泣いて家に帰った時、武芸見習いのために箕作家に同居していた与五郎が、それを見てすぐにその子を追いかけて捕らえ、丈庵に斬らせたというのです。

また一説には、丈庵十四歳の頃、与五郎と小鼓の稽古のために津山へ通う際、林田の町人が丈庵に男色の意趣を含んで、その往来の時を窺って林田の町はずれに待ち伏せし、その頬先を一刀斬って逃走するところを与五郎が追いかけて討ち取ったともあります。

この伝聞元の一つと思われるのが、赤穂浪士の仇討ち本懐から六十八年後の明和七年（一七七〇）に勝南郡池ヶ原村（津山市池ヶ原）の庄屋岡氏利が書き残した『美作一国鏡』です。しかし、こうした一連の英雄伝聞記録というものは時代の経過と共に話に尾ひれがつき、内容を子細に照合すると、つじつまが合わずに困惑してしまうものです。

国道一七九号線を見下ろす黒土の山腹には、神崎与五郎の父と母（義母）の墓が樹木に隠れるようにひっそりと建っています。また、林田山根の箕作墓所には「箕作禿翁之墓」があり、宝暦二年（一七五二）に八十四歳で歿した貞弁が眠っています。墓前にたたずむと、「三十八歳で果てた与五郎の分まで俺は頑張って生きたぞ」と貞弁が語りかけてくるようです。

第四章

箕作阮甫の弟子と子孫たちの活躍

1

津田真道①

――幼時から文武を好む

幕末、幕府が派遣した最初の留学生としてオランダに渡り、明治政府の官僚や法学者、啓蒙(けいもう)思想家として活躍した津田真道(つだまみち)は、文政十二年(一八二九)に津山の林田(はいだ)(津山市上之町)で生まれました。津山城の東崖(とうがい)下を流れる宮川に架かる朱色の稲荷橋を上之町側に渡ると、急勾配で知られた入道坂

津田真道肖像（津山洋学資料館所蔵）

があります。その一つ、南筋の小入道と呼ばれる路地を東へしばらく進むと、やがて真道の生誕地に辿り着きます。今は案内板のみが控えめに立っていますが、これを探し訪ねてくる人はなかなかの歴史通ではないでしょうか。

　この丹後山の丘陵からの風景を真道は毎日眺めていたわけですが、西のほうには間近に城の石垣がそそり立っていて、威圧感さえ覚えます。それに反して東南のほうは眼下に大坂・江戸へと繋がる出雲街道を人々が往来し、また津山と備前を往復する高瀬舟が遠望できたことでしょう。ここにたたずむと、江戸に憧れ、家業を嫌った真道の気持ちが何となくわかる気がしてきます。

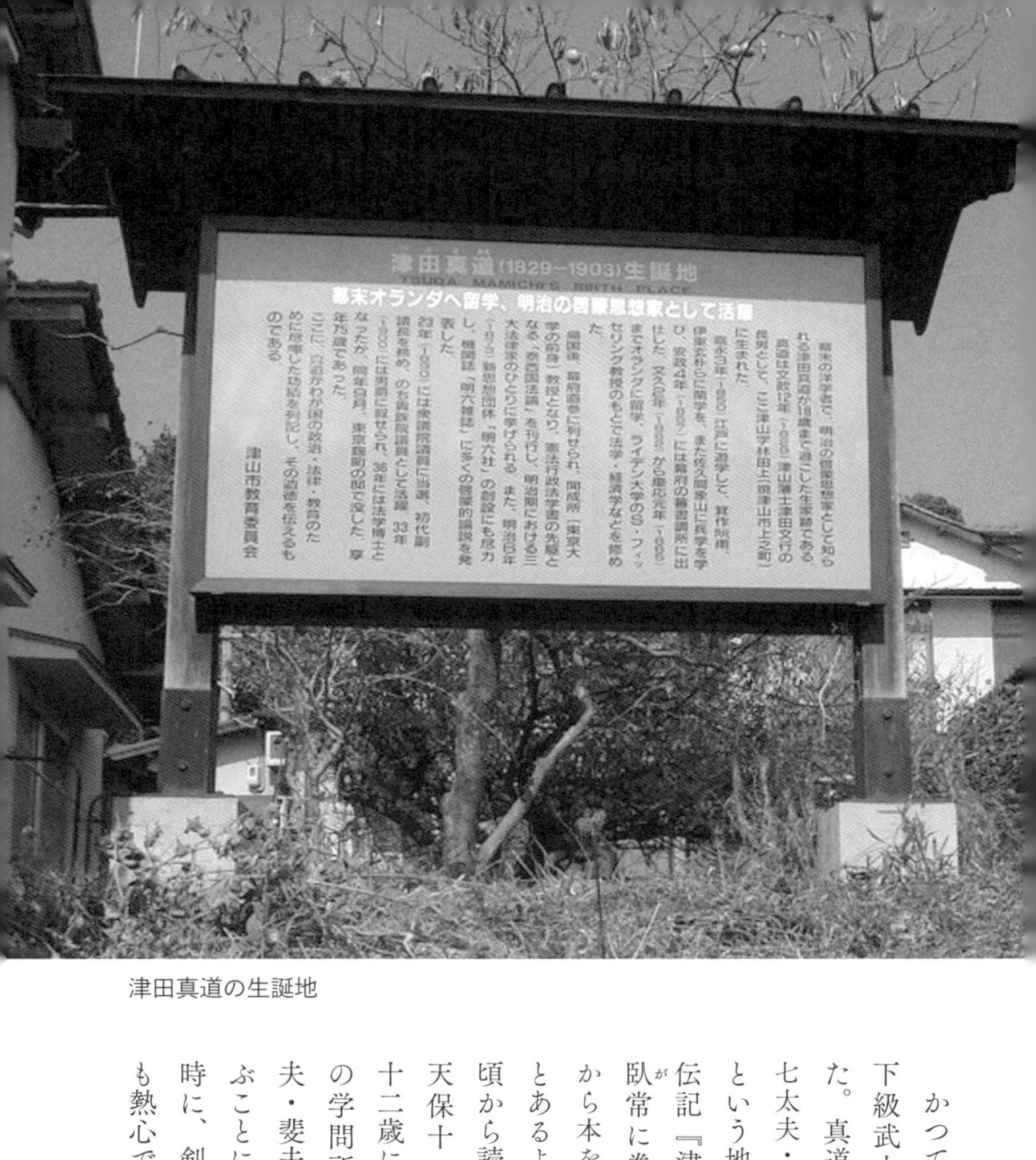

津田真道の生誕地

かつて、このあたりには下級武士が住んでいました。真道の父吉太夫（のち七太夫・吉兵衛）も料理方という地位にありました。

伝記『津田真道』に、「坐臥常に巻を釈てず」（平素から本を側に置いていた）とあるように、真道は幼い頃から読書を好みました。

天保十一年（一八四〇）、十二歳になった真道は、藩の学問所で儒学者大村成夫・斐夫父子から漢学を学ぶことになります。また同時に、剣・槍・弓の稽古にも熱心で、武芸に精励しました。「国元日記」によれば、「津田七太夫義倅鶴太郎（真道の幼名）、学問・弓術・剣術出精の趣、御聴に達し、御喜色思し召し候」と、藩主からお褒めの言葉をいただいています。

嘉永三年（一八五〇）、二十二歳になった真道は、志を立てて江戸へ遊学することになります。江戸では箕作阮甫（みつくりげんぽ）のもとで蘭学を学ぶ傍ら、平田篤胤（ひらたあつたね）に国学を学びました。また、阮甫の口添えによって伊東玄朴（いとうげんぼく）の象先堂（しょうせんどう）にも入門し、さらに佐久間象山（さくましょうざん）について洋式兵学も学んでいます。その間、勝麟太郎（かつりんたろう）（海舟（かいしゅう））とも交友し、その縁によって長崎へ赴きますが、のちには江戸へ戻って箕作阮甫の塾頭格を務めました。

安政四年（一八五七）、その学才を買われて幕府の蕃書調所（ばんしょしらべしょ）教授手伝並となり、次いで教授手伝に進み、同僚の石見津和野（つわの）藩士西周（にしあまね）と共に西洋哲学や政治学の研究を始めています。蕃書調所に出仕できるようになった背景には、箕作阮甫の存在があったことはいうまでもありません。

この五年後の文久二年（一八六二）、真道は幕命によってオランダへ遊学することになるのです。

津田真道②

——西洋の法学理論紹介

文久二年（一八六二）から慶応元年（一八六五）まで、幕命によって和蘭行御軍艦方、平たくいえば海軍留学生一行に選抜されてオランダに赴いた津田真道は、西周と共にライデン大学のシモン・フィッセリング教授から、自然法、国際法、憲法学、経済学、統計学などを学ぶことになります。ライデン大学の学籍名簿に二人の名は記されていないので、聴講生としてフィッセリング教授の自宅に通って講義を受けたと思われます。フィッセリングが日本の留学生に対して懇切丁寧に教授したため、師弟間には友情が生まれ、帰国後も文通が続いたといわれています。

帰国後の真道は、開成所教授職手伝に復帰し、幕臣に列せられました。慶応二年（一八六六）、フィッセリング教授の講義録を翻訳して、西洋の法学理論を初めてわが国に紹介した『泰西国法論』を刊行します。民法という言葉は、この本によって定語となりました。慶応四年（一八六八）に目付職となります。その時、徳川慶喜の恭順（朝廷の命令などに対して謹んで従うこと）に不服を持った旧幕臣たちが大手門内にたむろしたり、上野の山に立て籠ったりしたため、真道はその暴挙を戒めましたが、激怒した会津藩士に危うく斬りつけられそうになるという危ない目にも遭いました。また同年、

オランダ留学時の記念写真（沼津市明治史料館所蔵）

かつてのオランダ留学の仲間だった榎本武揚が軍艦を率いて蝦夷地（北海道）に向かう際、真道は武揚に面談して、その行為の間違いを説いたようですが、武揚は耳を貸さなかったといいます。

さて、その後の真道ですが、明治二年（一八六九）には新政府の刑法官権判事となり、「新律綱領」の編纂に従事し、数々の建議を公議所に提出しました。また、二年後には判事兼外務権大丞となり、清国（現在の中華人民共和国）に修好条規締結交渉の特命全権副使として赴いています。明治六年（一八七三）、箕作秋坪、福澤諭吉、西村茂樹、森有礼らと明六社を創立、『明六雑誌』に数多くの啓蒙的論説を寄稿しました。明治九年（一八七六）元老院議官、十二年（一八七九）には東京学士会院創設にあたって創立会員となり、学会長老となりました。明治二十三年（一八九〇）、国会開設と共に衆議院議員に当選して初代副議長

メモリアルプレート

を務め、二十九年（一八九六）貴族院議員、三十三年（一九〇〇）華族に列せられ、男爵を授けられました。そして明治三十六年（一九〇三）には法学博士の学位を授与された真道でしたが、同年脳溢血で倒れ、波乱の生涯を閉じています。享年七十五でした。

平成九年（一九九七）春、津山市と津和野町（島根県）は「津田真道・西周顕彰会」を発足させ、二人がオランダ留学時に学んだフィッセリング教授旧邸（ライデン市ラーペンベルグ十二番地）の壁に、これを記念するメモリアルプレートを設置し、秋に現地で除幕式を挙行しました。ライデン大学日本語学科アルセナール広場におけるレセプションで挨拶に立った同大学ハルム・ボイケルス教授は「一八六三年にライデンにやって来た日本人留学生たちをライデン大学の教授が指導したことが、その後、ライデン大学日本語学科を設置すること、学生たちが日本語を学ぶことに繋がりました。そして今、現在の日本学センターがあるわけです」と祝辞を述べています。

3 箕作省吾の世界地理書

——坂本龍馬、吉田松陰、木戸孝允らが愛読

諸外国の情勢に関心が高まった幕末、天保十五年（一八四四）から弘化四年（一八四七）にかけて、『新製輿地全図』と『坤輿図識』・『坤輿図識補』という世界地図と地誌書が刊行され、当時ベストセラーとなりました。

これを著したのは箕作省吾という人物で、津山藩医（江戸詰）箕作阮甫の婿養子です。省吾は、もと奥州水沢（岩手県奥州市）の下級武士出身で、旧姓は佐々木といいます。幼少時から地元の蘭医坂野長安の家に仮住まいして学問に励みましたが、十六～十七歳の時に江戸へ遊学し、その後も京都を中心に関西方面を遍歴、その頃に地理学に興味を持ったといわれています。

いったん水沢に帰郷し、再び坂野長安に従って学んでいましたが、長安が講義中に「これは阮甫（箕作）先生の説だ」ということをたびたび話すものだから、そこで初めて箕作阮甫が洋学の大家であることを知り、さらに学問を究めたいと喜び勇んで上京することになったのです。この時、「下駄履きで江戸まで歩いた」という話が伝わっているから驚きです。

天保十二年（一八四一）、江戸に着いた省吾は、さっそく鍛冶橋（中央区八重洲）の津山藩上屋敷に

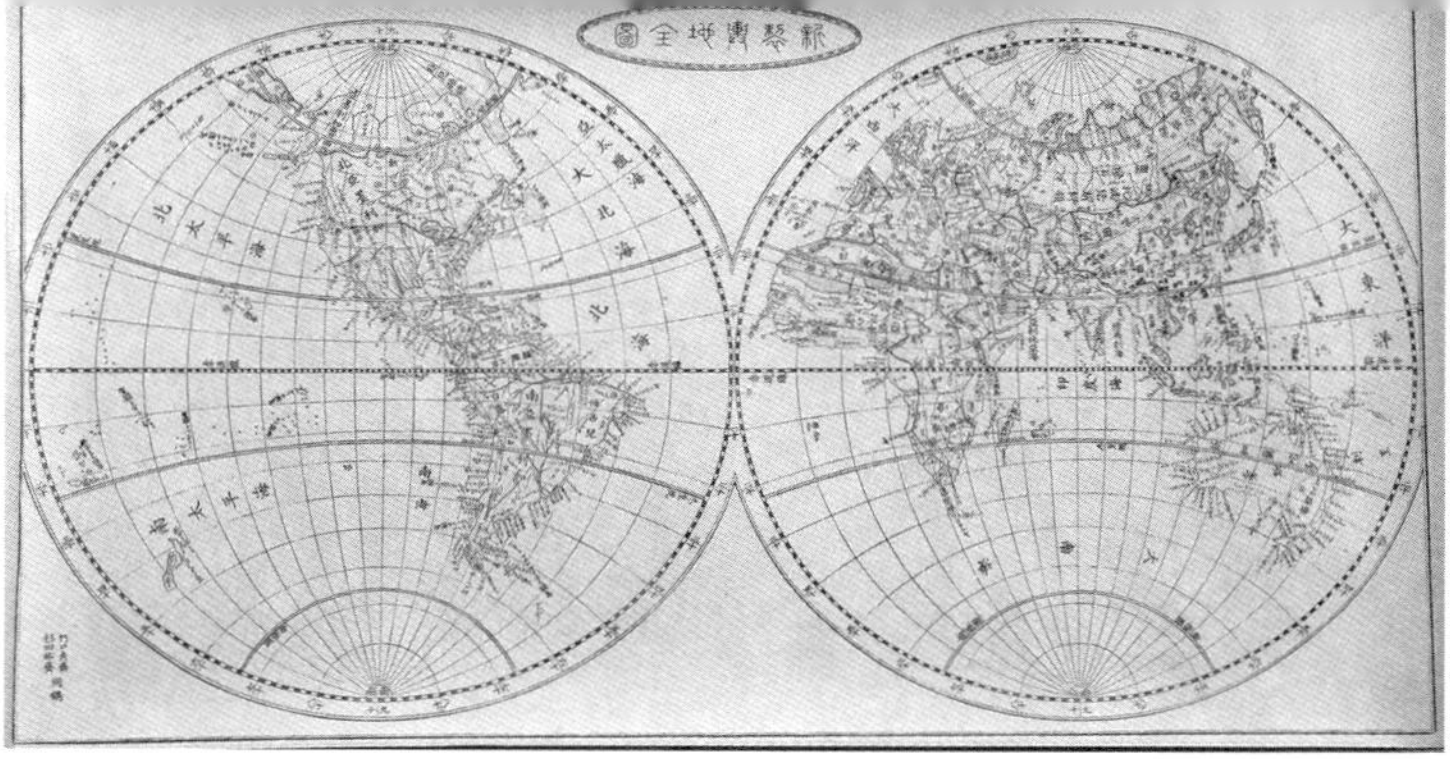

坂本龍馬が愛読した『新製輿地全図』（津山洋学資料館所蔵）

阮甫を訪ねています。その時、省吾は二十一歳でした。

学問に一途な青年と面会した阮甫は、一目で気に入り、入門を許します。その三年後の天保十五年には人柄と才能を認めて、省吾を三女「ちま」の婿養子として迎えました。

初め阮甫は、次女「つね」と結婚させるつもりでした。しかし、省吾は「おちまさんは不別品（ふべっぴん）なので、そのおちまさんが良い」といって決めたそうです。「面（つら）の美（よ）い方はどこへでも嫁にやれるから」というのが、その理由だったといわれています。阮甫の娘の一人が疱瘡（ほうそう）に罹り、顔に痘痕（あばた）が残っていたという話もあり、ひょっとしたらそのことを省吾が気遣ったのかもしれません。省吾は阮甫と知遇を得たことに感謝し、多くの洋書を学んで研鑽に努めます。そして、かねてより関心の深かった地理学に傾倒、やがて世界地理書を翻訳し、編集した世界地図『新製輿地全図』と、地図に表した各州・諸国家の形勢を紹介した『坤輿図識』と『坤輿図識補』を刊行することになるのです。本書を執筆中、熱心さのあまり無理がたたって労咳（ろうがい）（肺結核）に罹り、原稿を血で染めたこともありました。まさに「喀血（かっけつ）の書」です。その後も病状は回復せず、弘化三年（一八四六）十二月、省吾は享年二十七でこの世を去りました。悲嘆に暮れた阮甫でしたが、その意志を引き継いで遺作の刊行を援助しました。同書がベストセラーになったことで、「箕作家の台所（家計）が一時期潤った」と記録にあります。

命と引き換えに刊行された世界地理書は、各大名も競って読んだといわれ、幕府大老の井伊直弼も読んでいます。また、桂小五郎（のち木戸孝允）もこれを読んで大志を抱いたといい、ペリーの軍艦に潜んでアメリカ密航を企てた吉田松陰も同書に刺激を受け、幽閉中も家族へ宛てた手紙に「今度来る時には坤輿図識を届けるよう」懇願しています。さらに、『新製輿地全図』をいつも手放さなかったのが坂本龍馬で、暇さえあれば寝転がってこの世界地図を眺めていたといわれています。このように、同書にまつわるエピソードは数多く、いかに幕末の人々の世界観に影響を及ぼしたかがわかるのです。

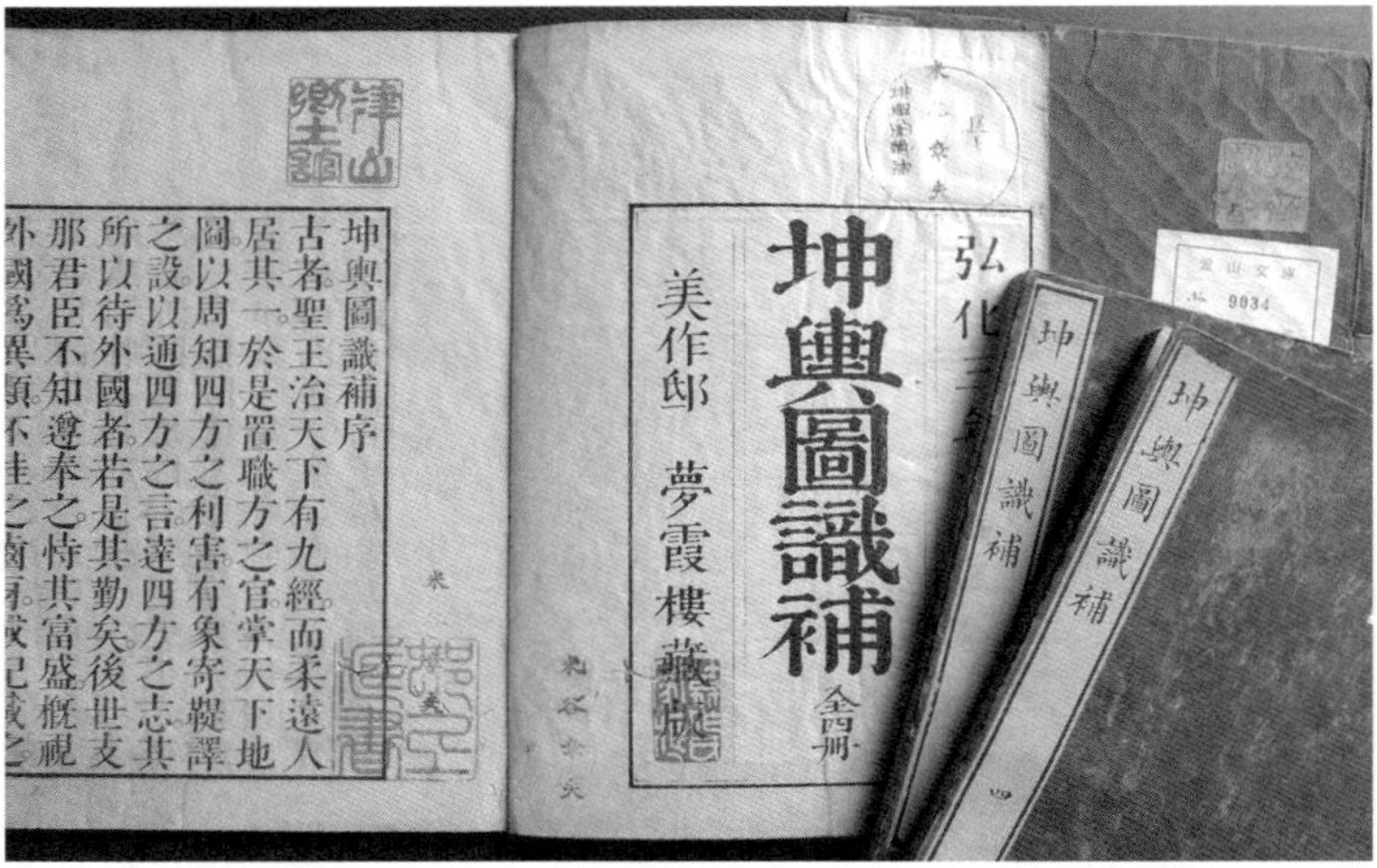

吉田松陰と桂小五郎が愛読した『坤輿図識補』（津山洋学資料館所蔵）

箕作秋坪①

——幕末の対露交渉に活躍

箕作阮甫の養子となり、幕末から明治にかけて活躍した箕作秋坪は、備中国阿賀郡下呰部村（岡山県真庭市下呰部）の教諭所（津山藩預所の郷学）で学監を務めていた菊池文理の次男として文政八年（一八二五）に生まれました。今でも下呰部には、教諭所の遺構と共に実父文理の墓所があります。

天保八年（一八三七）、十三歳の時に父が他界した秋坪は、十七歳で父の友人だった津山藩士稲垣茂松に引き取られて漢学を学びますが、その二年後には江戸に出て儒者古賀侗庵の門に学び、続いて津山藩医（江戸詰）箕作阮甫に入門して蘭学を修めることになります。

弘化三年（一八四六）、二十二歳の時、学問にひたむきな態度が気に入られて箕作家の入り

箕作秋坪肖像（津山洋学資料館所蔵）

婿になることが決まりました。その際に阮甫は、「学問を身につけるには身内では甘えが出る。信頼のおける他人に任せたほうがよい」との考えから、秋坪を大坂の緒方洪庵に託し、適々斎塾（通称適塾）で学ばせています。学成って江戸に戻った秋坪は、嘉永三年（一八五〇）、晴れて阮甫の二女つねと結婚、正式に箕作家の養子となりました。

嘉永六年（一八五三）、ペリー提督率いる米国艦隊の来航以降、外交事務が繁多となったことから、秋坪は幕府から蛮書和解御用（外国の書籍・外交文書の翻訳の仕事）を命じられます。安政二年（一八五五）、家督を相続して津山藩医となり、藩主、嫡子、夫人の侍医を務め、安政六年（一八五九）には、養父（阮甫）が首席教授を務める蕃書調所（東京大学の前身）の教授職手伝に就きました。

文久元年（一八六一）十二月、通商条約実施延期交渉のために幕府が西欧各国へ派遣した竹内保徳使節団に随行することになった秋坪は、フランス、イギリス、オランダ、ドイツ、ロシア、ポルトガルなど六ヵ国を歴訪しましたが、その間、親友の福澤諭吉や松木弘安（のち寺島宗則）らと共に寸暇を惜しんで西欧の最新施設を精力的に視察しています。

ロシア滞在中、某病院で膀胱結石を取り除く手術を見学した際、患者にクロロホルムを嗅がせて執刀する様子を見学した諭吉は、途中で気が遠くなり、室外に連れ出され、水を呑まされてやっと正気に戻ったそうです。その様子を見て秋坪と松木は、「福澤は意気地がない」といって、しきりに笑い冷やかしたというエピソードが、福澤諭吉の回顧録『福翁自伝』にも載っています。

秋坪はまた、オランダ滞在中にわざわざライデン大学を訪ね、特別に絹装丁させた恩師の緒方洪庵

渡欧中にオランダで撮影された記念写真。右端が箕作秋坪、隣が親友の福澤諭吉（慶應義塾図書館所蔵）

翻訳の病理学書『扶氏経験医訓』を寄贈しました。それは今日でも、ライデン大学の図書室に貴重資料として大切に保管されています（後述）。

さて、帰朝した二年後の元治元年（一八六四）、秋坪は幕臣に列せられ、外国奉行支配翻訳御用となります。そして慶応二年（一八六六）十月には、北方領土境界交渉のために全権小出秀実使節団に随行し、再びロシア（ペテルブルグ）を訪問するなど対外交渉に活躍したのでした。

昭和五十六年（一九八一）一月六日の閣議で、二月七日を「北方領土の日」とすることが決定されました。当時、事前の歴史確認調査のため、津山洋学資料館にも連絡があったのを覚えていますが、それほど幕末の対ロシア交渉と箕作阮甫・秋坪父子の関わりは深かったのです。

箕作秋坪②

——女子教育の重要性を説く

維新後は家督を譲って隠居した箕作秋坪ですが、時代が蘭学から英学へと推移しているという思いから、明治元年（一八六八）、江戸蛎殻町（中央区日本橋蛎殻町）の津山藩中屋敷に英学塾を開設することにしました。その塾名は、屋敷があった大川（隅田川）端の地名「三叉」にちなみ「三叉学舎」としました。すでに親友の福澤諭吉が慶應義塾を開いていましたが、やがて三叉学舎はこれに並んで東京における英学塾の双璧と称されるようになるのです。

ここを卒業した者は数百名にも及びますが、中には東郷平八郎、原敬、大槻文彦、平沼淑郎・騏一郎兄弟、阪

真庭市久世の興善寺境内に建つ秋坪の曾祖父菊池正因の墓

谷芳郎など、のちにわが国の近代化に重責をなす人物が多数含まれています。

明治六年（一八七三）、秋坪は米国帰りの森有礼が首唱する新思想団体「明六社」の設立に賛同しました。ほかにも中村正直、福澤諭吉、西村茂樹、津田真道、西周、加藤弘之ら著名な学者や知識人らがこれに加わりました。本社は公開講演会の開催や、機関誌『明六雑誌』の発行によって、西洋近代の学問・思想・文化婦人問題・風俗などの啓蒙を行いました。

秋坪は『明六雑誌』第八号（明治七年五月刊）に「教育談」と題した論文を寄稿しましたが、当時としては先進的な女子教育の重要性を説いているのが目を引きます。

秋坪は森有礼のあとを受けて、翌年社長に就任しますが、「明六社」は明治十二年に改編されて「東京学士会院」となりました。それまで、明治政府からたびたび官職に就くよう要請されながらも辞退していた秋坪でしたが、明治八年（一八七五）に東京師範学校摂理に就任、中学師範学科の設置を建議して高校師範制度の基礎作りに携わりました。さらに明治十二年（一八七九）、教育博物館（のち国立科学博物館）の館長に就任、翌年には東京学士会院会員となり、のちには東京図書館（のち国立国会図書館）の館長も兼務しました。明治十九年（一八八六）、すべての職を辞任し、同年十二月、腸チフスで死去、享年六十二でした。

美作地方には秋坪や菊池（旧姓）家ゆかりの場所が多く残っています。岡山県真庭市久世の興善寺には、名代官の早川八郎左衛門正紀から郷校「典学館」の都講（塾頭）として招かれ、十六年間この地に尽くした菊池正因（秋坪の曽祖父）の墓が建っています。

さらに、真庭市勝山の安養寺には秋坪の実母の墓もあります。母多美は、津山藩士後藤基義の三女で、今の真庭市下呰部にあった教諭所（津山藩預所の郷学）の学監をしていた菊池文理に嫁して二男一女を産みました。長男は早世、次男の秋坪が江戸に出て箕作家の養子になってからは、娘の嫁ぎ先である勝山藩士の篠崎家に身を寄せていましたが、文久三年（一八六三）享年六十一で亡くなっています。篠崎家墓所の一郭に建つ墓石の側面には、「明治十六年五月、孫菊池大麓建石」とあります。

晩年を迎えた秋坪は、長くそのままにしていた母の墓が気掛かりでした。そこで菊池家を継がせた次男大麓を現地に出向かせ、立派な墓石を建てさせています。秋坪が託した墓碑銘中に「秋坪今日ある、実に孺人（母君）の賜ものなり」とあり、切々たる追慕の情が心を打ちます。

真庭市勝山の安養寺境内の篠崎家墓所に建つ秋坪の実母の墓。母への追慕が碑文として刻まれている。

箕作秋坪が持ち帰った黒船大尉の名刺

嘉永六年（一八五三）六月三日、アメリカ東インド・中国艦隊司令長官のペリー提督率いる四艘の軍艦が浦賀沖にその姿を現し、威圧された幕府は久里浜（神奈川県横須賀市）でアメリカ大統領フィルモアの親書を受領することになりました。四艘のうち二艘が最新鋭の異様な蒸気軍艦だったことから、その噂は日本中に広まっていくことになります。いわゆる「黒船騒動」です。

翌年一月十六日、予告通りペリーは二度目の来航を果たします。三月三日には日米和親条約を締結させ、下田（静岡県）と箱館（北海道）の二港を開かせたのですが、その際、津山藩は海岸防備のために幕府から高輪（港区高輪）あたりの警備を命じられ、本陣を泉岳寺に置いて、江戸屋敷の家老安藤主税介成行が陣頭指揮を執ることになりました。津山藩士駒井匏軒が記録した「泉岳寺陣中漫筆」を見ると、黒船情報の収集

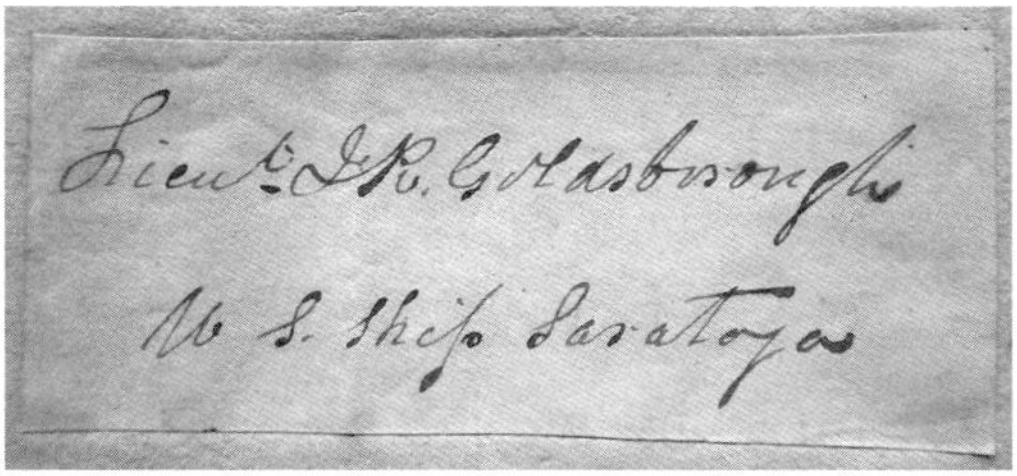

J・R・ゴールズボローの名刺（津山洋学資料館・安藤家寄託資料）

に奔走した津山藩の洋学者たちも、ここを拠点に浦賀や横浜に出向いていたことがわかります。

さて、この事件のさなかに、上陸していた米兵の一人から名刺を入手したのが、津山藩士箕作（みつくり）秋坪（しゅうへい）（阮甫（げんぽ）の養子）です。この一件は即刻家老にも報告され、提出した名刺はやがて国元津山に持ち帰られ、安藤家が保管することになりました。

名刺は手書きで「Lieut. JR Goldsbo rough US Ship Saratoga」とあります。Lieut. は海軍での階級を示すLieutenantの略称であり、「海軍大尉J・R・ゴールズボロー、合衆国軍艦、サラトガ号の乗員」ということになるでしょうか。

名刺の人物について、米国大使館広報文化交流局アメリカンセンターのデータベースで調べると、「一八〇八年七月二日にワシントン区に生まれ、一八二四年に海軍兵学校に入り、一八六七年には海軍准将まで昇進し、一八七〇年に退役、一八七七年に死亡した」とあるので、実在した軍人だとわかります。肝心のペリー来航時の記録にも、一八五一年から五四年にかけては「東インド艦隊スループ型　サラトガ号に勤務していた」とあり、名刺の内容を裏づけています。さらに調査を進めていくと、米国の海軍資料館には本人の写真が三枚保存されていることもわかりました。

ところで、この名刺はいつどこで入手したのでしょうか。嘉永六年の来航時は米国艦隊の滞在が十日間と短いことや、当時の緊迫度を考慮すると、接触の可能性は低いと思われます。

それでは翌年の再来航時はどうでしょうか。サラトガ号の日程と秋坪の動きを照合してみると、艦隊より少し遅れて神奈川沖へサラトガ号が投錨（とうびょう）したのは嘉永七年（一八五四）二月六日、秋坪が天文方御用のために神奈川から江戸へ戻ったのが二月十五日とあるので、両者が接触したとすれば、この十日間でしょう。この間での最大のイベントは、二月十日に横浜応接所で第一回正式交渉が開始されたことです。この交渉は予定外に長引いたようで、外で待機していた士官たちには、付近を散策する時間の余裕ができ、中には一マイル（約一・六キロ）、あるいはそれ以上も歩いた者がいたそうです。米国側の記録にも「互いに名刺やサインを交換しあった」こと、「日本人は名刺やサインを求める気持ちが強い」とあるので、両者が接触した可能性は高いと思われます。

まさに三百年間にわたる徳川幕府の安泰に暗雲が漂う中、秋坪（三十歳）とJ・R・ゴールズボロー（四十六歳）との、束の間の奇遇だったのです。

J・R・ゴールズボロー海軍大尉の写真（アメリカ海軍資料館所蔵）

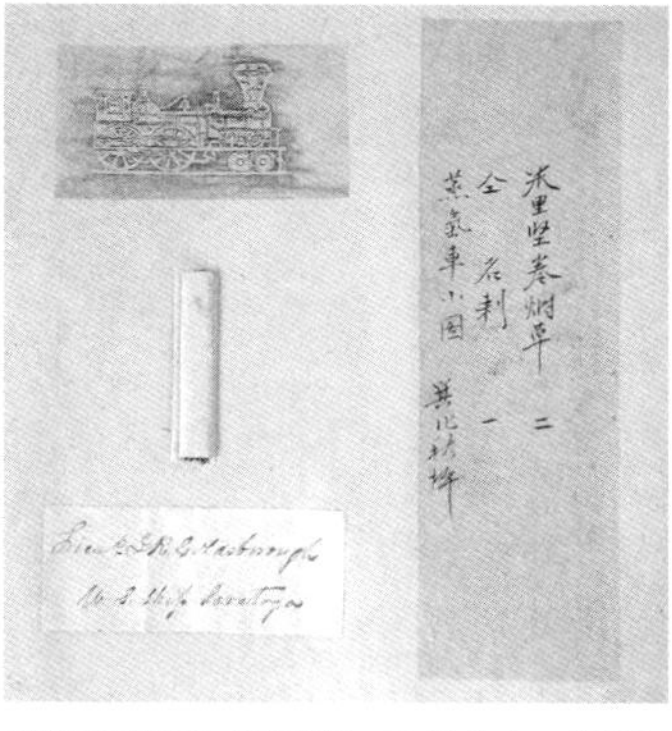

箕作秋坪は「名刺」のほかに「蒸気機関車の絵（乾拓）」や「巻き煙草」数本を手に入れている。珍しかった巻き煙草は仲間たちで吸い、残った1本を名刺と共に家老の安藤家へ届けた（津山洋学資料館・安藤家寄託資料）

7

箕作阮甫の家系①

――受け継がれる学者の血統

津山藩医箕作阮甫の隆々たる家系を評して、「箕作の血は学者の血、佐藤の血は医者の血」といったのは、明治期のジャーナリスト・政治家として著名な福地源一郎です。ちなみに佐藤とは、現在の千葉県佐倉市が生んだ「順天堂」創始者の医家佐藤泰然のことです。

時代は移って、昭和の戦前・戦中にも『高等小学校修身書』中に、「家」という題で阮甫が登場してきます。「藩医だった父を早く失い、その後苦学して一家を興した」ということが、戦意高揚の意味を含んで使われたと思われます。

阮甫夫妻は四女に恵まれましたが、二女は夭折しました。長女「せき」は江戸詰の広島藩医呉黄石に嫁し、孫には国勢調査の原案を作成した統計学者の呉文聡、東京大学医学部精神病学の権威呉秀三、曽孫には日本大学総長を務めた呉文炳などがいます。

四女「ちま」は、阮甫の養子となった地理学者の省吾（旧姓佐々木）との間に一粒種の麟祥がいます。

麟祥は慶応三年（一八六七）一月から、将軍徳川慶喜の名代徳川昭武一行に随行して渡欧、フランス・イギリスに赴き、経済や法律を学んで翌年帰国しました。維新後は司法省で法制整備を任され、民法

慶応２年（1866）、イギリス留学に向かう途次に、イギリス人ウィリアム・ロイドの膝に抱えられた箕作大六（菊池大麓）。当時12歳（個人所蔵）

や商法などを手掛けました。「憲法」という言葉を、今の意味に位置づけた法制官僚といわれています。

津山市一宮出身の美土路昌一（戦後、朝日新聞社長や全日空社長を歴任）が、記者時代の昭和六年（一九三一）、銀座の古書店で偶然麟祥自筆の書物を発見し、「郷土先覚の貴重資料だ」とさっそく買い求め、以後大切に保管していました。これは明治六年（一八七三）に文部省から刊行された『仏蘭西法律書・憲法』の草稿でしたが、今は子息脩一氏から津山洋学資料館に寄贈されています。

さて、三女「つね」は入婿秋坪（旧姓菊池）との間に四男をもうけました。長男奎吾と次男大麓は、慶応二年（一八六六）に、それぞれ十五歳と十二歳という若さで、幕命でイギリスに留学しますが、幕府崩壊によって慌てて帰国しました。

奎吾は十五歳で開成所（東京大学の前身）の教師をしていたほどの英才でしたが、惜しいかな、二十歳の時、隅田川で遊泳中に心臓麻痺で溺死してしまいます。大麓は官命で再びイギリスに渡り、ケンブリッジ大学に留学しますが、成績が

高等小学修身書に登場する箕作阮甫（津山洋学資料館所蔵）

大変優秀だったことから「東洋の奇男子」とあだ名がつけられたほどです。明治十年（一八七七）に帰国し、東京大学理学部教授（数学）から総長、第一次桂太郎内閣時の文部大臣、京都帝国大学総長などを歴任しました。大麓は箕作家の養子となった父方の旧姓「菊池」を継ぎますが、その長女「タミ」は「天皇機関説」で知られる憲法学者美濃部達吉に嫁しています。その長男が戦後、東京都知事や参議院議員を歴任した美濃部亮吉です。

昭和五十七年（一九八二）十二月九日、亮吉は箕作家墓参を目的に津山を訪問しています。その夜の座談会「祖父菊池大麓を語る」では思い出を語り、翌日訪問した津山洋学資料館では箕作家ゆかりの資料にじっくりと目を通しました。父の名も入っている家系図の前では「祖父以前の家系がよくわかって驚いた」と食い入るように見つめ、少年期の自分の写真が写っている箕作家一族の記念写真の前では「やあ、懐かしいね」を連発されていました。津山を離れる際、「先祖が住んでいた津山のよさを満喫し、有意義な訪問であった」と挨拶され、本当に感慨深げな様子でした。

8 箕作阮甫の家系②

——昭和天皇へ知的影響

箕作阮甫の養子となった秋坪の次男大麓（阮甫の孫で、父秋坪の実家の姓である菊池を継いだ）の二女千代は、民法学の鳩山秀夫（東京帝国大学教授）に嫁し、三女冬子は労働法の末広厳太郎（東京帝国大学教授）に嫁しています。菊池家の四男正士は、電子線回折実験で世界的に認められた原子物理学者で、彼が発見した回折像に現れる平行線を「菊池線」といいます。大阪帝国大学理学部教授から東京大学原子核研究所の所長や東京理科大学の学長を務め、文化勲章受章者でもあります。正士は他人からこの優秀なる箕作家系の一員と見なされることは苦手だ

養殖真珠を成功に導いた海洋動物学者箕作佳吉（津山洋学資料館・箕作家寄託資料）

ったらしく、「遺伝というものがあるにしても、それは三代までのことで、私には関係ない」と宴席で話したことがあるそうです（甥の菊池慎一氏談）。

秋坪の三男佳吉は海洋動物学者として知られ、日本人として初めて東京大学で動物学の講義を始めた人物です。豊富な学識をもって学界および実業、特に水産事業への貢献は甚大でした。中でも世界初の養殖真珠に成功した御木本幸吉（ミキモト創業者）に助言したことは有名です。鳥羽（三重県）にある御木本幸吉記念館や真珠博物館を訪れると、佳吉と幸吉の出会いがアニメーションで子供にもわかりやすく紹介されています。明治四十年（一九〇七）、病気のために東京理科大学の学長を辞し、二年後に五十一歳で歿しますが、その訃報が米国に伝わった時、米国学会の人々は「日本は一偉人を失った」と惜しんだといわれています。

続いて四男元八ですが、彼は西洋史研究の大家となりました。幼い頃から父の私塾「三叉学舎」の門人だった平沼淑郎（のち大阪市助役、早稲田大学学長）、阪谷芳郎（のち大蔵大臣、帝国銀行協会会長、専修大学総長）らと交わり、「秀才三少年」と称されました。十三歳にして早くも「北米合衆国独立戦争史」を小冊子として仕上げていることには驚かされます。その後、欧州各地に留学し、明治三十五年（一九〇二）に帰国して東京帝国大学教授となりました。昭和天皇の東宮（皇太子）時代に西洋史を講じたことでも知られています。

昭和四十二年（一九六七）四月、蒜山高原（岡山県真庭市）での植樹祭に来岡された昭和天皇の興味深いエピソードが、岡山市立オリエント美術館の元館長植田心壮氏の回顧談『阿々・伝えておきたい話』に載っています。主要行事を終えられた陛下が、草原散策や酪農事情の見学中、突然随行の知事に「知事さん、箕作の家はどうなっていますか」とご下問されました。当時の知事加藤武徳は「はあ……あの……」と絶句。知事には当時、箕作家のことなどは頭の中になかったため、即座にお答えはできず、心中大あわての状況だったというのです。陛下は、懐かしく敬愛する箕作元八の祖父が洋学者箕作阮甫であり、津山の人であることを思い出され、ふと、尋ねられたのでしょうが、知事にとっては思いもかけないご下問となりました。

また、昭和四十七年（一九七二）、陛下が『ニューヨーク・タイムズ』紙のインタビューをお受けになった際、「これまで誰かの影響を受けたことがございますか」との質問に対して、「私はこれまで数え切れぬ人々から知的影響を受けてきたが、唯一最も偉大な影響を受けた人物がいる。それは日本の英雄や天皇、または有名な科学者などではなく、箕作元八という名の教授である」と発言されたため、側近をあわてさせました（後述）。元八こそ、その時に話題となった学者なのです。

昭和天皇が一番影響を受けた歴史学者箕作元八（個人所蔵）

9

国勢調査前夜

――呉文聰が原案づくりの中心に

国勢調査が最初に実施されたのは大正九年（一九二〇）ですが、実施に至るまでには大変な苦労があったようです。この原案づくりが始まったのは明治の後半ですが、その中心となって尽力したのが、誰あろう津山藩医箕作阮甫の孫にあたる呉文聰です。

阮甫の長女「せき」は、広島藩医（江戸詰）の呉黄石に嫁しました。文聰は黄石の長男として、嘉永四年（一八五一）に江戸青山の広島藩下屋敷で生まれています。呉家はもともと山田姓でしたが、山田家の墓地が安芸郡呉浦（広島県呉市）にあったことから、子孫に永くそれを記憶しておいてもらいたいという願いで、嘉永二年（一八

国勢調査の原案作成に尽力した呉文聰
（個人所蔵）

四九）に「呉」と改名したのです。

文聰は幼くして渡辺魯輔に漢籍を学び、箕作塾（三叉学舎）で従兄弟の箕作麟祥について英学を修めました。のちに福澤諭吉の慶應義塾で学びますが、藩の貢進生に選抜されて大学南校（のち東京大学）に入学しました。明治八年（一八七五）頃から統計学の研究に没頭し、明治十三年（一八八〇）には有志と図って東京統計協会を設立しています。明治十九年（一八八六）に逓信省に勤務するや、会計検査院・農商務省で統計事務に携わりますが、東京専門学校（のち早稲田大学）や学習院などの諸学校においても統計学を講義しました。明治三十三年（一九〇〇）、内閣統計局の審査官へ進み、国勢調査実況視察のために渡米。明治四十三年（一九一〇）には国勢調査準備委員幹事となりました。生涯を通じて『純正統計学』『統計詳説』『社会統計学』など統計学に関する著作を多数残し、近代的官庁統計を整備したパイオニアとなったのです。

さて、明治の中頃まで統計などというものはさほど重要視されていなかったようです。男爵後藤新平の談によれば、「私が明治十六年に内務省に転任してきた時分、統計なんていうものは、衛生局のほかには注意する者はなかった。経済の統計などというものは、何か勘定書をすることのように思っていた」とあります。

当時、統計学者は「統計」の字句が多くの意味を持っていることから、誤解されては困るということで、「スタチスチック」（statistics）という英語を使っていました。ところが明治二十二年（一八八九）、文聰の実弟秀三（わが国の精神病学の権威で東京大学医学部教授）が『医学統計論』と題した翻訳書を

呉家に嫁し、文聰の母となった箕作阮甫の長女せき（津山洋学資料館・箕作家寄託資料）

刊行します。これは、兄文聰の影響によって「統計」という言葉をあえて使ったものと思われます。この時、秀三から序文を依頼された友人の森鷗外は、「統計という言葉をなぜ使ってはならないのか訳がわからない」と強調したそうです。そこで、ドイツ統計学を紹介した杉亨二の弟子たちとの間に論争が起こり、有名な「統計論争」へと発展するのです。その結果、鷗外は医学界でも異端視されて、小倉（福岡県北九州市）に左遷される遠因となりました。

明治三十四年（一九〇一）に文聰の談話を口述記録した「子供たちの為」があります。その中には、「明治三十三年に政府から、国勢調査視察のためアメリカへ行くことを打診された時、英会話の不安はあった。しかし、箕作一族の男子で外国へ行ったことがない者はいないこと。そして祖父阮甫でさえ、ペリー来航時、正月に洋行した夢を見たという漢詩をつくっているので決心できた」とあります。

国勢調査の実施に努力した文聰も、大正七年（一九一八）九月に享年六十八で逝去しました。第一回の国勢調査が実施されたのは、それから二年後の原敬内閣の時です。

10

箕作佳吉

——動物学と養殖真珠

明治になって西洋諸科学の導入を急いだ新政府は、東京大学に欧米の学者を招きました。動物学の分野においては米人エドワード・モース（大森貝塚の発見で知られる）やチャールズ・ホィットマンを御雇教師としましたが、そのあとを日本人最初の動物学教授として引き継いだのが箕作佳吉（阮甫の孫）です。佳吉は専門とした爬虫類や海産動物の研究によって、分類学・形態学・発生学・実験動物学などの諸分野を開拓し、その遺伝・進化についても関心を寄せ、わが国における近代動物学の基礎を確立しました。

佳吉は安政四年（一八五七）十二月、箕作秋坪（阮甫の養子）の三男として江戸鍛冶橋（中央区八重洲）の津山藩上屋敷で生まれました。明治四年（一八七一）に慶應義塾に入門、同五年には大学南校（のち東京大学）に入学し、米人英語教師ハウスに学びました。そして翌六年にはハウスに従い、弱冠十五歳で米国留学に出発しています。

ハートフォード高等学校を経てトロイ工科大学に入学、明治十年（一八七七）には動物学専攻のためにイェール大学へ転学して二年後に卒業しました。さらに、ジョンズ・ホプキンス大学へ移ります

明治30年（1897）に箕作佳吉が発見した「生きた化石ミツクリザメ」。ミツクリザメ科ミツクリザメ属の単一種である（写真提供＝神奈川県立生命の星・地球博物館、瀬能宏氏）。

が、その時に共同生活したのが津山市二階町出身の久原躬弦（のち京都帝国大学の第四代総長）です。躬弦は大麓（佳吉の兄）と同年のため、佳吉は年下です。しかし、早くからアメリカに留学し、英語が達者だった佳吉は、何かと躬弦を助けたようです。躬弦が両親に宛てた手紙にも「佳吉が居て何かと都合が良い」とあります。

明治十四年（一八八一）、佳吉は住み慣れた米国を発ってヨーロッパへ渡ることになりました。英国ではケンブリッジ大学で動物発生学を学び、また周辺諸国の動物学の現状を精力的に視察して回り、その年の暮れに帰国したのでした。

佳吉は直ちに文部省御用掛を務めますが、翌十五年には東京大学理学部講師となり、神奈川県三崎（三浦市）で臨海実習を行い、十二月には二十四歳の若さで教授に昇格します。以後、明治十九年（一八八六）には帝国大学令公布によって帝国大学理科大学教授、明治二十年（一八八七）には東京高等女学校校長、明治二十六年（一八九三）には帝国大学評議委員、明治三十年（一八九七）には東京学士院会員、明治三十四年（一九〇一）には東京帝国大学理科大学長に就任しました。その間、米国ワシントンでのオットセイ保護問題評議会の日本委員として、また英国ケンブリッジにおける万国動物学会議などに派遣されるなど大いに活躍しました。そして明治四十二年（一九〇九）九月十七日、病に冒されて逝去します。まだ五十一歳という若さでした。

箕作阮甫の七番目の孫にあたる佳吉（個人所蔵）

佳吉の研究で、水産事業に寄与したものの代表に真珠養殖があります。明治二十三年（一八九〇）に開催された第三回内国勧業博覧会で審査官だった佳吉が、御木本幸吉（ミキモト創業者）が出品したアコヤガイの養殖と天然真珠を見て、人工真珠についても助言するようになったといわれています。のちに幸吉は、苦労の末に養殖真珠を見事成功させ、「ミキモトパール」の名は世界に轟きました。鳥羽にあるミキモトの真珠記念館には幸吉と恩人佳吉の交流を物語る資料が今も展示されています。

佳吉は後進の指導にも熱心で、多くの門下生を育てています。その一人が分類学や比較解剖学を学び、のちに京都帝国大学教授となったのが津山市上之町出身の川村多実二です。川村家は兄清一が植物学者、弟邦三は生理学者で「学者川村三兄弟」として知られる家系です。多実二に学んだ著名な博物学者上野益三は、『近代生物学者小伝』の中で、川村多実二が大きな業績を残し得たのも、佳吉と多実二の「師授伝統」があったからだと述べています。

昭和天皇と箕作元八

――最も偉大な知的影響

ある雑誌に「素顔の昭和天皇」という特集記事を見つけました。箕作元八(みつくりげんぱち)について何か触れてはいないかと読んでみると、「昭和天皇の帝王学」と題した項に、「昭和天皇は、初等科時代に歴史学者箕作元八の『仏蘭西(フランス)大革命史』や『西洋史講話』などを読まれていた。陛下はこうした著書を通じて、すでに歴史へのご関心を深めていたという」と、極めて簡潔な紹介があったのです。しかし、これだけでは陛下の元八に対する熱い思いは伝わってきません。そこで、陛下ご自身が元八について語られた貴重な新聞記事を紹介したいと思います。

The Emperor's New Suit

By C. L. SULZBERGER

TOKYO—Emperor Hirohito, a mild-mannered, soft-spoken little man with greying hair and mustache and weak eyes shielded by rimless spectacles, is obviously by instinct a retiring, modest intellectual with a keen interest in the countryside and a passion for marine biology and botany. Yet, by circumstance, he has been on the throne for 46 critical years, the 124th of an unbroken line of Japanese rulers.

He is now almost 71 and gives the visitor an impression of courteous timidity mixed with a certain eagerness to emerge from relative seclusion and discuss events of the complex outer world into which fate catapulted him. Yet it is clear, even from his own matter-of-fact recollections, that he is a man of personal mettle and, when the rare occasion calls for it, is not afraid to take decisions which the regular governmental apparatus is incapable of facing.

This shy emperor whose quite obvious preference has always been to reign imperceptibly rather than to rule, thus broke the back of an armed putsch 36 years ago, when his generals were afraid to smash it, and also led his nation out of the disaster of World War II when his ministers disagreed among themselves and simply passed the buck.

Nevertheless, by personal preference Hirohito has a taste for tranquility. He is known for aversion to pomp and circumstance in his private life and he confesses somewhat sadly that his favorite relaxation is to take a stroll in the country. He only permits himself a day and a half each week to indulge his passionate investigation of marine biology. Like most of his countrymen, he adores watching television.

He is an obviously generous husband. He frankly confesses no taste

FOREIGN AFFAIRS

whatsoever for Occidental music but faithfully listens to his wife's piano-playing although not at all sure which composers she prefers. He does recollect with an indulgent smile that she was overjoyed to visit Beethoven's house in Bonn during their European trip last year.

If Western music leaves him cold, Western political theory does not. Even his own entourage seemed surprised when he said that, although he had been intellectually influenced by countless people, the single greatest influence was not that of a Japanese hero or emperor or even some famous scientist but a professor named Genpachi Mitsukuri. Mitsukuri, who interpreted Western history to Japan in the late nineteenth and early twentieth centuries, is not particularly famous nowadays.

This is especially interesting because of the enormous change in the Emperor's symbolic and legal status since Japan's defeat in 1945 and the issuance of an imperial rescript the following year in which the throne specifically acknowledged that its sovereign power stemmed from the popular will rather than any divine right.

This appeared to be a revolutionary event in Japan's ageless governing customs and also a clear concession to Western ideas. To both the Japanese and foreigners it seemed as if the Emperor was being clothed in a new suit and denuded of prestige as in the famous Hans Christian Andersen fairy tale.

But it is apparent from Hirohito's own analyses that this was simply a logical development of his personal predilections, starting with the constitutional reforms of his famous grandfather, Emperor Meiji, and further elucidated by Mitsukuri. He attributes to the latter's interpretations of Western history much of the intention in his 1946 rescript.

Thus, for him, the altered theoretical position of the throne and the new constitution represented more of a philosophical continuum than it did for others. All his life he has been privately immersed in Western thought, pursuing Western scientific methods of research and even listening, albeit without enthusiasm, to Western music.

And since he considers the most important function of an emperor is to preserve an intimate link with his people, it is clear that the very evident Westernization engulfing contemporary Japan accords with his personal prejudices and desire for social changes that, until Japan's defeat, he was more or less induced to cherish only secretly.

1972年3月8日発行の『ニューヨーク・タイムズ』紙に掲載された「天皇単独会見記」部分

それは、一九七二年（昭和四十七）三月八日発行の『ニューヨーク・タイムズ』紙に掲載された「天皇の新しいスーツ」と題するサルツバーガー記者の天皇単独会見記です。長文のため、関係部分のみを訳してみます。

（前略）「私は数え切れぬ人々から知的に影響を受けてきたが、唯一最も偉大な影響力のある人物は、日本の英雄や天皇、また有名な科学者でもなく、箕作元八という名の教授である」と陛下がおっしゃった時には、陛下の側近でさえ驚いていたようだった。十九世紀末から二十世紀初頭にかけて、日本に西洋史を説明した箕作は、今日では特に有名なわけではない。

このお言葉は、日本が敗戦した一九四五年（昭和二十）以来の、天皇の象徴的・法的地位における大きな変化や、その翌年の君主権力がいかなる神聖な権利よりもむしろ人民の意志に由来することを天皇が明確に認めた詔勅（人間宣言のこと）の発布との関連で特に興味深い。

こうした出来事は、日本での永遠の統治上の慣習においては革命的な事件かつ西洋の概念への明らかな譲歩のように見える。（中略）

しかし、この変革も、裕仁陛下の個人的な立場から見れば、偉大な祖父・明治天皇の政体改革（明治維新のこと）と共に始まり、箕作によってさらに説明された論理的な進歩に過ぎないことは、陛下ご自身の分析によって明白である。陛下は、一九四六年の詔勅におけるご意志の大部分が箕作の西洋史解釈に基づくものであるとされる（後略）。

アメリカ人記者の主観に基づく内容は、いささか難解で頭を混乱させるが、長文記事を要約すれば、

「陛下は自らの生涯と知的形成に最も影響を与えたのは箕作元八という個人であることを明らかにされた。箕作はドイツに学び、のち日本における西洋史の権威者となった。その著書は、すでにずっと以前から、西欧の歴史的動向と民主主義の重要性を示唆し、そのうえ詔勅に盛り込まれた思想の基礎となった」ということになるでしょうか。

元八の主著『仏蘭西大革命史』が、長らく帝王学の書であったことは箕作家の間では知られていました（元八の孫、箕作元秋氏談）。昭和天皇は、この書物や『世界大戦史』などから強い影響を受けられたことを、その後の日本人記者との会見などでもしばしば漏らされています。

東宮殿下（当時）の御愛読書とある、元八の『世界大戦史』の新聞広告（大正10年９月11日付け）

冒頭の特集記事の文中に、作家の半藤一利氏が「昭和天皇は軍事史をきちんと勉強し、歴史全般に詳しかった。陛下はあまり公にはされていませんが、フランス革命史の研究家でしたから……」とあったことで、元八との繋がりが偲ばれ、私は救われる思いがしました。

12

地震と津山の洋学者

――防災に尽くした菊池大麓

　地震列島の日本では、古来より幾度も大規模地震に見舞われてきましたが、平成に入ってからの阪神・淡路大震災に続き、新潟中越地震、東日本大震災、熊本地震と実に被害が甚大でした。

　本項では、幕末から明治期に起きた地震と津山の洋学者との関係について述べてみます。江戸時代後期の弘化・嘉永・安政期（一八四四～六〇）には地震が頻発しました。特に安政二年（一八五五）十月の江戸大地震（安政の大地震）は歴史的にも有名です。この前年十一月に発生した地震も大きく、下田（静岡県）に停泊中のロシア極東艦隊司令長官プチャーチンが乗艦するディアナ号が、津波で沈没するという事件が起こっています。

　日露和親条約締結交渉のため、たまたま下田に滞在していた津山藩医（江戸詰）の箕作阮甫や宇田川興斎も、この津波に遭遇し、刀や蘭書、金子や薬などを流失してしまい、藩に持ち物の流失届を提出しています。港町下田は壊滅状態となりましたが、阮甫は「慌てて下田港の西に位置する芙蓉山に登り、九死に一生を得た」と記録しています。

　当時はまだ、地震のメカニズムなど何もわかっておらず、庶民の間には「大ナマズ説」も含めて、

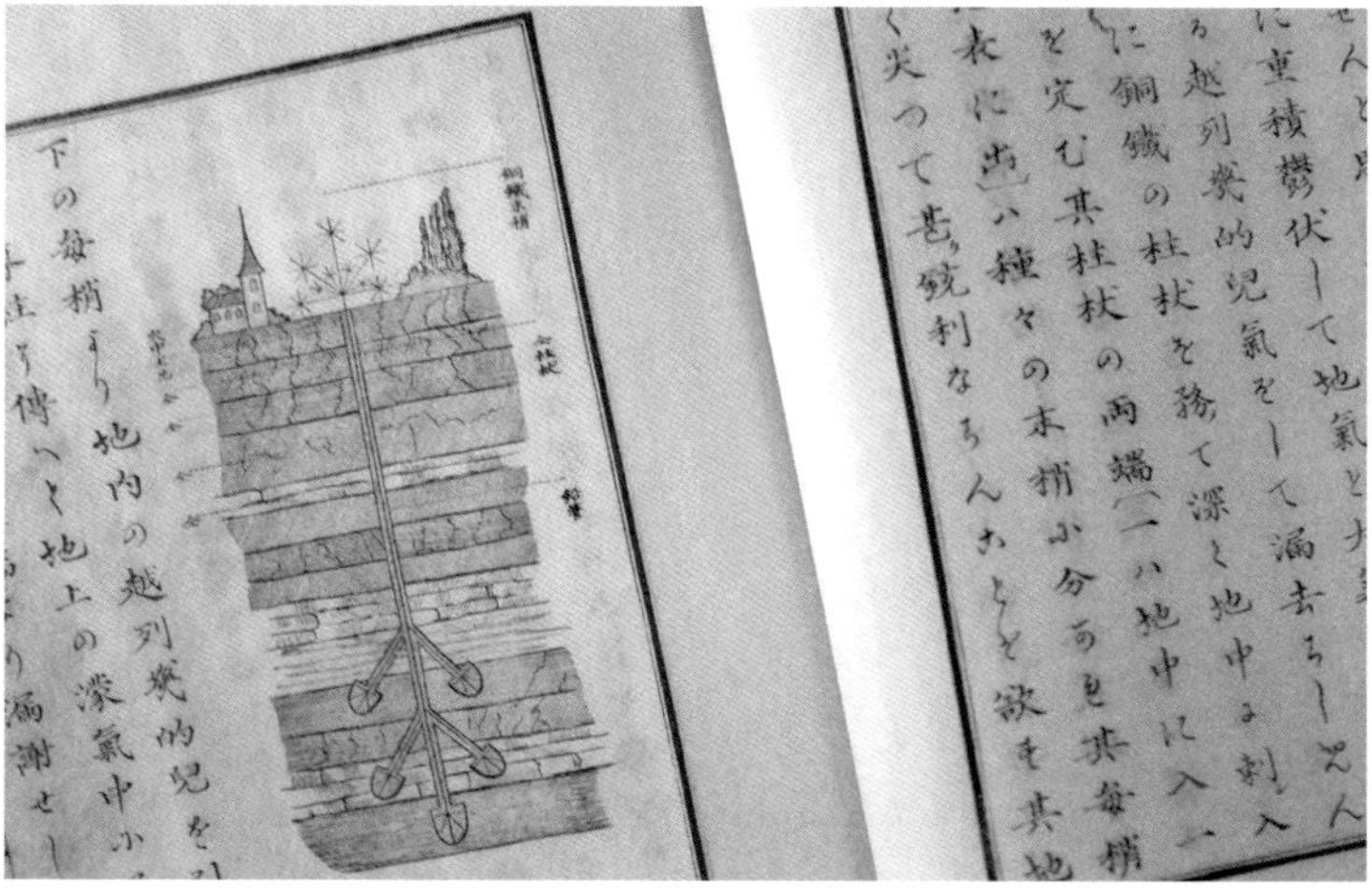

宇田川興斎訳述によって安政３年（1856）に刊行された『地震預防説』（津山洋学資料館所蔵）

人心を惑わす諸説が横行していました。

そんなこともあってか、安政三年（一八五六）、宇田川興斎は幕府天文台での仕事として「Nederlandsch Magazijn」（一八四四年刊）に所載された地震に関する部分を翻訳し、官許を得て『地震預防説』を刊行しています。本文では、まず地震の恐怖を説き、続いて西欧で唱えられている学説として、「地震の原因は地中に蓄えられた電気エネルギーである」ことを紹介して、ほかの現象との因果関係を述べ、その予防法としては、深い穴によって地震の震動を抑制できることなどを説きました。興斎は序文で、「これによって地震に関する知識を与え、その仕組みを解き明かす一助になることを願う」と述べていますが、今となってはこの説も明らかに誤りです。

時は移って明治二十四年（一八九一）、美濃・尾張地方を大地震が襲いました。その際、災害予

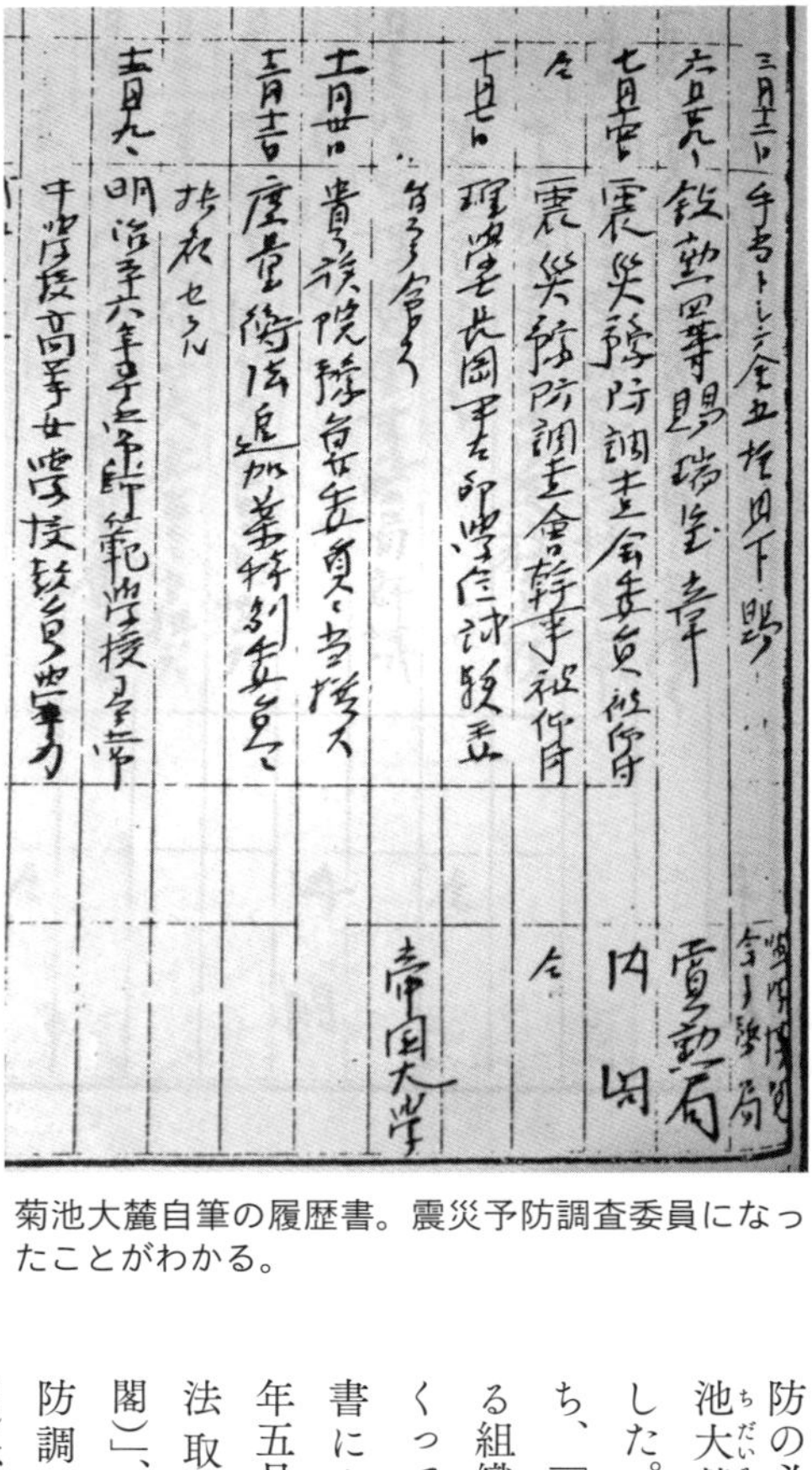

菊池大麓自筆の履歴書。震災予防調査委員になったことがわかる。

防の必要を痛感したのが菊池大麓（箕作阮甫の孫）でした。大麓は自ら先頭に立ち、「震災予防調査会」なる組織を文部省の所管につくっています。自筆の履歴書によれば、「明治二十五年五月二日震災予防調査方法取調委員被仰付（内閣）」、「七月十四日震災予防調査会委員被仰付（内閣）」、「仝　震災予防調査会幹事被仰付（内閣）」とあり、矢継ぎ早に辞令が交付されたことがわかります。

それ以降も、大正十二年（一九二三）の関東大震災をはじめ、多くの地震災害が今日まで続いていますが、人力では到底敵わぬ難物が相手では致し方ありません。しかし、地震学の研究は着実に進み、今日この分野での研究では、日本は世界をリードする立場にあるのです。

142年前に津田真道と西周が学んだライデン大学のフィッセリング教授旧邸（白いワゴン車前の建物）

13

ライデンと津山の歴史的関わり

平成十六年（二〇〇四）九月、津山城築城四百年を記念して、国土交通省、岡山県、津山市が主催する「世界地方都市十字路会議」が開催され、「歴史的資産を活かしたまちづくり」をテーマに参加都市の事例発表やシンポジウムが行われました。外国から参加した首長はサンタフェ市長（アメリカ）、ベルサイユ市長（フランス）、そしてライデン市長（オランダ）でしたが、特にライデンは津山との歴史的に浅からぬ関係によって招聘に繋がったのです。

「歴史的に浅からぬ関係」と書いたのは、津山の洋学者二人が百五十七年前にライデンの地を踏んでいることによります。一人は箕作阮甫（みつくりげんぽ）の養子となった秋坪（しゅうへい）で、幕末の文久二年（一八六二）、幕命によって開港開市延期交渉団の随員として欧州

ライデン市のシーボルトハウス

六ヵ国を訪問した時です。イギリスからオランダ入りした一行は、ロッテルダム経由でハーグに到着、六月五日に国王に謁見し、ユトレヒト、ケルン経由でベルリンに向かいました。そんな多忙な中、秋坪はライデン大学を訪問して、適塾での恩師緒方洪庵の著訳書『扶氏経験遺訓』（ドイツ医師フーフェランドが著した内科書の蘭語版を翻訳したもの）を寄贈しています。それは、今でも同大学図書室で貴重図書として大切に保管されていますが、豪華な絹表装の特別仕立てでした。

もう一人は、同じ文久二年にオランダへ留学した津田真道です。幕府は西欧の近代文化や科学技術を習得させるために十五人の留学生をオランダに派遣し、これが日本で最初の留学生の海外派遣となりました。途中、船が遭難したり道草したりで、彼らがオランダに着いたのは文久三年（一八六三）四月でした。到着には実に三百二十四日も要し、まさに命がけの旅だったのです。

平成16年（2004）９月28日に津山洋学資料館を視察するライデン市長ヘンリー・レンフリンク氏

この時のメンバーには、軍艦組として内田恒次郎（正雄）、榎本釜次郎（武揚）、沢太郎左衛門、赤松大三郎、田口俊平らがいて、蕃書調所（東京大学の前身）からは津田真一郎（真道）と西周助（周）が加わり、津田はライデン市内のホーフラントセ・ケルクグラハト地区に寄宿しました。津田と西は共に三十四歳。ライデン大学のシモン・フィッセリング教授邸に通い、法律・国際法・財政学・統計学の習得に約二年間努めたのでした。

さて、津山市で初めてのオ

ランダ関連事業は、昭和六十一年（一九八六）一月、津山洋学資料館友の会が実施した「第一回オランダ料理の夕べ」です。これを契機に同年、J・H・A・レイデッカース総領事の津山市公式訪問、翌年にはH・C・ポストフムス・メイエス駐日特命全権大使御夫妻の津山市公式訪問へと一気に加速していきました。

また平成九年（一九九七）十月、津山市と西周の出生地である島根県津和野町が協力して「津田真道・西周顕彰委員会」を発足、オランダ王国ライデン市を訪問して、ラーペンベルグ十二番地に建つフィッセリング教授旧邸（今はライデン大学学生寮）に「二人がここで学んだ」と記した顕彰プレート（ブロンズ製）を設置し、ライデン市やライデン大学から手厚いもてなしを受けたのでした。その後も津山洋学資料館や同友の会が実施する講演会・料理の会・音楽会などを通じて、大使館や総領事館との親交は深まり、平成二十二年（二〇一〇）の津山洋学資料館新館開館時には、「日本博物館シーボルトハウス」（ライデン市）との友好提携館の調印へと繋がったのです。

第五章 箕作家に続け！

1

儀姫の乳がん治療
――津山藩医久原宗甫が執刀

先進医療をもってしてもなかなか完治しにくい「がん」が、難病の一つであることはいうまでもありません。

明治初年の頃、最後の津山藩主となった松平慶倫（まつだいらよしとも）公の夫人「儀姫（のりひめ）」も乳がんを患っていました。

久原宗甫肖像（津山洋学資料館所蔵）

身分が身分だけに、公式記録に「乳がん」と書かれたものは見つけられませんが、診察した藩医たちの諸記録から、その病状を追ってみたいと思います。

武田科学振興財団杏雨書屋が所蔵する稿本「宇田川家資料」の中に、津山藩医で夫人の主治医だった宇田川興斎と久原宗甫（洪哉）が、明治三年（一八七〇）二月に連名で藩へ提出した建白書の控えが記録されています。それを抜粋すると「夫人の乳がん治療に関して万策を尽くしてきたが、患部は益々増大し、思案に暮れている。ついては、幸い大阪に有名なオランダ人医師ボードウィンが滞在しているので、お忍びで上阪し、その診察を受け、治療に万全を期するのが最善の方法だと思います」とあります。

また久原家には、文久元年（一八六一）に駐英国公使館付医師として来日し、日本医学の近代化に貢献したウィリアム・ウイリスから届いた英文書簡が残されています。これは、明治二年（一八六九）

儀姫が宗甫夫人に贈った打掛（津山洋学資料館所蔵）

十二月三十日付けで「作州津山、松平三河守（慶倫）の医師」へ宛てたもので、「私の考えではご婦人の胸部をメスで取り除くことが、唯一の効果的な治療だと思う」とあります。主治医たちは治療方法に悩み、結論を出すまでにいろいろと手を尽くしていたわけです。

結局、摘出手術を決め、代々西洋流外科の藩医で、しかも華岡（はなおか）流外科を習得した久原宗甫が執刀することになったと思われます。「松平家御家扶日記」によれば、明治三年（一八七〇）五月、宗甫に「御前様持病御治療御道具四品」が下げ渡されています。不思議なことに、手術の時期や詳細を示した記録は何も残されていませんが、病状からしてこの直後に実施されたと思われます。

手術は無事終えたものの、当時は抗生物質などという代物がないため、術後は傷口が化膿（かのう）して相当の痛みを伴いました。九月になって、宗甫は夫人に対して「モルヒネ水一瓶を調合し献じた」と記録にあります。また、十月と十二月にも「御前様御乳御かぶれ」とあるので、傷口がなかなか完治しなかったのでしょう。

明治四年（一八七一）七月、慶倫公

儀姫が宗甫夫人に贈った打掛（部分拡大。津山洋学資料館所蔵）

は胃の病によって津山で急逝しました。廃藩置県の詔勅が発せられ、津山藩は津山県となり、藩知事を免じられた直後のことでした。夫人は治療の甲斐もあって、しばらく津山に滞在しますが、翌年一月に東京へ移住されました。

宗甫と共に治療にあたった宇田川興斎も、明治五年（一八七二）五月に東京へ転居しましたが、半年後の十一月、興斎が宗甫に宛てた長文の手紙の中に「九月中頃には御患部も大分ふさがり、生肉もやや隆起したように見える」とあるので、夫人は東京移住後も興斎によって診察を続けられていたようです。

儀姫が津山を去る際、治療の御礼として宗甫の夫人へ贈った「葵御紋入りの打掛」が久原家に残されています。銀鼠（明るいネズミ色）に染められた絽に、波間に群れ飛ぶ鵜が金糸などで刺繍された美しい裾柄を眺めていると、儀姫の様々な思いが偲ばれてきます。

儀姫（落飾後は静儀）は、手術から十年後の明治十三年（一八八〇）一月に歿しますが、死因は乳がんの再発でした。

2

久原躬弦①

——「有機化学」研究の先駆

本項では、わが国における有機化学研究の先駆となった津山出身の化学者、久原躬弦（くはらみつる）について紹介しておきます。

江戸で大地震が起きて間もない安政二年（一八五五）十一月八日、津山藩医久原宗甫（そうほ）（洪哉（こうさい））の長男として躬弦は生まれました。久原家は初代久原甫雲が津山藩主の森家に仕えて以来、西洋流外科術を家業として九代続いた名家でした。そのような系統の中で育った躬弦は、なかなか利発な子だったといわれています。

幼少の頃にアルファベットの大文字・小文字を手書きした「和蘭阿部世（オランダアベセ）」という

神戸洋学校で学んでいた頃の久原躬弦（津山洋学資料館所蔵）

冊子が残っていることから、早くからオランダ語の学習を始めていたと思われます。

明治元年（一八六八）、十三歳になった躬弦は、藩の選抜によってフランス帰りの箕作麟祥が教授をしていた神戸洋学校に入学しますが、翌年、東京に戻った麟祥に従って箕作秋坪の三叉学舎に入門して英学などを修めています。当時の仲間には、磯野計助（のち計）や宇田川準一らがいました。

その頃、新政府は全国各藩に命じて有能な若者を貢進生として大学南校（のち東京大学）に集めました。したがって、貢進生に選抜された者は藩を代表する秀才だったのです。明治三年（一八七〇）、躬弦は十五歳で津山藩の貢進生として大学南校に入学、その後、明治十年（一八七七）の学制改革によって東京大学理学部化学科の第一回卒業生となりました。この時、理学士として卒業したのは久原躬弦・高須碌郎・宮崎道正の三名だけで、彼らは日本において本格的な化学教育を受けた第一号とでもいうべき存在です。

翌年には同大学の准助教に任命され、当時来日していたイギリス人化学者アトキンソン教授を助けました。両親に宛てた手紙には、「化学を研究するには大学に残るのが一番都合が良いと思います。本当に私は幸せ者です。アトキンソン先生も私が大学に残るのを大いに喜んでおられます。もっとも、先生が私を選んで学校に申し出てくださったと思います」と、大学に残れた喜びを率直に伝えています。また躬弦は、外国論文について理解を深め、意見を交換し討論することを目的とした「東京化学会」を東京大学化学科の関係者を中心に創設しましたが、二十三歳の若さで初代会長にも推されています。

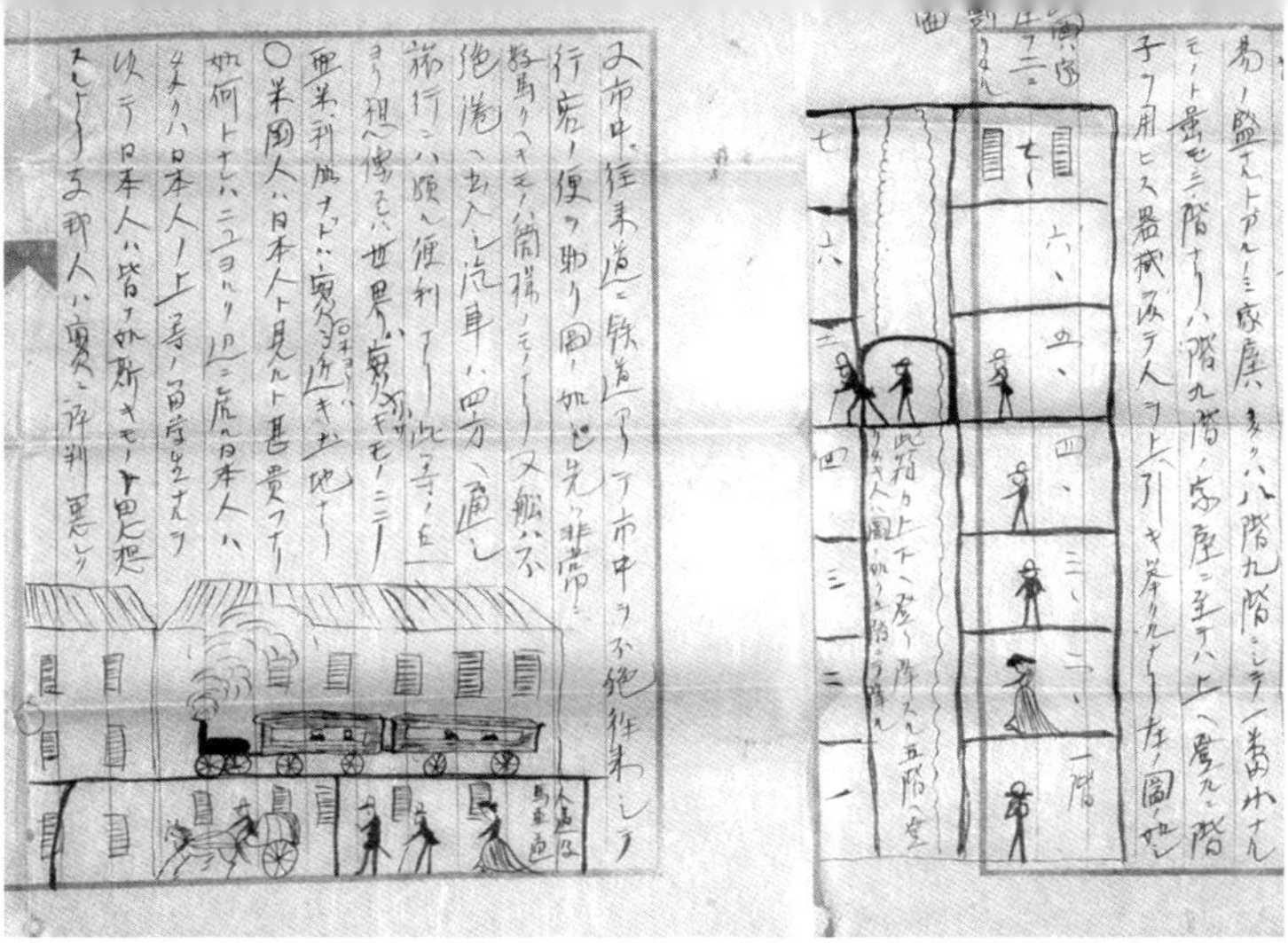

高架鉄道やエレベーターを図入りで説明した手紙（津山洋学資料館所蔵）

明治十二年（一八七九）、躬弦は文部省からアメリカ留学の内命を受けました。「天を仰ぎ、地に伏して賀するほどの非常の喜び」、「久原家の面目も益々世上に輝き」と、父宛ての手紙に記すほどの喜びようでした。こうしてアメリカに渡航、ジョンズ・ホプキンス大学でアイラ・レムゼンに師事、次いでイェール大学にも学びました。レムゼンは「サッカリン」の発見者としても知られた化学者です。

留学中にアメリカ各地を旅した躬弦ですが、勉強以外にもいろいろな刺激があったようです。ニューヨークから両親に宛てた明治十二年九月二十七日付けの手紙で、「アメリカへ来てから驚くことは、家屋の大きいことと、貿易の盛んなことです。家屋の多くは八階・九階で、一番小さいものでも三階です。八階・九階の家屋では上に登るのに階段を使わず、機械で人を引き上げるのです」と、初めて見て驚いたエレベーターを図入りで知らせています。

久原躬弦②

——京都帝国大学の総長を務めて活躍

明治十四年（一八八一）、アメリカ留学から帰国した久原躬弦は、再び東京大学理学部に勤務することになりました。明治十七年（一八八四）には東京大学理学部教授に任命され、小石川植物園事務管理などの役職にも就きました。明治十九年（一八八六）、東京大学予備門教諭から第一高等中学校教諭となり、明治二十七年（一八九四）には同

第３代総長菊池大麓（左）と第４代総長久原躬弦の記念写真（津山洋学資料館所蔵）

校長となりましたが、その間、教授した学生は多く、二十四年（一八九一）には理学博士の学位も受けています。

明治三十一年（一八九八）、京都帝国大学理工科大学教授として赴任。化学第二講座を担当し、有機化学反応機構を立体化学的に論じて一学風を確立するなど、「理論有機化学」研究の草分けとして活躍しました。

明治三十四年（一九〇一）、欧米各国を歴訪。明治三十六年（一九〇三）には京都帝国大学理工科大学の学長となり、ロンドンで開催された第七回万国応用化学会議にも出席しました。この時あつらえた山高帽が、今も津山洋学資料館に保管展示されています。

このように多忙な躬弦ではありましたが、暇をみては津山に帰省しています。二階町の久原家は、東京帝国大学医学部を卒業した実弟の茂良が医業を継いでいました。躬弦は帰省時に甥（おい）や姪（めい）に洋行時の土産を持ち帰ったようで、姪の濤子（なみこ）には西洋人形を贈ったようです。昼間は着流しで遠くまで散策を楽しんだようですが、夜は屋敷隣の田んぼから聞こえる蛙の鳴き声があまりにも騒々しいため、寝つけずに大変不機嫌だったそうです。

明治四十一年（一九〇八）九月、東京帝国大学総長や文部大臣を歴任した菊池大麓（きくちだいろく）（箕作阮甫（みつくりげんぽ）の孫）が京都帝国大学の建て直しのために第三代総長に就任しました。その際、躬弦は事務取扱として総長を補佐しています。そして明治四十五年（一九一二）、躬弦は大麓の後任として第四代総長となるのですが、大麓と共に草創期の京都帝国大学の組織づくりに努力したのでした。

京都大学の構内にある「理学博士　久原躬弦」胸像

総長就任時に二人揃って撮った記念写真が残っています。背が高くダンディーな躬弦と、背が低く小太りだった大麓のツーショットです。この時、大麓が「これでは見劣りする」といって、階段を二段ばかり上がって写真に収まったというエピソードが久原家に伝わっています。当時「学者の中の学者」と称されていた大麓が、その威厳を保ったというわけです。

大正二年（一九一三）、総長を免ぜられますが、翌年には「化学特別研究所」を創設、その後も活躍しましたが、大正八年（一九一九）に享年六十四でこの世を去りました。

大正十一年（一九二二）一月、久原博士記念会によって躬弦の胸像が京都大学構内に建てられています。

日本化学会創立125周年記念式典

4 天皇陛下に紹介された久原躬弦

わが国における有機化学研究の先駆で、京都帝国大学第四代総長（明治四十五年就任）を務めた津山の偉人、久原躬弦（くはらみつる）（津山市二階町出身）の事績については、すでに紹介してきました。

明治十年（一八七七）、東京大学化学科の第一期卒業生となった躬弦は、翌年に同大学の准助教となります。その頃、東京大学化学科卒業生を中心に「化学会」を創設することになり、四月二十六日に躬弦は初代会長に推されています。この化学会は以後、東京化学会（明治十二年）、日本化学会（大正十年）と改称しました。一方、明治三十一年（一八九八）に工業化学会（初代会長は榎本武揚（えのもとたけあき））が創設されましたが、昭和二十三年（一九四八）、両学会は会員と資産を継承する形で日本化学会として合同され、現在に至っています。

平成十五年（二〇〇三）、日本化学会は百二十五周年を迎えました。

これを記念して早稲田大学會津八一記念博物館を会場に「創立百二十五周年記念・洋学資料展」を開催。同時に三月十九日、キャンパスに隣接するリーガロイヤルホテル東京において、天皇・皇后両陛下ご臨席のもと、記念式典とレセプションが厳かに、かつ華やかに挙行されました。野依良治（のよりりょうじ）委員長（ノーベル化学賞受賞者）開会の辞に続いて、天皇陛下からお言葉を賜りました。そのお言葉の冒頭で久原躬弦について触れられたことに私たちは注目しなければなりません。

日本化学会創立百二十五周年の記念式典が、学会関係者並びに外国からの来賓を迎え、開催されることを、誠に喜ばしく思います。日本化学会は、その前身、化学会が明治十一年に二十数名の東京大学の卒業生と在学生により、外国論文の勉強と意見交換、討論の場として結成されたことに始まります。初代久原会長は二十三歳という、非常に若々しい人々の集まりでありました（後略）。

記念すべき式典において、郷土の先覚が陛下から紹介されたことは、津山人にとって誠に名誉なことですが、残念ながら地元で報道されることはありませんでした。

しかし、この記念事業の推進は、長年気がかりだった京都大学構内に建つ胸像「理学博士久原躬弦先生」の修復実現へ繋がっていくのです。

平成十四年（二〇〇二）十二月、記念式典の実行委員をされていた京都大学植村榮教授が、事前調査のために津山洋学資料館へ来館された際、長年思い続けていた久原胸像修復の意向を伝えたところ、仲介の労をとっていただけることになりました。やがて、この話は総長補佐の西本清一教授から長尾

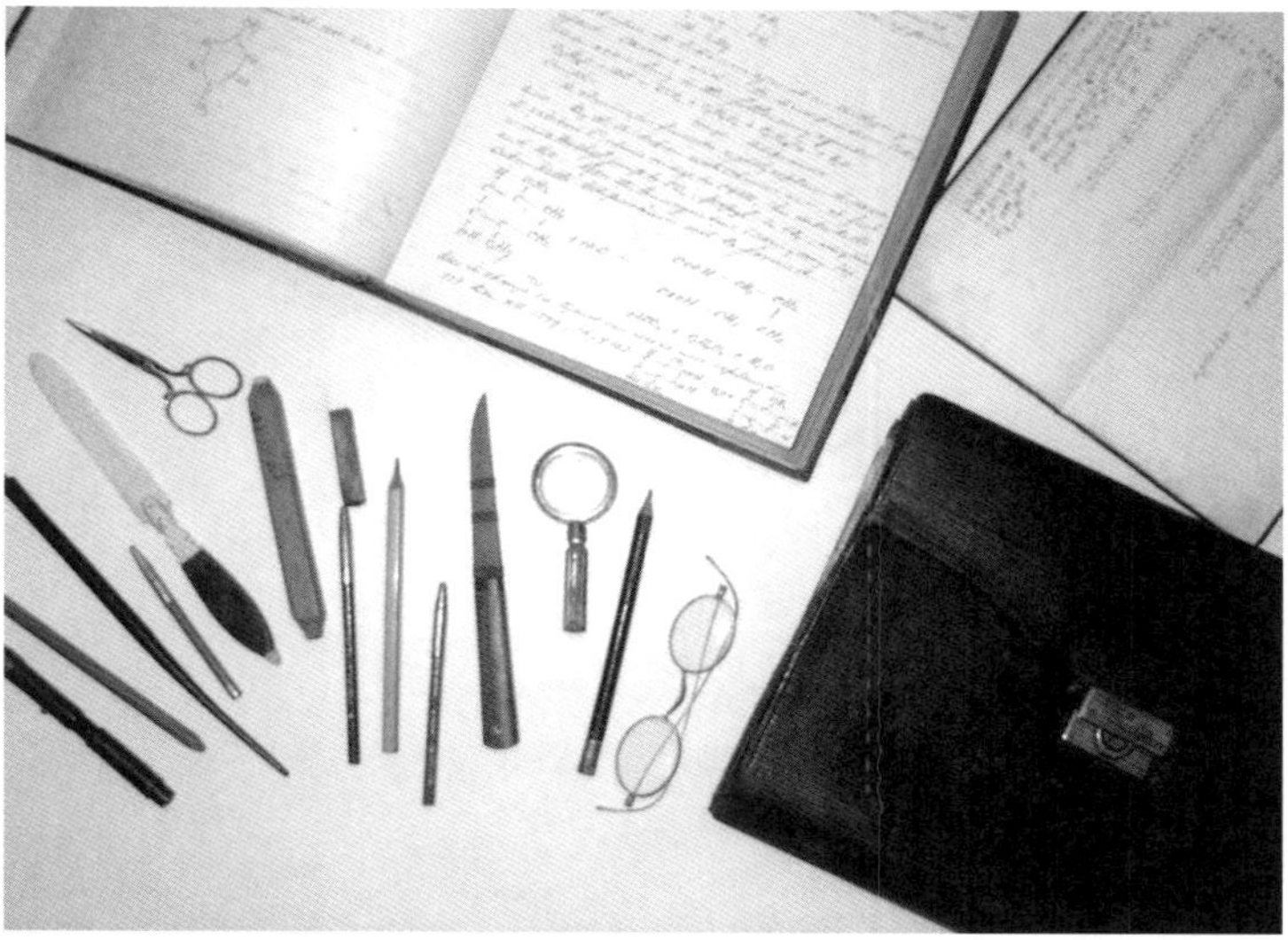

京都大学から津山洋学資料館へ寄贈された久原躬弦の遺品の一部（津山洋学資料館所蔵）

真総長の耳にも届き、梶本興亜教授、大須賀篤弘教授、理学部鴨嶋事務長らの協力を得て事態は進展していきました。修復費は津山洋学資料館友の会が負担することで合意、平成十五年夏、修復作業は無事完了したのでした。

実は、これには後日談があります。交渉の過程で京都大学に残る躬弦遺品のことを話題にしていたところ、後日、「この際、遺品は津山で保管されるのがよかろう」ということになり、躬弦愛用の文具・肖像写真・エンマ帳・自筆の講義録など、九十七点にも及ぶ貴重な遺品類が津山洋学資料館に寄贈されることになったのです。

なお、修復を終えた胸像は、理学部校舎の改築に伴い、今は陽の当たる理学研究科6号館の中庭に移設されています。

5

明治天皇の侍医頭岡玄卿①
――津山藩士の父を失い医学の道に

明治天皇崩御の際、最期の脈をとったとされる侍医頭の岡玄卿（おかげんきょう）が津山と関係の深い人物だということを知る人は少ないでしょう。人物事典などで簡略な解説はされているものの、その内容は不統一で間違いも多いのです。そのような理由からこの人物に関心はあったのですが、地元には関係

岡玄卿肖像。大正４年（1915）、勲一等瑞宝章受章時（津山洋学資料館・岡家寄託資料）

資料がほとんど残っていないため、詳細はわからずにいました。

平成十五年（二〇〇三）、箕作阮甫の後裔である箕作元秋氏（昭和天皇の皇太子時代に西洋史を説いた箕作元八の孫）と談笑中、「旧制湘南中学時代の同級生に新宿で歯科医をしている岡四郎君という人がいて、先祖が津山藩士らしいよ」という話が飛び出してきました。もしかしたら、岡玄卿に繋がるお方ではないかと直感し、さっそく元秋氏に紹介していただき、岡氏としばらく文通を続けました。翌年ようやく東京でお目に掛かることが叶い、岡氏が玄卿の孫にあたることを確認できたのです。

残念ながら、岡家は戦時中の空襲によって家財のほとんどを焼失されたとのことでしたが、玄卿と家族の写真類や関係諸資料の写し二十数点を提供していただいたことによって、玄卿の姿が少し見えてきました。

玄卿は津山藩士岡清二郎の長男として、幕末の嘉永五年（一八五二）七月十八日に津山藩大坂蔵屋敷に生まれ、母は玄卿の生後間もなく亡くなったといわれています。翌年が「ペリー来航」という騒然とした時代でした。

安政六年（一八五九）、玄卿七歳の時、何かしらの不測の事態によって父清二郎が三十一歳という若さで自刃するという事件が起きます。その直後の玄卿の動静は不明ですが、明治初年頃には縁戚である岡元哉の家族と共に東京へ転居し、大学東校（のち東京大学医学部）へ入学して医学を専攻することになるのです。

当時、文部省は学制改革によって、医学はドイツを模範とする方針を決めていました。玄卿はミュ

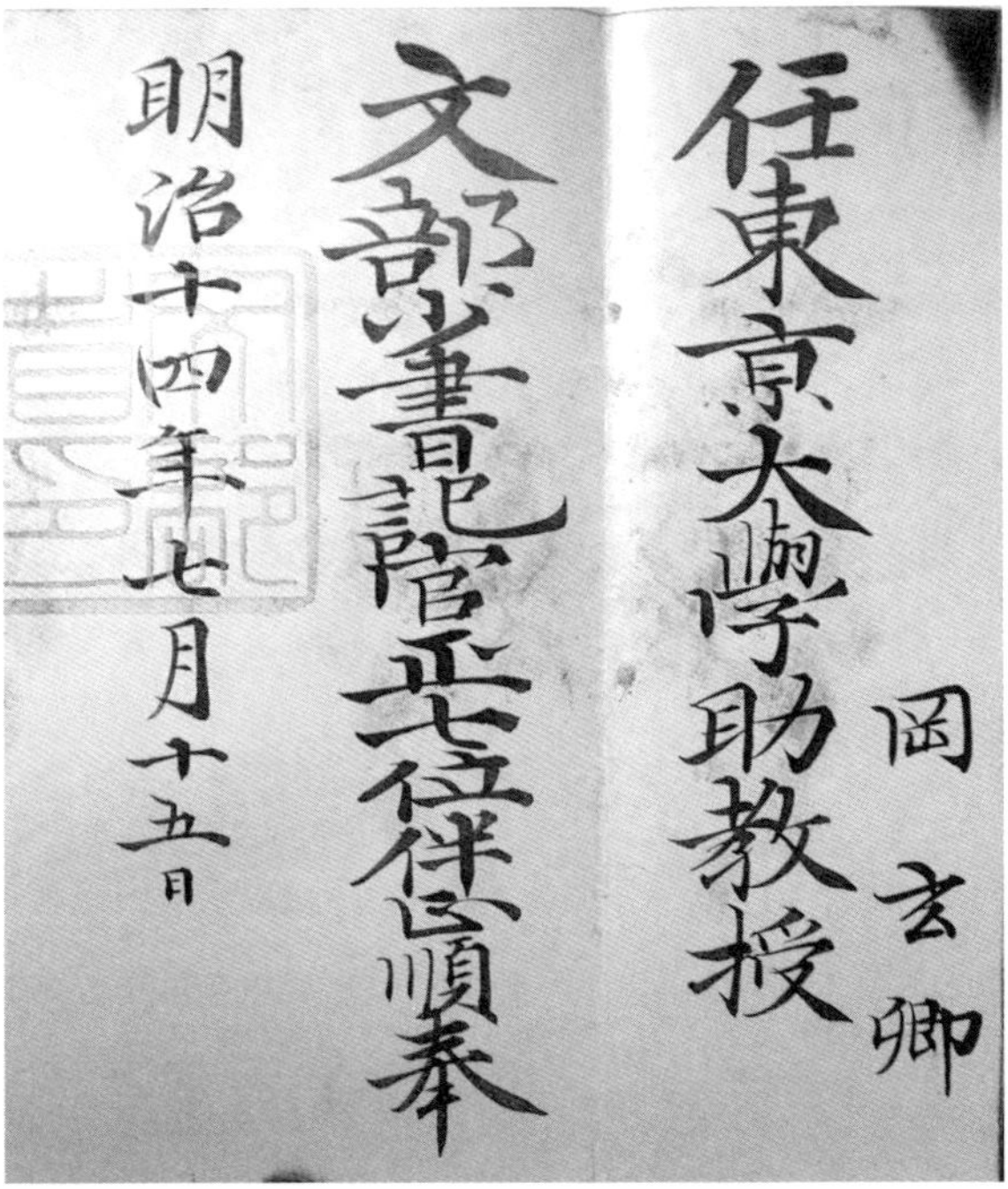

明治14年（1881）７月、東京大学助教授辞令（津山洋学資料館・岡家寄託資料）

ルレル・ホフマンらの師について ドイツ医学を熱心に研究したようです。明治九年（一八七六）、東京医学校（翌年に東京大学医学部となる）の第一期生として三十一名が卒業していますが、玄卿は首席卒業でした。翌年、成績優秀だった玄卿は、直ちに同校の医学部助教へと進み、のちに助教授、大学医院の内科部長も務めました。明治十三年（一八八〇）、ハーケンの内科書を翻訳した『診断捷径（しんだんしょうけい）』全六冊を刊行していることから、玄卿が相当ドイツ語に堪能だったことがわかります。

明治天皇の侍医頭岡玄卿②

――崩御で辞職後に勲一等

明治十七年（一八八四）、岡玄卿は宮内省から侍医の職を拝命しました。明治二十二年（一八八九）三月には在官のまま私費でオーストリア（玄卿の履歴にはドイツとある）のウィーン大学医学部へ留学、二年四ヵ

ベルリンの写真館で撮影した、ウィーン大学留学時の玄卿（津山洋学資料館・岡家寄託資料）

月ほど先端の医学を学びました。明治二十四年（一八九一）八月に帰国し、そのまま侍医に復帰して、三十一年（一八九八）には侍医局長となりました。また翌年には、「胃拡張症ノ感電電気療法」という論文によって東京帝国大学から医学博士の学位を受けています。明治四十年（一九〇七）には多年の功労によって華族に列せられ、男爵を賜ると共に、翌年の宮内省の官制改革によって侍医頭となりました。明治天皇不例（病気）の際には、青山、三浦の両博士と共に献身的にその診察にあたったといわれています。

明治天皇は、明治四十五年（一九一二）七月三十日午前零時四十分に崩御されました。翌日の『大阪朝日新聞』は、

聖上陛下御病状癒御危篤に渡らせらるゝや二十九日午後十時御拝診の岡侍医頭、青山、三浦両博士、西郷、田沢、樫田、高田の各侍医は右御容体を拝して直に皇后陛下に言上し御次の間に待せられたる東宮殿下同妃及び各内親王殿下にも申上げしかば御病床に於て御臨終の御対顔あり深き御悲嘆の中に御告別ありたる後一先御病床を退き給いしやに承る。

と報じています。

天皇崩御後の新聞で、崩御に至った原因を侍医寮の怠慢とする批判記事が掲載され、これに触発された一部の者が玄卿邸に投石するという事件が起こりました。当時、靖一（玄卿の長男）は父を護衛するため、ピストルを携帯していたというエピソードもあります。

大正元年（一九一二）、玄卿は職を辞し、宮中顧問官兼侍医寮御用掛（非常勤顧問）となりました。

東京麻布教会前にて整列した儀仗兵に送られる霊柩（津山洋学資料館・岡家寄託資料）

大正四年（一九一五）には勲一等瑞宝章に叙せられましたが、十四年（一九二五）三月二十五日、七十四歳で波乱の生涯を閉じています。葬儀は三十日に東京麻布教会堂で執り行われ、祭壇には大正天皇・皇后両陛下をはじめとして、高松宮、秩父宮、朝香宮など皇族からの供物や供花で埋まりました。また、儀仗兵が整列して、午前九時に玄卿の霊柩を送ったということです。

さて、宮内省時代の岡玄卿の履歴書によれば、本籍族籍が「東京府平民」、生国郡町は「岡山県作州津山戸川町」とあります。かつて旧出雲街道沿いの林田町から上之町へと登る坂の入り口あたりに設置された観光案内板に「明治時代天皇の侍医頭であった岡玄卿はこの町の出身である」と記されていましたが、それは間違いでしょう。

また前項で、「玄卿の母は生後間もなく亡くなったという」と書きましたが、これには異説があり、夫の自刃後、玄卿の母は津山の実家青木家に戻り、のち旦土(だんど)（岡山県真庭市旦土）の旧家山崎某の後妻となったというのです。のちに広島で行われた陸軍大演習の際、陛下に随行（明治二十八年頃か）した玄卿が、「病気の実母を見舞うために寸暇を得て旦土を訪ね、その際、頼まれて近郷の病人数人を診察した」という逸話が山崎家に伝わっています。そして、これを裏づけるかのように、その縁戚宅には玄卿から送られたという叙勲時の記念写真など数枚が現存し、しかも山崎家の墓所には玄卿の実母とおぼしき墓も実在します。

今日でも、文献によって侍医頭岡玄卿の業績はある程度追うことができます。しかし、幼年期のことや郷土との関わりについての情報は、時代の変遷と共に風化していき、わからなくなっています。

調査を始めて十年を経過した平成二十六年（二〇一四）春、岡四郎氏から「本家（故岡保正氏夫人、興世氏）の分も合わせて、関係資料の保全と保管の相談に乗って欲しい」との連絡が入りました。さっそく自宅に届いた古写真・勲記・勲章・下賜品・肖像画・書・辞令書・履歴書・著書・医療器具などの目録作成にかかり、整理を終えた資料は津山洋学資料館の寄託資料として手続きしていただきました。その後も追加寄託は続き、関係資料は現在一五〇点にも及んでいます。

それにしても、資料を収集するのは随分と時間のかかる仕事です。残念ながら岡家との仲介の労をとっていただいた箕作元秋氏は、平成二十五年（二〇一三）十二月二十五日に享年八十八で逝去され、報告することも叶わなくなってしまいました。

7

岸田吟香①

——幕府から逃れて流浪の身に

明治初期のジャーナリスト・実業家として知られ、その風貌や生き様がとても魅力的な岸田吟香は、美作が輩出した洋学者の中でも特筆すべき人物です。

吟香は天保四年（一八三三）四月八日、久米北条郡中垪和谷村（岡山県久米郡美咲町栃原）で、農業の傍らに酒造業を営む素封家岸田秀治郎の長男として生まれました。

近年、道路整備が進む旭川ダム沿いの県道三〇号線ですが、栃原の旭川ダムのほとりに吟香の顕彰碑や胸像が建っているので、立ち寄られた方もいるのではないかと思います。胸像は平成八年（一九九六）に新たに制作されたものですが、顕彰碑は昭和二十六年（一九五一）十月に津山市で発足した「岸田吟香顕彰会」（中島琢之会長）が垪和村の尽力を得て十二月七日に建てたものです。吟香の生家跡は、栃原橋からさらに谷あいに二キロほど北上した大瀬毘という集落にあります。今は生家跡を示す標柱だけが、田のあぜにひっそりと建っています。

昭和二十七年（一九五二）に刊行された杉山栄著『先覚者岸田吟香』の口絵には、生家の写真が収録されていますが、現地に立ち、これと比べながら往時をあれこれと想像するのも一興です。しかし、

栃原の旭川ダムほとりに建つ岸田吟香の顕彰碑と胸像

この奥まった地まで足を延ばすのは、相当の歴史マニアでしょう。

さて、「吟香」とは変わった名ですが、これは後年に改称した号です。名は辰之治、元服して太郎、のちに銀次と名乗りました。津山城下では藩の儒学者だった永田孝平や上原存軒に幼い頃から漢学を学びましたが、嘉永三年（一八五〇）には江戸に出て、津山藩の儒学者昌谷精渓（さかやせいけい）の門下となり、次いで幕臣の林図書頭（はやしずしょのかみ）の塾でも学んだといわれています。

その後、帰郷しますが、再び大坂の著名な儒学者藤沢東畡（ふじさわとうがい）に入門。さらに安政三年（一八五六）末には江戸に戻って藤森弘庵（ふじもりこうあん）門下となりました。弘庵は嘉永六年（一八五三）のペリー来航時に『海防論』などを著わした高名な学者ですが、のちに彼の建白書が幕府の不興を買うこととなり、その巻き添えを恐れた吟香は流浪の

大瀬毘に建つ標柱「岸田吟香先生生誕之地」

身となってしまいます。当時、身を隠すために深川の妓楼（遊女屋）の箱屋（客席に出る芸妓に従って三味線を持って行く男）になったとも、風呂屋の使用人をしていたとも伝えられています。脂粉を凝らした女性や無頼の輩と交わっていたためか、銀次の名から、「銀公、銀公」と呼び流され、のちに中国南宋の陸放翁の詩「吟到梅花句亦香」にちなんで、洒落て自らの号を「吟香」にしたといいます。

幕末の文久三年（一八六三）、田舎の父が亡くなりました。また、その頃から長年の不摂生がたたってか、自身も目を患ってしまいました。しかし、運命とは面白いもので、この眼病（トラホーム）によって人生が好転することになるのです。

8

岸田吟香②

——和英辞典の編集に協力

大志を抱いて江戸に上った岸田吟香（きしだぎんこう）でしたが、当初は逆境と困窮の生活を強いられることになりました。そんな中、元治元年（一八六四）頃から幕臣として翻訳御用を務めていた箕作秋坪（みつくりしゅうへい）宅に通い出します。秋坪は幕命による西欧諸国歴訪から帰国したばかりで、海外の事情を聞かされた吟香は、新時代への心眼を開かれる思いでした。ところが四月頃から眼病を患い、いろいろと手を尽くしたものの完治せずに悩んでいました。記録によれば、伝染性結膜炎（トラホーム）だったようです。師の秋坪に、どうしたものかと相談したところ、「横浜で開業している米人医師で宣教師をしているヘボ

吟香が販売した目薬「精錡水」（内藤記念くすり博物館所蔵）

ン（J・C・Hepburn）の評判が良い」と紹介され、診察を受けることになりました。

安政六年（一八五九）十月に来日したヘボンは、施療所（せりょうじょ）で医療活動をしていましたが、同時に日本語研究に没頭し、和英辞典の編集を進めていました。その目的は、宣教師の日本語学習を助け、聖書を翻訳するためだったといわれています。この事業に苦心していた時、タイミングよく患者として現れたのが、和漢や俗語に深い知識を持つ吟香だったのです。ヘボンに見込まれた吟香は、その編集助手を務めることになり、最終的には本格的な辞書を印刷製本するために慶応二年（一八六六）、ヘボン夫妻と共に上海へ渡ることになります。そして翌年には『和英語林集成（わえいごりんしゅうせい）』として初版され、明治四十三年（一九一〇）の第九版まで版を重ねることになります。書名は最初『和英詞林（しりん）集成』としていましたが、「詞林」（四厘）を「語林」（五厘）に一厘値上げしたら、という吟香の発案で『和英語林集成』になったといわれています。初版のローマ字綴りはブラウンの『日本語会話』の表記が使われましたが、その後、若干の変更が加えられ、第三版では羅馬（ローマ）字会の方式が採用されます。これがいわゆる「ヘボン式ローマ字」です。

吟香はまた、元治元年（一八六四）に帰国漂流民の浜田彦蔵（はまだひこぞう）や本間潜蔵（ほんませんぞう）らと協力して、民間人最初の新聞となる『海外新聞』を創刊。さらに慶応四年（一八六八）にはイギリス人バン・リードと『横浜新報・もしお草』を創刊しています。

その一方で、ヘボンが処方した目薬「精錡水（せいきすい）」を販売し、その販売網を中国大陸まで拡大しますが、ほかにも海運業・氷室会社・玩具骨董店など、いくつもの事業を手掛けました。しかし、挫折したも

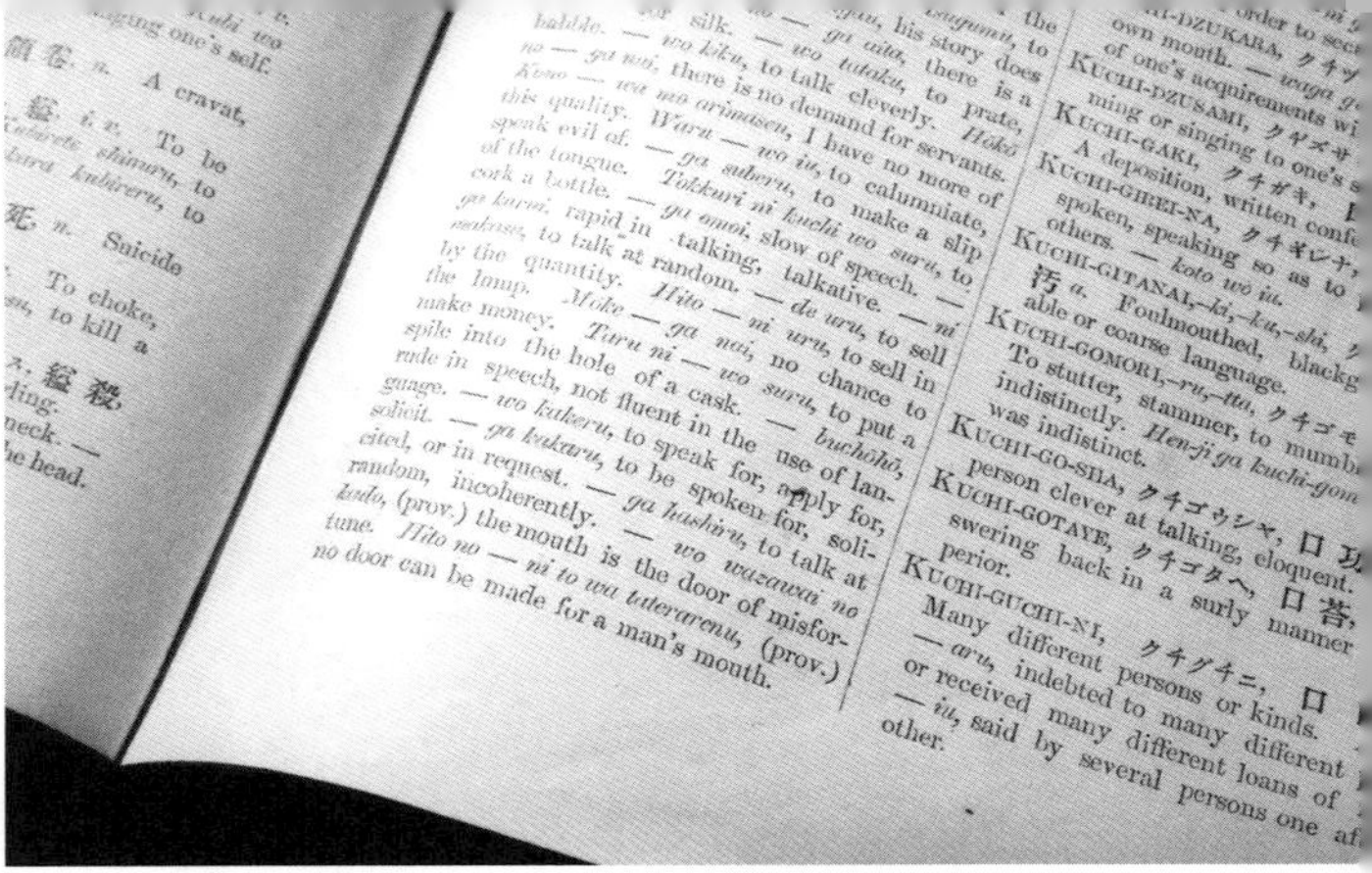

吟香が編集を手伝った『和英語林集成』（津山洋学資料館所蔵）

のも多かったようです。

吟香の特筆すべき仕事としては、明治六年（一八七三）に東京日日新聞社へ入社し、わかりやすい文章で書かれた記事や編集によって紙価を高めたことが挙げられます。また、日本陸軍の台湾出兵時には日本最初の従軍記者としてこれに同行し、取材記事『台湾従軍記』を連載して好評を博しました。さらに明治十三年（一八八〇）には、前島密と共に盲亜学校「訓盲院」を創設しますが、これは目薬販売事業から発展したものでしょう。また、明治三十一年（一八九八）に東亜同文会、三十三年（一九〇〇）には上海での東亜文書院の設立に関わるなど、日中貿易や親善にも大きく貢献しました。

明治三十七年（一九〇四）の夏頃から腹部の痛みを訴えていましたが、翌年六月七日、東京にて享年七十三で歿しました。葬儀は谷中（台東区）の斎場で執り行われ、各界の名士が参列したといわれています。

吟香は書画を好くしたことから、美作地方の旧家には書幅が数多く残っています。その絵心を継いだのが、「麗子像」などの作品で知られる洋画家の四男劉生なのです。

吟香が学僕として住み込んだ坪井下の安藤家

9

岸田吟香と安藤家

——善一を父のように慕う

美作国の久米町坪井下（津山市坪井下）は、江戸時代から出雲街道の宿場町として栄えたところで、今も当時の面影が色濃く残っています。かつてこの宿場町で、明治の英傑として知られた岸田吟香が少年期を過ごしたのですが、そのことを知る人は少ないのです。

天保四年（一八三三）、三河挙母藩の飛地領だった久米北条郡中垪和谷村大字大瀬毘（岡山県久米郡美咲町栃原）に生まれた吟香は、地元宝寿寺の住職から手習いを受け、次第にその才能を開花させていきました。弘化二年（一八四五）、十二歳になった吟香は、同じ挙母藩の所領だった坪井宿を訪ね、安藤家の学僕として住み込むことになります。

当時、安藤家は領内取締大庄屋として収税を任された有力者でした。当主は安藤善一（簡斎）といい、文化十四年（一八一七）の生まれで、天保八年（一八三七）には幕府巡見使対応の事務総掛を藩から託されています。のちに、気ままに京都・大坂などを漫遊しますが、弘化元年（一八四四）には再び奉職し、地域のために尽くしました。温雅清廉（穏やかで品があり、清く私欲がないこと）で人から信頼され、詩画（詩を詠んだり、絵を描くこと）を愛したといわれています。その安藤家で二年ほど世話になった吟香は、津山に出て永田孝平や上原存軒のもとで漢学に磨きをかけ、また矢吹正則に剣術を学びました。

嘉永五年（一八五二）春、大志を抱いて江戸へ行くことを決意した吟香は、挙母藩への了解を取り付けるため、久しぶりに安藤家を訪ねました。後年、異郷の地である上海で綴られた「呉淞日記」には、

書斎を掃除し、机に向かう時、ふと思い出します。作州にいた頃、春雪の降った日に安藤簡斎を訪ねたことがあります。簡斎は大変喜んでくれて、天画堂という書斎で楽しく語らい、詩などをつくりました。そのうち天気は回復し、家の前の小川の向かいにある竹林のうえには月が懸かり、春の夜の景色は、えもいわれぬほど心惹かれるものでした。簡斎は詩・画共に優れた人物です。家は坪井宿の東はずれにあって、景色の良いところ。この書斎は落雷したことがあって壁から煙があがり、その時、龍に見える型が残ったことから天画堂と名づけたそうです。書斎裏の籬（竹と柴で組んだ垣根）の外には渓流があって、その先には村落もあります。右のほうから堤が一つ突き出して、その下に小橋があります。さらに右のほうには樹竹が生い茂る小山があって、北のほうは一面高山が峰を並べてそびえ立っています。その山の間には曲がりくねった道があって、

木こりが牛を引いたり、薪を背負って行き交う様が、自然の一つの画幅となっています。と、その時の思い出話が書かれています。

明治十四年（一八八一）、上京した善一は銀座の吟香宅へ数ヵ月間滞在しました。その時、吟香は居候していた画家の野村重喜に善一の肖像画を描かせ、賛を付して贈りましたが、それは今も大切に安藤家に伝わっています。

吟香にとって善一は大切な人だったようです。しばらく手紙が来ないといっては心配し、郷里の弟に善一の安否を尋ねています。また、吟香が贈った賛の中にも、「善一は私にとって父のような存在で、少年の頃、大変可愛がってくれた。不肖の私が今日あるのは、彼が勉強を勧めてくれたからだ」とあります。

上京時に吟香が野村重喜に描かせた安藤善一の肖像画＝65歳当時（安藤家所蔵）

安藤邸から四方を見回すと、吟香が百五十三年前に記した初春の心象風景と不思議に重なってくるのです。

10

岸田吟香の墓所

――時空を超えて出会えた喜び

本項では、美作国の久米北条郡中垪和谷村大字大瀬毘（岡山県久米郡美咲町栃原）にある、岸田吟香の先祖や兄弟が眠る墓所について述べます。

筆者は、吟香の生誕地へは幾度となく訪ねていますが、岸田家の墓所にお参りできたのは平成十七年（二〇〇五）の頃でした。それまでは場所がわからず、道行く人や近在の民家に尋ねたりもしましたが、結局探せずにいました。もちろん、文献によって大方の位置は理解していたつもりでしたが、やはり現地で探すとなると、そう簡単ではなかったのです。

地元の方が山のほうを指さして「岸田家の墓はあそこ」と親切に教えてくれるのですが、近くまで行ってもそれが見つかりません。墓所へ登る山道の入り口が、季節によっては背丈にも達しそうな草木で塞がれていたようです。

さて、その墓所は、「岸田吟香先生生誕之地」の標柱が建つ山間の北詰めに位置する鳥首山の山腹にあります。この小高い円すい形の山は「山の形状が鳥の首に似ていたことからトリクビの名が付いた」という説を聞いたことがありますが、真相は定かではありません。大正五年（一九一六）、この

墓参後、吟香が眺めた大瀬毘の風景

鳥首山の山腹を切り通して久米に抜ける道が通ったため、今は容易に墓所近くまで車で行くことができます。古老の話では「昔は鳥首山の麓を縫う細道しかなく、吟香さんはそこを登って墓参りをした」とのこと。

　切り通し付近に車を停めて山の西斜面を少し登ると、ほどなく二十基ほどの石塔が目に留まりました。吟香の三～四代前の墓と、彼の父以降の墓などが上中下三段に分かれて建っていました。下段には五輪塔が二～三基、地蔵尊像や宝篋印塔（ほうきょういんとう）もあります。一番古い墓石には享保十二年（一七二七）と刻まれていましたが、そのあたりになると風化で墓誌銘が判読できないこともあって、関係がよく掴めません。岸田家がいつ頃からこの地に土着したかについては諸説がありますが、遅くとも江戸時代中期にはすでに住んでいたようです。ともかく、吟香の曽祖父庄太郎（吉富）、祖父助左衛門（義賢）、父秀治郎（徳義）、弟助三（義高）ら、代々の当主がここで静かに眠っているのです。

　明治五年（一八七二）、吟香（当時三十九歳）は、「目薬精錡

岸田家墓所。右の大きな墓石が吟香の父母の墓

水」製造販売、『横浜新報・もしほ草』創刊、「横浜氷室商会」設立など、多くの事業で成功を収めつつありました。そんな多忙な合間を縫って、吟香は久しぶりに帰郷の途に着いています。四月十九日に横浜を出帆して神戸に入港、そこからは小舟を雇って岡山まで行き、親類の多い備中・備前路を訪ねつつ、二十五日にようやく故郷の土を踏んだのでした。弟たちや多くの旧知に迎えられ、その夜は祝宴に興じたようですが、翌朝にはさっそく鳥首山の墓地に登り、父（文久三年に享年六十で歿）らを詣でたと記録にあります。

墓所は日中でも薄暗い木立の中にあります。しかし、眼下に広がる山里の風景はとても明るく美しいものです。百四十七年前に墓参を終えた吟香も、額の汗を拭いながら万感胸に迫る思いで、必ずやこの風景を眺めたに違いありません。今ここで同じ場所に立ち、彼の胸中に思いを馳せれば、時空を超えて、若き日の吟香と出会えたような喜びを感じるのです。

［第Ⅱ部］

津山・美作の洋学発掘記

第六章 杉田玄白・シーボルトの門人たち

——先端医学を学ぶ

1 杉田玄白の門人小林令助

杉田玄白と津山藩医（江戸詰）の宇田川玄随・玄真らが交流したことは、すでに一二～二三頁で述べましたが、このほかにも美作地方から玄白の弟子になった人物が二人います。一人は、下総古河藩（茨城県古河市）土井侯に仕えた医家河口家に残された天真楼の塾生名録（杉

小林本家屋敷

田玄白の塾生として四十七人が記録されている）とでもいうべき資料の中に、「美作津山人　本田貞介」という名前を見つけることができます。しかし、入門年月日などは記されておらず、貞介がどのような人物なのかは、今となっては全く不明です。

　そして、もう一人重要な人物がいます。杉田玄白の『鷧斎日録（いさいにちろく）』という日記の、寛政二年（一七九〇）二月十七日と、同年三月四日の箇所に、「令助作州へ帰るを送る」と題した送別の詩が記されています。その令助こそ、美作国の勝南（しょうなん）郡岡（おか）村（岡山県勝田郡勝央町岡）の小林令助なのです。

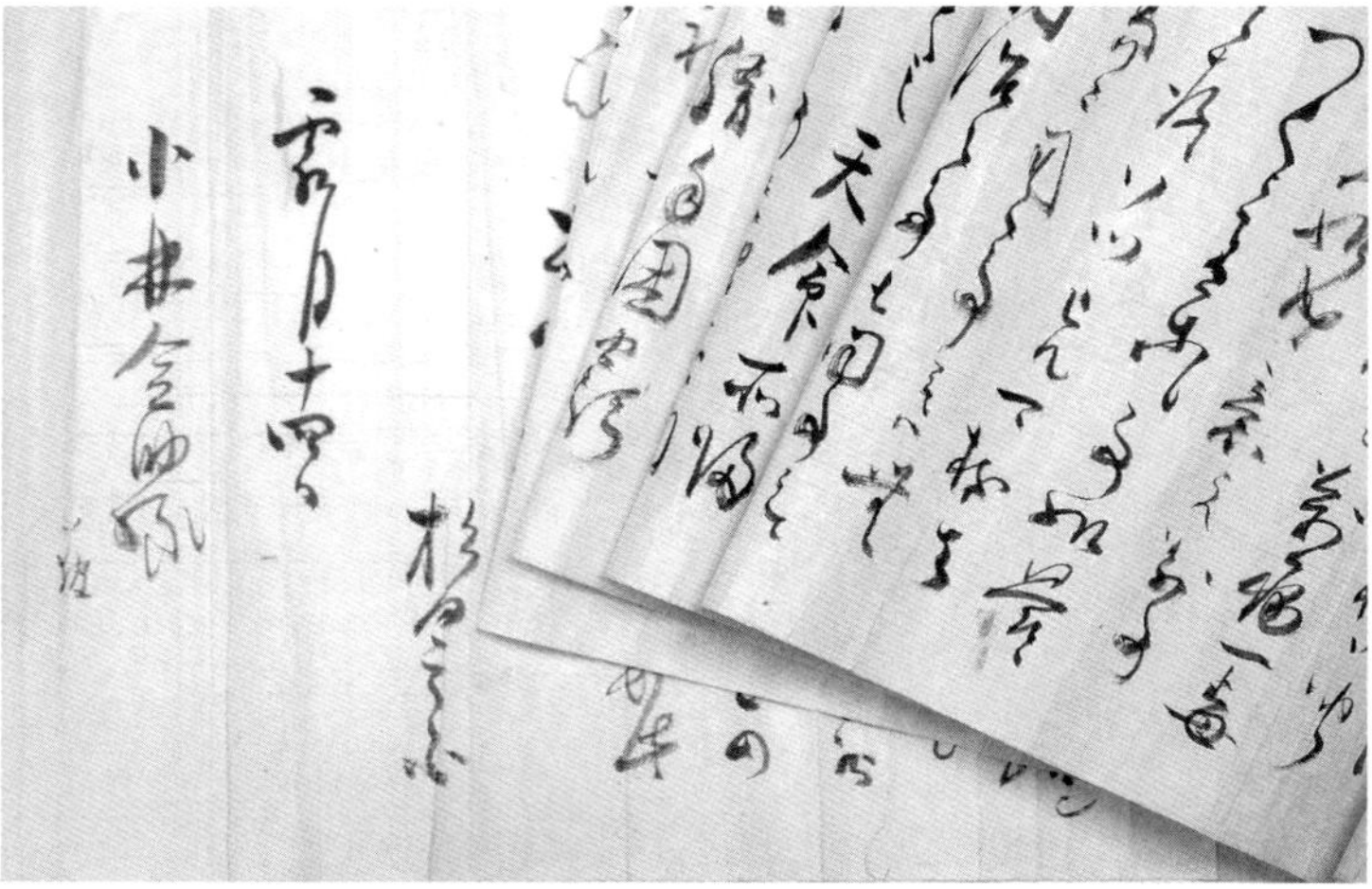

杉田玄白から送られた手紙（津山洋学資料館所蔵）

小林家は代々この地の医家で、令助は明和六年（一七六九）に小林影治の三男として生まれました。天明六年（一七八六）、十八歳の時に江戸へ遊学し、山本北山（やまもとほくざん）に儒学を学んだのち、杉田玄白の塾で外科を四年間修業しています。寛政二年には郷里に帰り、開業したようですが、寛政十一年（一七九九）に京都へ出て、「万病一毒説」で知られた吉益南涯（よしますなんがい）について内科を学びました。また、令助が住んでいた岡村は但馬出石（いずし）藩（兵庫県豊岡市出石町）の所領だったことから、文政二年（一八一九）には、出石藩医にも登用されています。

令助は帰郷後も、医学上の質問や身辺の悩みがあるたびに玄白へ手紙を送っています。それに対する玄白の返書が小林家に八通伝わっていますが、どれもみな長文で、中には五メートルにも及ぶものもあります。その内容は、令助に懇切な助言をしたもので、弟子を気遣う慈愛に満ちています。このことから、令助が玄白にとって目を掛けた弟子の一人だったと推察できるのです。

ところで、玄白からの手紙の中に「ソッピルマ」という薬品名がしばしば登場してきます。これは「升汞（しょうこう）」（塩化第二水銀）という毒薬のことで、消毒剤にも使われますが、当時は梅毒治療に用いたようです。『解体新書（かいたいしんしょ）』の刊行で知られた玄白は、一方で梅毒治療のスペシャリストでした。「ソッピルマ」は匙（さじ）加減を間違えると、毒にも薬にもなる劇薬です。長年梅毒治療に心血を注ぎ、臨床研究を積み重ねた晩年の玄白が、愛弟子の令助に「ソッピルマはやたら使うものではない」と教えているのは意味深いです。

「小林家系譜」の添え書きによれば、令助は加賀藩儒者の太田錦城（おおたきんじょう）や、儒者の亀田鵬斎（かめだほうさい）、狂歌人の蜀山人（しょくさんじん）（大田南畝（おおたなんぽ））とも面識があったようですが、令助自身も和歌や俳句を好む能筆家でした。

ほかに宇田川玄真や藤井方亭（ふじいほうてい）などの蘭学者や、吉益南涯や吉益掃部（かもん）という古医方（こいほう）家からの手紙も残されており、令助の幅広い人脈を物語っています。

2

シーボルトの門人石井宗謙
——向学心は冷めることなく

長崎遊学によって出島のオランダ商館医シーボルトに直接蘭学を学んだ人物として、岡山県には、石井宗謙（いしいそうけん）、石坂桑亀（いしざかそうき）、児玉順蔵（こだまじゅんぞう）の三人がいますが、本項では美作国の真島（ましま）郡旦土（だんど）（岡山県真庭市旦土）出身の石井宗謙を取り上げます。

岡山市北区建部町福渡（ふくわたり）から県道落合建部線を旭川に沿って北上、旭川ダムを通過してダムの北端まで進むと、やがて真庭市旦土という山峡の地に行き着きます。宗謙はこの地の医家だった石井信正の長男として寛政八年（一七九六）に生まれました。若くして父を

旦土に建つ「石井宗謙生誕の地」石碑

失った宗謙は、志を立てて長崎に遊学し、高名なシーボルトが長崎郊外に設けた鳴滝塾（なるたきじゅく）に入門したのです。

当時、シーボルトは弟子たちにオランダ語や西洋医学を教える見返りとして、日本の文献をオランダ語に翻訳して提出させるという課題を与えていました。

宗謙もオランダ語が次第に上達したようで、本草（ほんぞう）家の大河内存真（おおこうちぞんしん）が著した「日本産昆虫及び蜘蛛両図説」などをオランダ語に訳し、シーボルトに提出しています。そうした資料がオランダの博物館に現存します。

文政十一年（一八二八）、国禁である日本地図の国外持ち出しが露見し、シーボルトが国外追放されるという、いわゆるシーボルト事件が起きました。当然、弟子たちも厳しい取り調べを受けましたが、宗謙はなんとか難を逃れて無事でした。その後もしばらく長崎に逗留しますが、天保二年（一八三一）には帰郷し、翌三年五月に美作勝山（かつやま）藩の藩医として召し出されました。そういう境遇にあっても宗謙の向学心は冷めることなく、天保十二年（一八四一）には京都に出向き、著名な蘭方医だった新宮涼庭（しんぐうりょうてい）の順正書院（じゅんせいしょいん）塾に学んでいます。

その後、気ままな性格が災いしてか藩医を辞し、岡山城下に転居して下之町（しもの）（岡山市北区表町にある天満屋デパートの近く）で開業しました。

そのような宗謙のもとに弘化二年（一八四五）、シーボルトの遺児イネ（オランダおいね）が身を寄せ、六年八ヵ月の間、産科を学んでいます。その際、イネは宗謙との間に一女をもうけました。イネにと

石井宗謙が生まれた旦土の風景

ってはを望まずして生まれた子だったため、最初はただの子だとして「タダ」と名づけたとする説もありますが、その後「タカ」、さらに「高子」と名を変えています。高子はのちに、祖父シーボルトの高弟二宮敬作の甥にあたる伊予（愛媛県）の蘭学者三瀬周三（諸淵）と結ばれています。

さて、その後の宗謙ですが、嘉永六年（一八五三）には江戸に転居しています。時あたかもペリー来航の折、再び勝山藩に藩医として登用され、さらに安政三年（一八五六）には幕府の洋学研究教育機関である蕃書調所で蘭学御用を勤めるなど活躍しましたが、文久元年（一八六一）、六十六歳で江戸に歿しました。

岡山市では、宗謙とイネの史実から、平成十年（一九九八）に表町商店街のアーケードと平行して通る裏道を「オランダ東通り」として整備しています。

3

石井宗謙の長男信義

——適塾で四年間首席

前項で、シーボルト門人で美作勝山藩医の石井宗謙について述べました。ここでは、やはり洋学の道に進んだ宗謙の長男信義について触れておきましょう。

宗謙には妻「しげ」との間に実子がありませんでした。そこで宗謙は、高田（岡山県真庭市）の薬種商人万屋（中山）丈助の娘「むろ」との間に天保十一年（一八四〇）に生まれた久吉（のち信義）を、石井家の跡継ぎと

石井信義肖像（シーボルト記念館・楠本家寄託資料）

岡山県美作県民局真庭地域事務所のすぐ下の公園に建つ「石井信義顕彰碑」

して引き取ることにしました。久吉は七歳の頃、勝山藩主の御前で『孝経』（中国の古典）を朗読したほど大変聡明な子供だったといわれています。

弘化二年（一八四五）、藩医を辞した父宗謙に従って岡山城下の下之町に転居。さらに嘉永六年（一八五三）には、ペリー来航によって勝山藩から江戸に召し出された宗謙に従って江戸に移ることとなりました。

信義はさっそく塩谷宕陰に漢学を学ぶ一方で、蕃書調所（のち東京大学）の箕作阮甫や松木弘安（のち寺島宗則）に蘭学を学んでいます。また、幕府医官の桂川甫周（国興）の弟子となって、蘭日辞典『和蘭字彙』の編纂にも協力しました。

安政四年（一八五七）、蘭学修業のために長崎へ遊学するものの、翌年には大坂まで戻り、緒方洪庵の適々斎塾（適塾）に入門。そこで四年間首席を通した信義は、洪庵が宗謙に宛てた手紙に、「優秀な御子息で羨ましい」と書いたほどの秀才でした。

万延元年（一八六〇）、適塾での学業を終えた信義は、宗謙が住む江戸に帰り、家督を継いで勝山藩医（江戸詰）となります。

信義の人柄ですが、松尾耕三著の『近世名医伝』によると、「性温和にしてその書を講ずるや雄弁流るゝが如く、理義精微、聞く者嘆服す」とあります。また、師である桂川国興の二女、今泉みねの遺著『名ごりの夢』の中には、

石井さんと申しますと、背のすらっとしたやせ形の、髪の毛をなでつけるように後ろにぶらっとさせた、まゆ毛の濃い、色の白い顔の人がはっきりと目の前に出てきます。往来で貧しい子供が泣いてでもいますと、立ち止まってあやさずにはいられないと言った風の、真底やさしみのある人でした。（中略）決して御自分の出世を誇るようなことはありませんでした。

とあり、いずれも信義のイメージを彷彿させます。

さて、その後の信義ですが、文久二年（一八六二）、洪庵が幕府の西洋医学所頭取（せいよういがくしょとうどり）に就任すると、同医学所の教授職となって活躍します。医学所は、明治以後も政府によって医学校（いがっこう）として復興し、明治二年（一八六九）には大学東校（だいがくとうこう）と改称されます。信義も同年に大学大助教、翌年は大学少博士に任命されています。

明治三年（一八七〇）、大阪医学校（大阪大学医学部の前身）校長に就任し、翌年には文部中教授となりました。明治六年（一八七三）、文部省医務局編書課に勤務しましたが、台湾出兵による省費節約のための機構縮小によって、明治七年（一八七四）に免職となっています。

石井信義が訳した『丹氏医療大成』（津山洋学資料館・山田家寄託資料）

退官後、持病の胃病に悩まされながらも、在任中からの医学書の翻訳に努め、また、頼まれれば往診にも出掛けたといわれています。英人医師タナー（T・H・Taner）著『Practica of medicine』を坪井為春と共訳した『丹氏医療大成』を明治八年（一八七五）に刊行しましたが、明治十五年（一八八二）、四十三歳という若さでこの世を去りました。

筆者は以前、JR目黒駅からほど近い高福院（品川区上大崎）という寺に、石井宗謙の墓碑調査に行ったことがあります。信義の墓碑はそれに寄り添うようにひっそりと建っていましたが、そぼ降る雨の中で、林立する墓石からそれを探し出すのに手間取った記憶があります。

大正四年（一九一五）、親族や有志によって、勝山町（真庭市）の医師会館の構内に信義の顕彰碑が建てられました。現在その碑は、岡山県美作県民局真庭地域事務所のすぐ下にある公園の一角に移設されています。

桑亀の生誕地である美咲町境の風景

4 シーボルトの門人石坂桑亀

——長崎で西洋医学を学ぶ

本項では、石井宗謙と並んで岡山県北でもう一人のシーボルト門人である石坂桑亀について述べておきます。

岡山市北区建部町福渡から国道五三号線を約一キロ半ほど南下し、旭川に架かる大宮橋を渡った建部町建部上に、石坂桑亀（墓石は「石阪」となっています）の墓碑があります。

桑亀はもともと、美作国の久米北条郡境村（岡山県久米郡美咲町境）で農家営む石坂多作の子として天明八年（一七八八）に生まれました。十三歳の時、津山に出て某漢方医について学び、のち京都の吉益南涯について古医方を学んだと伝記本にはありますが、吉益門人帳には名前が見あたらず、詳細は定かではありません。ただし、寛政年間から享和年間（一七八九〜一八〇四）にかけて美作地方からは、前田杏仙、茂詰勇蔵、山本淳亭、小林令助、山崎恭安、山本養拙、杉山元節、河島定助らが集中して、「万病一毒説」で知られた吉益家に入門しており、一概に間違いともいえません。

次いで文化十三年（一八一六）、桑亀は華岡青洲の分塾である大坂の合水堂（青洲の弟鹿城が開く）に入門し、外科を学んでいます。華岡門人録には「文化十三年二月十九日石坂篤太（のち桑亀）福渡」とあるので、入門時にはすでに境村を出て福渡に住んでいたことがわかります。文政二年（一八一九）、華岡塾で修業を終えた桑亀は、福渡に帰郷して開業、御船也尾と結婚しました。

当時、江戸蘭学界で権威者となっていた津山藩医（江戸詰）宇田川玄真が刊行した外科書『和蘭内景医範提綱』と付図『医範提綱内象銅版図』は、当時ベストセラーとなり、全国に流布していました。文政六年（一八二三）、『医範提綱』を読んだ桑亀は衝撃を受けて、西洋医学を学ぶことを決意、長崎遊学を果たすのです。翌年、オランダ商館医シーボルトが長崎郊外に私塾「鳴滝塾」を設けると、いち早くこれに入門してオランダ語や西洋医学を学ぶこと数年。文政十二年（一八二九）に帰郷して開業しました。医業は大いに振るったといわれています。

文政十三年（一八三〇）、桑亀は備中足守藩の勝手作廻方兼侍医物頭席として登用されました。この頃、藩は財政窮迫だったため、桑亀は藩主に献策して新しい藩札を発行し、財政の回復に努めました。しかし、藩政について当局者と意見を異にしたため、天保十三年（一八四二）に職を辞して倉敷（岡山県倉敷市）に移って開業します。そして、弘化二年（一八四五）、再度郷里の福渡に帰り、嘉永四年（一八五一）に六十三歳で歿しました。

『近世名医伝（きんせいめいいでん）』によれば、蘭学を始める前の箕作阮甫（みつくりげんぽ）が桑亀に入門を請うた際、桑亀はこれを断り、箕作と同藩の宇田川玄真へ入門することを薦めたとあります。この真相については定かでありませんが、とても興味深い話です。

ところで、桑亀とは変わった名です。桑亀の曽孫にあたる琢三郎の記録によれば、空を自由に飛ぶ鶴を羨んだ亀が、鶴に天空に連れていってくれるように頼んだ。すると鶴は、桑の枝を亀にくわえさせ、一言もしゃべらないことを条件に、亀を掴み、天空に舞い上がった。しかし、あまりに素晴らしい景色に見とれた亀は、鶴との約束を忘れて、「よい景色」だと口を開いてしまった。その瞬間、桑の枝と共に亀は地上に落下し、粉砕してしまった。つまり、「口は禍（わざわい）のもと」ということわざから名づけたというのです。

建部町建部上にある石坂桑亀（墓石は「石阪」となっている）の墓

昭和五十八年（一九八三）春、桑亀の生誕地である境に、石坂家の後裔（こうえい）にあたる中村哲氏（法政大学総長、のち参議院議員）が訪ねて来ました。中村氏は石坂家の案内で桑亀の父「多作」の墓に参拝し、位牌や家系図を調査したそうです。石坂家から眺める垪和の風景は、中村氏にとって感無量だったに違いありません。

第七章

京都や江戸・長崎・華岡塾で学んだ医師たち

1

医学を志した人たち①

――江見敬輔ら究理堂で学ぶ

江戸時代後期ともなれば、医師になるための修行経路は大方確立されていました。当時、一口に医師といっても、今日のような国家試験があったわけではなく、怪しい呪術師（じゅじゅつし）や祈祷師（きとうし）のたぐいから、高等な西洋医学を修得した医師までが混在していました。大部分は漢方医で占められていましたが、従来の漢方に疑問を持つ医師も出てきて、より高次の西洋医学に傾倒していくことになるのです。医師を志すとすれば、つてを頼って、まず最寄りの町医師や藩医のもとで修業します。そこで数年学ぶと、少し離れた高名な医師のもとで学びます。例えば、津山近郊では金川（岡山市北区御津金川）で思誠堂という医学塾を開いていた難波抱節（華岡門人）などがそれにあたります。そこからさらに高等な医学を目指すならば、三都（江戸・京都・大坂）の有名塾へ遊学することになるのですが、そういう志向の者は、その時代にあって先端を行く、より高次なものを求めようとするものです。

さて、蘭学初期の解剖家として知られた京都の小石元俊を父に持つ小石元瑞は、父から受け継いだ医学塾究理堂を発展させ、その門人は千人にも及んだといわれています。元瑞も十五歳で江戸の蘭学者大槻玄沢に学んだ経歴があり、津山藩医宇田川玄随が著したわが国最初の西洋内科書『西説内科撰要』を使って塾生に講義をしています。

この究理堂には門人録が伝わっていますが、そこに列挙された五百六十六人のうち美作出身は「弓削村　岡部玄民」、「津山藩　渡辺順長」、「久米北条郡公文村　岩本徳太郎」、「勝南郡吉ヶ原村　江見敬輔」の四人です。

これまでの調査によって、岡部玄民については当時の弓削村（岡山県久米郡久米南町）が下総古河藩の飛地領だったことから、関係資料が茨城県古河市の古河歴史博物館に若干残っていますが、地元での残存資料は確認できていません。

また、江見敬輔（一八一七～八七）については、調査を進める過程で岡山市在住の後裔と連絡が取れ、

江見敬輔が眠る本経寺

『扶氏経験医訓』『和蘭内景医範提綱（写）』、究理堂における教訓「誠諭之事」などの残存資料七十九件九十八点を発見し、のちに津山洋学資料館に寄贈していただきました。

なお墓碑については、津山から県道津山柵原線を二十キロほど南下した岡山県久米郡美咲町吉ヶ原にある古刹永昌山本経寺の江見家墓所内で確認しました。敬輔の業績について触れた墓誌は刻まれていませんでしたが、その戒名「弘済院仁壽信士」と、側面の「醫俗名　江見敬甫（ここでは「甫」となっています）享年七十一」から、京都の有名医学塾で修学したのち郷里へ帰り、長く地域の医療活動に貢献したであろうことが伝わってきます。敬輔が具体的にどのような医療を村人に施したのかは不明ですが、こうした寒村にも蘭方は確かに芽吹いていたのです。

医学を志した人たち②
——坪井信道に学んだ岡崎帰一

江戸時代後期に活躍した坪井信道（一七九五～一八四八）は、江戸で一番と評されるほどの内科医です。信道の出身地は美濃（岐阜県）で、若い頃から各地に赴いて漢学や漢方を修行していました。文化十二年（一八一五）、豊前中津（大分県）藩医の辛島成庵宅で修行中、津山藩医の宇田川玄真が著したベストセラー外科書『和蘭内景医範提綱』を読んだのが契機となって西洋医学を学ぶことを決め、文政三年（一八二〇）、江戸に出て宇田川玄真の一番弟子となりました。玄真は苦学する信道を見て、自分の若き日の境遇と重ね、慈愛をもって育成したといわれています。

文政十二年（一八二九）、学成った信道は江戸深川上木場（江東区三好）に蘭学塾安懐堂を、続いて天保三年（一八三二）には冬木町（江東区冬木）に日習堂を開き、緒方洪庵など多くの弟子を育成しました。現存する門人帳二百七十二人中には、「作州　嶋崎鳩卿」、「作州津山　丸尾玄鶴」、「作州津山　牧穆中」、「美作福渡　田中正庵」、「作州 勝南郡書添（副）村　岡崎帰一」、「本国作州松平越後守屋敷今住鍛冶橋　箕作阮甫」、「本国作州和蘭本草及分離学（化学のこと）之祖名榕号榕菴（宇田川榕菴のこと）」、「作州津山藩　嶋崎久（鳩）卿弟辛丑三月坪井塾へ入塾　嶋崎曹二」などの美作関係者八人

岡崎帰一が育った美咲町書副の風景

を確認できます。

嶋崎鳩卿と曹二は津山藩医（鍼灸）の家系で、弟の曹二はのちに箕作阮甫の長女さきの養子となりますが、一年足らずで離婚しています。さきは、のちにせきと改名し、天保十五年（一八四四）、広島藩医（江戸詰）の山田黄石（のちに出身地の名を取って呉黄石と改名）の後妻となりました（前述）。

せきと黄石の仲を取り持ったのは牧穆中ですが、阮甫に何も知らせず事を進めたために不興を買い、以後しばらく箕作家への出入りを禁止されたというエピソードが残っています。穆中は岡山県真庭市久世の出身ですが、当時久世は津山藩領だったので「作州津山」と門人帳に記したのでしょう。

丸尾玄鶴も津山藩医の家系です。箕作阮甫と宇田川榕菴については江戸詰の津山藩医。田中正庵は岡山市北区建部町福渡の出身で、墓碑を当地の妙福寺で確認できたものの、詳細は不明です。岡崎帰一は、岡山県久米郡美咲町書副の出身ですが、その詳細についてはこれまで不明でした。

以前、津山洋学資料館友の会主催の史跡見学会において美咲

岡崎帰一の墓碑

町行信(ゆきのぶ)の大庄屋(おおじょうや)矢吹邸を見学した際、隣地で矢吹邸の管理を任されていた岡崎貞夫氏にお世話になったのですが、奇遇にもその岡崎氏が岡崎帰一の後裔であることがわかりました。残念ながら、文献資料などは残されていませんでしたが、墓石と位牌は確認することができました。

岡崎家の墓所は書副の山中にあり、帰一の墓石には「妙法　園林院喜一信士」(墓石・位牌とも「喜一」と改名されていました)、側面に「嘉永二年酉八月十日　俗名　岡崎喜一　勝正　行年三十七」とありました。また、位牌の裏面には「嘉永二酉年八月十日　岡嵜洞庵　勝正　行年三十九」とあり、歿年齢に異同が見られるものの、若くして世を去ったことがわかりました。このような場合、医家が途絶えてしまって、故人の業績が後世へ伝わらないケースがよく見られます。

寒風の中、書副の丘陵にある岡崎家墓所近くの屋敷跡にたたずんでいると、江戸遊学から帰郷した帰一の晴れやかな姿が目に浮かんでくるようです。

3

医学を志した人たち③

――長崎に遊学した服部秀民

江戸時代、蘭学や西洋医学を志す人たちにとって、西欧との貿易と文化交流の窓口だった長崎へ遊学することは憧れだったに違いありません。

シーボルトの門下となった石井宗謙（いしいそうけん）や石坂桑亀（いしざかそうき）については一四八～一五七頁で紹介しましたが、美作地方から長崎へ遊学した者はほかにもいます。その多くは遠路長崎まで出掛け、いわゆる「とび込み的手法」をもって有名塾への入門を果たしたものと思われます。

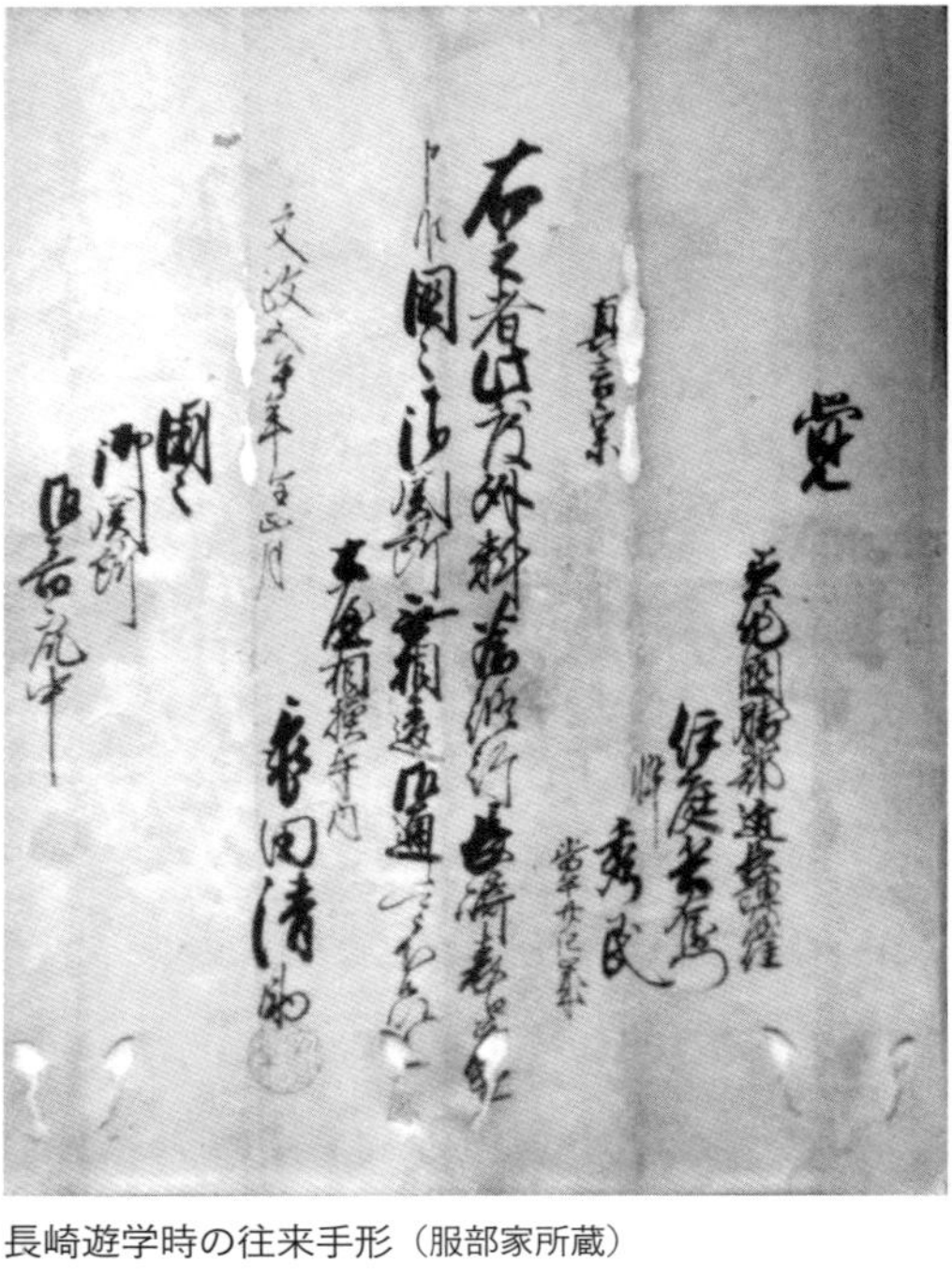

長崎遊学時の往来手形（服部家所蔵）

　そうした人たちの中には、長崎での詳しい足跡は追えないものの、残された往来手形から長崎遊学が確実と思われる人物として、美作国勝北郡上野田村（津山市上野田）出身の服部秀民や、久米南条郡弓削村（岡山県久米郡久米南町下弓削）出身の秋田周甫を挙げることができます。本項では、服部秀民について少し触れておきましょう。

服部秀民肖像（服部家所蔵）

　寛政十一年（一七九九）、勝北郡新野西上村（津山市上村）の流郷家に生まれた秀民は、のちに上野田村の服部辰右衛門為知の求めに応じて、その養子となりました。文政五年（一八二二）、二十四歳になった秀民は、医師になることを決意し、外科修行のために長崎へ出立します。修学先や修学年数などは不明ですが、前述したように長崎遊学時の往来手形が服部家に伝わっています。その手形には、

覚

美作国勝北郡近長陣屋住
伊庭兵右衛門
悴
真言宗　秀　民
当午廿四歳

右の者、この度外科修行のため、長崎表へ差し遣わし申し候。国々御関所相違なく御通しくださるべく候、以上。

土屋相模守内
文政五年午年閏正月　亀田清助㊞

国々
御関所
御番衆中

と書かれています（史料は読みやすくしています）。

当時、上野田村は常陸（茨城県）土浦（つちうら）藩の飛地領で、西隣の近長（ちかなが）村（津山市近長）に陣屋が置かれていました。その陣屋詰藩士だった伊庭兵右衛門の娘婿になったのが服部秀民で、それゆえ倅となっています。秀民はよほど嘱望された人物だったようで、兵右衛門は長女の佐久（さく）を嫁がせ、さらに婿が望む長崎遊学に必要な往来手形の手続きをとってやったのでしょう。

服部家を訪ねると、秀民が診察や薬を調合する際に使ったとされる「診療の間」と呼ばれる四畳半の部屋が当時のまま残っています。居間より一段低く床をしつらえ、舞良戸（まいらど）と呼ばれる板戸に囲まれた部屋をしばし眺めていると、長崎から帰郷後、医師として評判を得た秀民が、病気に苦しむ患者のために寸暇を惜しんで薬を調合している姿が目に浮かんでくるようです。

古くからの神道墓が林立することで知られる服部家墓所の一角にある墓碑から、秀民は天保八年（一八三七）に享年三十九という若さで亡くなったことがわかりました。医業は秀民一代で終わったようです。

4

究理堂門人の岩本徳太郎を追って

京都の解剖家小石元俊（一七四三〜一八〇八）の子で、その学塾「究理堂」を継いだ蘭漢折衷の医師小石玄瑞（一七八四〜一八四九）の門人録の中にある、「久米北条郡里公文村　岩本徳太郎」という医師を追跡してみたいと思います。

手掛かりとなる里公

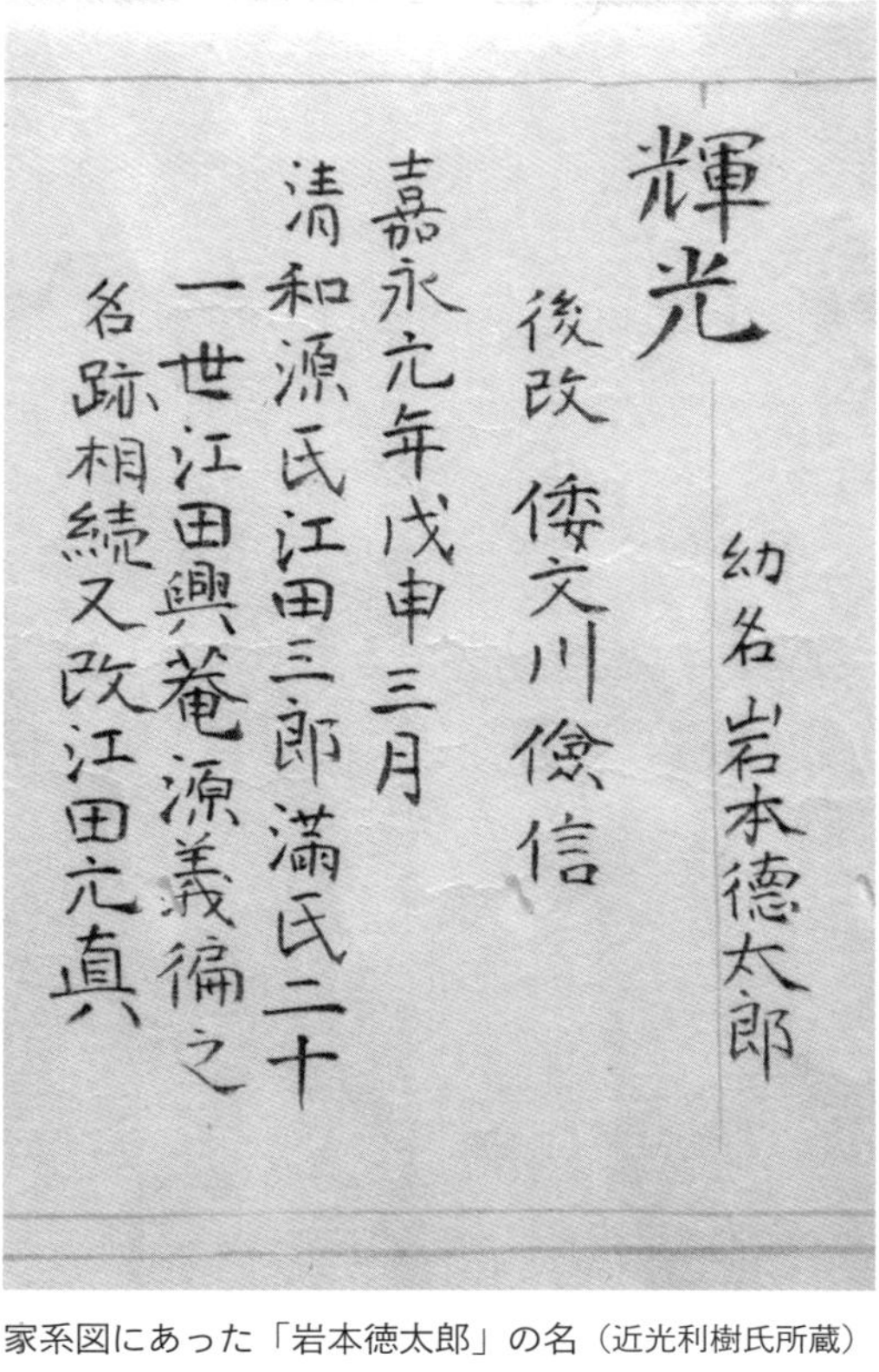

輝光
幼名 岩本徳太郎
後改 倭文川倹信
嘉永元年戊申三月
清和源氏江田三郎満氏二十
一世江田興菴源義備之
名跡相続又改江田元真

家系図にあった「岩本徳太郎」の名（近光利樹氏所蔵）

文村（津山市里公文）には、今でも岩本姓は何軒かあります。地元での聞き取りから、倭文保育所から倭文川を渡って福田上に向かう道に入るあたりに昔医者だった岩本姓の墓地があるとの情報を得て、さっそく訪ねてみました。

近くまで行くと、石垣で築かれた立派な墓地があり、一目でそれとわかる構えです。九基ほどある墓石で一番新しい墓には「岩本護夫妻之墓」と刻まれていました。この名前に、筆者は覚えがありました。明治四十四年（一九一一）刊行の芳名録『岡山縣名鑑』に顔写真と共に「醫學士　岩本護君　久米郡倭文中村」と載っていたからです。ほかの墓石の風格からして、この墓所内に目指すものがあるのではと直感しましたが、日が傾いて古い墓石の判読が困難となったため、その日は引き上げることにしました。

後日、近光整形外科院長の近光利樹氏の里公文にある本宅が、二代前までは岩本姓で開業医だったという情報を入手。偶然にも奥様が津山洋学資料館の友の会会員だったことから、貴重なお話を伺うことができました。その教示を参考にして、再び里公文の岩本家墓所を調べてみましたが、残念ながら目的とした徳太郎の墓石は確認できずじまいでした。

しばらくして、近光家から「家系図を調べていたら、徳太郎の名が見つかった」との連絡が入ったので、訪ねてみると、系図は継ぎ目の糊しろが剝がれていたものの、はっきり「徳太郎」の名が読み取れたのです。さらに、明治時代中期以降の記名が欠落していたため、墓石調査の情報と照合して系図を補ってみました。

確認された小石玄瑞（究理堂）門人、岩本徳太郎の墓石

その結果、近光利樹氏の祖母松子の兄が護であり、津山に出て南新座で開業していました。しかし、医家としては途絶えたため、妹松子の夫で近光増夫（松子の従兄にあたり、里公文で開業。旧姓岩本）に医家としての存続を願ったということです。

さて、本題の徳太郎との関係ですが、護・松子の父が元貞、その父が元泉（義彰）、元泉の兄が輝光といい、幼名が岩本徳太郎とあります。徳太郎は、のちに倭文川倹信と改名するのですが、嘉永元年（一八四八）三月に江田興菴なる医師の名跡を相続し、江田元真と再び改名しています。元泉と徳太郎の父である元厚（克昌）もまた、京都の山脇東洋の医学塾養樹院で学んだ医師だったことから、有名塾で修学後、帰郷してこの地で代々医家として医療活動をしていたようです。

再度、倭文の岩本家墓所を調べてみました。前出の元厚夫妻・元泉夫妻・元貞夫妻・護夫妻の墓石と共に、戒名「洞照院深闢澎湃醫居士」、右側に「嘉永七年甲寅歳四月八日逝　享年三十六」、左側に「喦（岩）本元真義徳之墳」と刻まれた墓石に目が留まりました。これは一体誰の墓石でしょうか。ひょっとすると、これが徳太郎の墓石では？　徳太郎は江田家を相続した際に元真と改名しています。そうだとすれば、江田家相続の六年後に若死にした徳太郎（元真）を、何らかの理由で岩本家で引き取り、葬ったとも推察できるのです。

さっそく近光家のご協力を得て、菩提寺の過去帳と照合していただいたところ、徳太郎の墓石であることを確認しました。徳太郎は津山京町で亡くなり、葬儀は里公文で執り行われたとのことでした。平成二十九年（二〇一七）、津山市久米川南の山麓にある江田家墓所を訪ね、江田興庵などの墓石を調べてみましたが、やはりそこに徳太郎（元真）の墓石は確認できませんでした。

5

長崎に定住した木村逸斎

岸岡登（木村逸斎）の実父宗屯の墓石。登が長崎から贈ったと伝わる墓誌が刻まれている。

江戸時代、先進的な西洋医学を志す者にとって長崎は憧れの地であり、全国から多くの若者が遊学してきました。美作地方からも幾人かの長崎遊学者を拾うことができますが、本項では幕末頃に長崎遊学を果たし、そのまま定住してしまった美作国苫田郡鏡野円宗寺（岡山県苫田郡鏡野町円宗寺）出身の木村逸斎について紹介しようと思います。

『備作医人伝』に所載された木村逸斎の履歴を要約すると、「字は俊甫、号は鏡湖、作州津山の人（幕末頃、円宗寺は津山藩領）、岸岡某の第三子で医学修行のため長崎に行き、役医木村壽亭の歿後、嘉永三年（一八五〇）にその養子として迎えられて木村逸斎と名乗った。逸斎はオランダ商館の医師J・K・ファン・デン・ブルック（一八五四～五七年在留）に師事し、本格的に西洋医学を学び、その高弟になった」とあります。

「岸岡某」とは円宗寺集落の一角で代々医家として続いた岸岡家のことです。医家初代の宗友（享保元年〔一七一六〕歿）、二代宗友（寛保三年〔一七四三〕歿）、三代宗悦（天明元年〔一七八一〕歿）、京都で開業していたという口伝もある四代宗琳（寛政十一年〔一七九九〕歿）までは寺岡姓でしたが、五代宗友（文化九年〔一八一二〕歿）になって岸岡と改姓したようです。産科に手術的手法を取り入れたことで知られ、全国から多くの門人を集めた京都の名医賀川家の門人録に、「天明三年、寺岡宗友、美作」とあるので、宗友も若い頃はまだ寺岡姓を名乗っていました。

次の六代宗屯（天保三年〔一八三二〕歿）は三人の男子に恵まれました。長男は七代宗琳といい、『天保医鑑』にも「内外眼科、漢蘭折衷善医術、岸岡宗琳、新町通御池北、名興字子凡号雄山、作州

鏡野町円宗寺の岸岡家。現在は空き家となっている。

人博研精漢蘭諸説且詳内経、著書　眼科発蒙・内科辨覧」とあるので、漢方・蘭方にも通じて著書もあり、新町通御池北（二条城から東へ五百メートルの地点）を活躍の場としていたことがわかります。したがって、円宗寺本家は次男の八代宗伯（環、安政元年〔一八五四〕歿）が継ぎ、その跡目は九代宗仁（鏡斎、明治二十六年〔一八九三〕歿）、十代修吉（昭和十五年〔一九四〇〕歿）へと引き継がれています。

さて、宗屯の三男は登といい、実は彼こそが、「長崎で木村壽亭の養子に迎えられた岸岡某の第三子」、のちの木村逸斎なのです。墓は長崎皓台寺（こうたいじ）後山の木村家墓所にありますが、その墓碑銘を歴史学者古賀十二郎（一八七九〜一九五四）が『古賀家過去帳』に「江月鏡湖碩医、安政六己未年正月元旦、木村逸斎、享年四十歳。木村逸斎は予の祖父なり、次男孝之助古賀氏の養嗣となる。祖母タネ逸斎死後久留米藩二宮慎斉の妻となる。古賀十二郎識」と、写し取っています。

十二郎には、『長崎市史 風俗編』、『西洋医術伝来史』、『長崎洋学史』、『外来語集覧』など多くの著述があり、「長崎学」の基礎を築いて、わが国対外交渉史研究の門を開いたと評価される人物です。その功績は、オランダ王国からオラニエ・ナッソウ勲章を贈られていることでも明らかでしょう。十二郎は晩年、「私が医史学や洋学史に関心を持つようになったのは、祖父木村逸斎の影響である」と懐古しています。

平成十二年（二〇〇〇）九月に公開されて話題となった映画『長崎ぶらぶら節』（作家なかにし礼氏の直木賞受賞小説を映画化）の中で、主役の郷土史家を渡哲也氏が演じたが、そのモデルとなったのが古賀十二郎でした。

円宗寺の岸岡家墓所に残る岸岡宗屯の墓碑銘は、長崎遊学中の登が実父の死を悼んで贈ったと伝えられています。

6

長崎で木村逸斎らに学んだ山本笠山

長崎遊学をした鏡野町円宗寺出身の岸岡登が、長崎滞在中に役医木村壽亭に見込まれて養子となり、木村逸斎と名乗ったことについては前項で触れました。この逸斎に、長崎遊学中に世話になったのが、美作市井口の医師山本笠山（諱は篤、字は子行、号が笠山）です。

美作市の中心街から国道三七四号線を南下し、福本の交差点を左折して、三重塔で有名な長福寺に向かう県道四一四号線沿いの井口地区に、明治四十年（一九〇七）、笠山を慕う有志によって建てられた「笠山翁紀念碑」があります。以前はよく目立つ所にあったそうですが、今は民家の裏手となって探しづらくなっています。

ここがかつての山本家の屋敷跡で、僅かに残る崩れた土塀が往時の生活と賑わいを偲ばせます。墓所は近くの山麓にあり、歴代当主の墓が立ち並んでいますが、笠山の墓石には墓誌が残っています。また墓所には、笠山の祖父と思われる山本養拙の墓もありました。漢方医の中でも実証主義の学派として知られた京都の古医方家吉益南涯の門人録に「享和元年（一八〇一）十月、作州英田郡井口村、山本養拙」とあることから、この一家が以前から大都市の有名医学塾で学んでいたことがわかります。

土塀だけが残る山本家屋敷跡

さて、笠山は天保九年（一八三八）に医家山本恵順の長男として、この地に生まれました。十八歳の時に家業を継ぐことを決意、安政二年（一八五五）に西洋医学の先進地長崎に赴いたのです。時は幕末、数年前にはアメリカ東インド・中国艦隊司令長官ペリーや、ロシア極東艦隊司令長官プチャーチンらが相次いで来航するなど、世情は何かと騒がしかった頃です。

長崎に到着した笠山がまず頼ったのが、冒頭で触れた木村逸斎、そして東北条郡横野村（津山市横野）出身の高山俊斎でした。俊斎は津山藩医野上玄博のもとで医学を学んだのちに長崎へ遊学、オランダ人医師ポンペやボートウィンに師事して、十八年あまりもこの地に滞在し、帰藩後に津山藩最後の藩医となった人物です。

当時、向学の志を果たすため、闇雲に長崎へ赴き、いわゆる「飛び込み的手法」をもって、どこかの塾

美作市井口に建つ「笠山翁紀念碑」

に潜り込む者もいたのでしょう。しかしながら、笠山がこの二人に師事しているところをみると、事前に長崎で活躍する同郷人の情報を掴んだうえで遊学したと考えられます。ともかく、笠山は長崎で三年ほど医学修業に励むことになったのです。

安政五年（一八五八）、業を終えた笠山は帰路に就きました。その途中、当時、備中国後月郡寺戸村（岡山県井原市西江原町）で郷校興譲館の館長を務めていた阪谷朗廬に師事、次いで松山藩（岡山県高梁市）の川田甕江やその師である山田方谷らと交友しています。帰郷後しばらくして再び江戸に遊学し、さらに学問を究めましたが、同時に勤王派諸士とも交わり、その大義を唱道したといわれています。

そんな折、父の訃報を知って帰郷、家業を継ぐ傍ら寺子屋を開いて村童の教育にもあたることになりました。維新後は、北条県から医務取締や学区取締などを拝命して小学校の創立に尽力しますが、それ以後は官職に就くことはせず、明治三十二年（一八九九）、享年六十二で歿しました。

華岡門人の山本鼎と高坂大造
——有名塾で学び、活動する

長崎遊学を果たした美作市井口の医家山本笠山については前項で触れましたが、この地域からはほかにも有名塾で学んだ医師が二人います。

文化元年（一八〇四）、蘭漢折衷派の医師だった華岡青洲は世界で初めて全身麻酔による乳がん摘出手術を行い、当時一世を風靡しました。その門人録中に、「文政四年（一八二一）二月八日　英田郡福本村　山本鼎」（青洲の四男鹿城が預かる大坂中之島の華岡分塾合水堂に入門）と、「文政七年（一八二四）正月二十二日　英田郡上山村之内渕尾　高坂大造」（紀州の春林軒本塾に入門）の名を確認できます。二人の歿年から逆算すると、山本は高坂より一歳年上で、福本村（美作市福本）と上山村渕尾（美作市上山）は距離にして約六キロと近く、三年後に続けて華岡塾へ入門しているのをみると、二人には何らかの交遊があったと思われます。

福本村の山本鼎については、文献にその事績が全く見当たりません。そこで何度となく現地に足を運んで調査を行い、幸いにも往時の風情を残す屋敷（空き家）と、近くの山本家墓所で鼎の墓碑を確認することができました。さらに聞き込みによって、現当主の山本彰氏が岡山市内の眼科医であるこ

代々医家として続いた山本家。鼎もこの地から医学修行に旅立った（美作市福本）

とがわかり、連絡を取りましたが、残念ながら文献資料は残っておらず、鼎の人物像や地域での医療活動については全く不明でした。

さて、山本家が代々医家を生業としていたことは、墓碑銘によってわかります。鼎は字を玉鉱、号は孝英といい、弘化四年（一八四七）三月十六日に享年五十一で歿しています。戒名は「仁山院寶鼎玉鉱居士」。父は孝秀、母は臼井氏。妻「きの」は美作勝山藩士鳩山孝茂の娘で、慶応二年（一八六六）十一月十三日に享年六十九で歿しました。戒名は「鳩山院宝臺暉濃大姉」です。

次に上山村の高坂大造ですが、福本から県道四一四号線を三重塔で知られる長福寺方面に進み、渕尾川に沿ってさらに南下すると、やがて和気町との境界線あたりに行き着きます。その山峡の集落が渕尾です。

この地の有力地主だった高坂家の分家筋に生まれた大造は、通称を左膳、諱を昌剛といいました。『和気郡誌』によれば、幕末から明治にかけて備前国和気郡日笠村（岡山県和気郡和気町日笠）で開業していたとあります。日笠村に出る以前は渕尾で評判の高い医師だったようで、『和気の医療史』にも、「昔、渕尾に神経痛、リウマチの名医がいた」とか、「子供を診てもらうため、おんぶして上山によく行った」というような口伝が載っていました。

渕尾の山裾には、すでに無縁となった高坂家墓所が残っています。「如睡童女」と刻まれた墓を見ると、これは大造が華岡門から帰郷後に生まれた於加免（おかめ）の墓であり、文政十年（一八二七）正月二十一日に二歳で歿しました。大造にとっては胸を引き裂かれるような耐え難い出来事だったでしょう。その六年後の天保四年（一八三三）六月十九日には、今度は妻が先立ってしまったことが墓碑銘からわかります。のちに大造が住み慣れた渕尾を離れるに至った背景には、こうした苦悩があったのではないかと推察されます。

高坂大造の墓（左）と妻の墓（美作市上山）

時代は容赦なく幕末から明治へと推移しました。やがて年老い、死の淵に臨んだ大造の最後の望みは、妻娘が眠る渕尾に埋葬されることだったに違いありません。大造は明治五年（一八七二）四月五日、享年七十五で歿しました。戒名は「拝南院四方工滎居士」。墓石の裏側には「花散（はなちる）や嵐于連留（あらしつらなる）死出の旅」という辞世の句が刻まれています。

8

横山廉造

——山田方谷門下を経て華岡門へ

出雲街道沿いの岡山県真庭市美甘（みかも）は、かつては踏鞴（たたら）製鉄や木地などの生産が盛んで、江戸時代中期からは物資の集散地となり、のちに宿場町として栄えたところです。

文政十一年（一八二八）、この地で庄屋を務めていた横山平右衛門篤興の末男として生まれた横山廉造（れんぞう）（字は輔叔・号は香杏）もまた、各地の有名塾で西洋医学の修行を重ねた一人です。

幼少期から学問を好んだ廉造は、天保十三年（一八四二）に十五歳で備中松山藩（岡山県高梁市）の儒者山田方谷（やまだほうこく）に入門して、四年

晩年の横山廉造（真庭市所蔵）

間の儒学修行を積むことになります。のちに親の命に従って医学を志し、備前国邑久郡牛文村（岡山県瀬戸内市長船町牛文）の医家久山楽山のもとで五年あまり医術修行に専念しました。

二十一歳の時、医家だった伯父の靖民（福本屋）に請われて養子となりますが、嘉永二年（一八四九）に京都へ上り、蘭漢折衷派として高名な小石玄瑞に入門して内・外科を学んだといわれています。続けて大坂に下った廉造は、後藤松陰のもとで儒学や詩文を講究、さらに華岡流外科を学ぶために大坂分塾「合水堂」に入門しました。華岡門人録には「嘉永四年十月二十二日　真島郡美甘駅　横山廉造」とあります。

嘉永五年（一八五二）には帰郷して開業しますが、慶応二年（一八六六）、新たに診療所「香杏館」を築いて居を移しました。廉造が三十九歳の時のことです。有名塾で修行したその実力からか、同年、美作勝山藩（藩主三浦氏）から帯刀を許され、目見席に列せられています。明治以後も旧藩主夫人の治療にあたるなど、旧藩主三浦家からの信任も厚かったのです。また、天然痘予防のための種痘普及やコレラ予防にも努め、地域医療への貢献が認められて、岡山県から感謝状が贈られています。「廉造は偉い人で、病人を診察しても貧乏な人からはお金をもらわなかった」という古老の話が伝わっていることから、情に厚く人々に敬慕されていたことがわかります。

廉造の活躍は、医療だけに留まりませんでした。明治八年（一八七五）には多額の私財を寄付して請肄校の開校に尽力します。さらには、出雲街道の改修の必要性を国に請願し、沿道の住民と共に工事を促進するなど、地域の発展にも大きく貢献しました。

廉造が晩年を過ごした香杏館（真庭市美甘）

美甘の廉造宅には、晩年の山田方谷が湯原温泉での湯治の帰りにたびたび立ち寄っています。廉造もまた、小阪部（岡山県新見市大佐小阪部）にあった方谷の寓居をたびたび訪ねました。方谷は嘉永二年（一八四九）、藩政改革を断行して十万両の負債を償却しただけでなく、十万両の余財をなしたことで全国に知られた人物です。長州藩の久坂玄瑞や長岡藩の河井継之助などをはじめ、諸藩から教えを請う者が絶えなかったといわれています。方谷が病床に伏すようになると、廉造は往診や看病にあたり、恩師のために尽力しました。

明治十七年（一八八四）、廉造は享年五十七で歿しました。再婚した旧鶴田藩士保岡勝義の妹久子との間には、まだ幼い幹也と直也が残されました。二人に宛てた遺言には、「お前たちが初期学習を卒業したうえは、必ず儒学に入り、漢籍や詩文を学びなさい。その後は洋学に入り医術なり、法律なり、兵法なり、工芸なり、自分たちの好きな道に進みなさい。勉強に精を出し、必ず目的を達しなさい」と書かれていました。

仁木永祐

——医学・教育・政治で活躍

津山の市街地から県道三九四号線を北上し、市立中道（ちゅうどう）中学校の前を過ぎると、やがて大規模農道へと突きあたります。このあたりは籾保（もみほ）という地名ですが、明治五年（一八七二）までは籾山（もみやま）村といっていました。幕末から明治にかけて医師・教育者・地方政治家として活躍した仁木永祐（にきえいすけ）は、この村を拠点に活躍した人物です。

大規模農道からは、永祐の業績を刻んだ市内でも最大級の顕彰碑が建っているのが見えます。これは大正十五年（一九二六）に友人や門弟たちによって建てられたもの

仁木永祐肖像（津山洋学資料館・仁木家寄託資料）

ですが、その篆額は時の元老西園寺公望が揮毫したものです。

永祐は文政十三年（一八三〇）に美作国東北条郡下津川村（津山市加茂町下津川）の庄屋だった豊田伊兵衛の四男として生まれました。弘化三年（一八四六）、津山藩医村山春庵について漢方や外科を学び、嘉永元年（一八四八）に同国東南条郡籾山村（津山市籾保）の医師仁木隆助の長女たけと結婚。同年、江戸に遊学して、津山藩医で蘭学者の箕作阮甫や宇田川興斎に蘭方を、また昌谷精渓に漢学を学ぶこと四年、無事に帰郷しました。その遊学中、妻は産後の肥立ちが悪く、子と共に死去したため、分家仁木梅太郎の次女佳津と再婚して隆助の養子となりました。

養父の医業を助ける傍ら、津山藩儒者の大村桐陽に入門するなど勉学に熱心でしたが、さらに嘉永六年（一八五三）、大坂の後藤松陰に入門して漢学を修めています。ちょうどその頃、来航していたプチャーチン率いるロシア艦隊が、大坂湾の天保山沖に停泊しているのを見聞した永祐が、その様子を知らせた隆助宛ての手紙が残されています。

安政二年（一八五五）に大坂遊学から帰郷した永祐は、私塾を開くと共に医業にも専念していましたが、万延元年（一八六〇）に津山藩から学舎を建てることを許され、籾山黌を創設しています。校名は次第に近郷にも知られることとなり、多くの子弟が集まりました。その中には、のちに麒麟麦酒（キリンビール）創設にも関わる米井源治郎などもいました。

維新後の明治十三年（一八八〇）には岡山県議会議員に選出され、十五年（一八八二）に民権論が起こった際には中島衛らと協力して美作自由党を結成。国会開設前の明治二十二年（一八八九）には、主張に大異がないのに民権主義者たちが分立しそうになったため、立石岐（たていしちまた）、加藤平四郎らと共に上京して、政党間の調停に奔走したことから「美作板垣」（美作の板垣退助）と評されたといわれています。明治三十五年（一九〇二）に享年七十三で歿しました。

さて、文久三年（一八六三）、かつて江戸で学んだ宇田川興斎が、藩命によって国元津山に引っ越し、北町三枚橋西に住むことになりました。永祐にとって師の転居はなによりの喜びだったようで、たびたび興斎の屋敷を訪ねています。明治五年（一八七二）、興斎は再び東京に移りましたが、永祐との別れに際し、日常愛用していた「経絡（けいらく）人形」一対と「薬箪笥（くすりたんす）」を決別の意を込めて永祐に残しています。薬箪笥の裏には「宇田川先生之留別（りゅうべつ）」（「留別」とは旅立つ人が残る人に別れを告げて離別を惜しむこと）とあるところをみると、この贈り物は永祐にとってとても大切なものだったようです。

籾保に建つ仁木永祐顕彰碑

第八章 津山と種痘

1 種痘、津山に伝わる

――天然痘根絶へ①

江戸時代後期から明治時代初期にかけて、「種痘（予防接種）を済ませていない子は、自分の子と思うな」といわれたほど、天然痘は人々にとって恐ろしい伝染病でした。ウィルスによって起こり、感染性が強くて死亡率が高く、高熱を発し、悪寒・頭痛・腰痛を伴い、解熱後に発疹を生じ、永久に

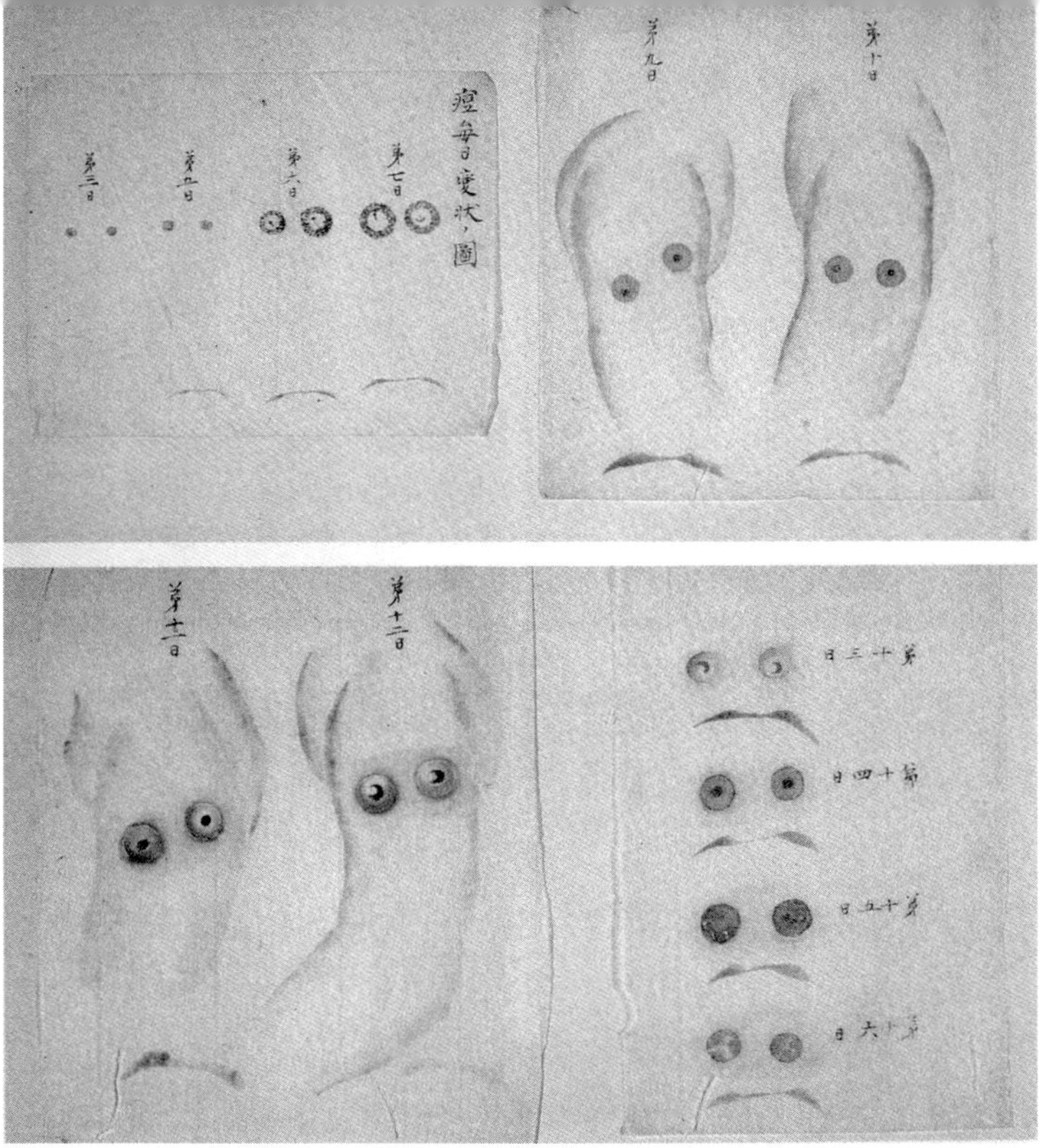

牛痘種痘法が伝わる以前に、津山藩医宇田川榕菴が牛痘種痘後の発痘経過について翻訳記録した図（武田科学振興財団杏雨書屋所蔵）

痘痕（あばた）が残ります。この天然痘について、歴史講座などでお話することもありますが、予防接種がなくなって久しい今日、若者の反応はすこぶる鈍く、ピンとこない様子です。

わが国の天然痘の歴史をひもとけば、すでに奈良時代の天平七年（七三五）に痘瘡（とうそう）（天然痘）が大流行したという記録があり、以後明治に至るまで百回にも及ぶ大小の流行を繰り返しています。明治九年（一八七六）の「天然痘予防規則」によって種痘が義務づけられ、明治十八年（一八八五）に「種痘規則」、明治四十二年（一九〇九）に「種痘法」、昭和二十三年（一九四八）に「予防接種法」が公布され、昭和三十一年（一九五六）以降は日本での自然発生は見られなくなり、昭和五十一年（一九七六）に定期種痘は停止されました。

そしてついに昭和五十五年（一九八〇）、世界保健機関（WHO）は総会で「世界天然痘根絶」を宣言しました。有史以前から人類を脅かし続けてきた天然痘は、人間の知恵と努力によって事実上絶滅したのです。

さて、ここで予防法の変遷についてかいつまんでみましょう。古来より「人痘種痘法」と呼ばれる予防接種が行われていました。これは皮膚に小刀で小さな傷をつくり、天然痘感染者のかさぶたや漿（膿のこと）を薄めたものを擦り込み、免疫を高める方法です。もともとインドからトルコ経由でヨーロッパへ、また中国経由でやがて日本にも伝わり、江戸時代中期から一部の医家たちによって試されていました。身近な例を挙げれば、シーボルトの高弟として知られる美作勝山藩医石井宗謙が、天保十二年（一八四一）から嘉永元年（一八四八）にかけて、備中浅尾藩医杉生革斎の子女に人痘を接種しました。さらには、のちに牛痘種痘を広めることになる備中足守藩医緒方洪庵も当初は姪に人痘種痘を試しています。しかし、いかんせんこの方法は死亡率が高く、リスクを伴います。前出の石井宗謙の例では、一人が死亡したことが記録に残っています。

これに対し、イギリス人医師エドワード・ジェンナー（Edward Jenner 一七四九～一八二三）によって一七九六年に発見された「牛痘種痘法」は画期的でした。ジェンナーは、牛の乳搾りをする女性が天然痘に罹らないことに着目し、女性の手に感染した牛痘（牛の天然痘）を少年に接種、そして再度少年に天然痘感染者の膿疱痘漿を接種することを試みました。その結果、予想通りに感染しなかったことから、「牛痘の接種は健康人に対して接種局部に膿疱を起こすのみで、自然に流行する人の天然痘に対しては強い免疫力を与える」ことを発見したのでした。

この画期的な方法が日本に伝わったのは、それから半世紀を経た嘉永二年（一八四九）七月のことで、オランダ船によって痘苗が長崎出島のオランダ商館医モーニッケのもとに届いてからです。その後、種痘は驚くべき速さで全国に広がりをみせますが、七ヵ月後の嘉永三年二月、津山でも「種痘勧誘」のチラシが配られることになるのです。

初めて少年に牛痘種痘を試みるジェンナーの
大理石像（パラゾ・ビアンコ博物館所蔵）

2

緒方洪庵、国元足守で種痘を開始

——天然痘根絶へ②

津山における種痘の実施に話を進める前に、まず岡山へはいつ、どのように種痘が持ち込まれたのかについて触れておきましょう。

肥前佐賀藩主鍋島直正は、侍医伊東玄朴の建言により、弘化二年（一八四五）以来、出島の出入医だった楢林宗建に命じて、オランダ商館長レフィスゾーンに痘苗の輸入を依頼しました。以後、痘漿（膿汁）の輸入を何度か試みましたが、航海中に牛痘ウィルスが死滅し、子供に接種しても発痘力をすでに失っていたのです。

そこで嘉永二年（一八四九）七月、オランダ商館医モーニッケが痘痂（かさぶたのこと）の形で輸入を試みたところ、オランダ船はバタビア（インドネシアのジャカルタ）から無事に届けることに成功しました。この痘苗（痘痂）を楢林宗建は、オランダ通詞の子供に接種、続けて、佐賀藩侍医大石良英によって藩主の世子淳一郎（当時四歳）に接種されることになります。当時は途絶えることなく、子供から子供へ接種しながら進めることが肝要でした。

さらに痘苗は、唐通詞の頴川四郎左衛門の仲立ちによって京都の医師日野鼎斎へ譲られ、これによ

金川の難波抱節が著した『散花新書』に所載された、当時の種痘の様子

って京都除痘館（じょとうかん）が設立されました。また、鼎斎を助けるために福井から駆けつけていた越前福井藩蘭方医の笠原良策（かさはらりょうさく）から、十一月に痘苗を入手したのが大坂適塾（てきじゅく）の緒方洪庵（おがたこうあん）です。洪庵は古手町（大阪市中央区道修町（どしょうまち））に大坂除痘館を設立し、本格的に種痘事業を開始することになりますが、それは決して順調なものではなかったといわれています。洪庵の残した『除痘館記録』によれば「種痘を勧めようとしても、世間には悪説が広まり、牛痘法は効果がないだけでなく、かえって子供に害があるといい、誰もがこれを信じてしまった。そういうことでやむを得ず、米銭を費やして、一回ごとに四～五人の貧児を雇い、また四方をかけ回って説明しては、これを勧め、辛うじて綿々その痘苗を連続させること三～四年、ようやくにして信用されるようになった」と書かれています。牛痘だけに、これを接種すれば「角が生える」と噂されたのです。しかし洪庵は、「こ

足守川に架かる葵橋を東に渡ったあたりに除痘館があったとされる（岡山市北区足守）

れは、ただ仁術として行うのみ。世の中のために新しい方法を広めることなので、先々僅かな謝金を得ることがあっても、それぞれが自分の利とせず、さらに仁術を行うための糧とする事を第一の規定とする」という、実に高潔な目標を掲げています。

翌嘉永三年（一八五〇）正月、備中足守藩主木下利恭は藩内で種痘を行わせるため、藩医洪庵を足守に呼び寄せました。洪庵は二人の痘児（牛痘に感染した子）と弟子の守屋庸庵、西有慶、菊池秋坪（のち箕作秋坪）らを伴い、瀬戸内海を通って、旭川を遡り、岡山を経由して足守に到着しました。直ちに同行した痘児から、洪庵の兄の子羊五郎（五歳）に接種し、成功しました。次いで藩主は「まず第一に自分の子供から種痘を始めよ」との命を下し、除痘館を設け、大いに種痘を奨励したのです。藩内はいうまでもなく、情報を知った近傍の他領民も、子供を連れて集まり、正月下旬から三月までに約千五百人が接種を済ませたといわれています。

足守除痘館跡に残る井戸石

この種痘事業には洪庵の門下生をはじめ、多くの医家が手助けに駆けつけました。そこで種痘を体得し、帰郷の時に痘苗を分与された彼らは、再び各地に散って種痘を広めることになるのです。金川（岡山市北区御津金川）の難波抱節もその一人ですが、当然その中には津山藩医も含まれていました。

3

種痘啓蒙のチラシを配布

——天然痘根絶へ③

前項は、備中足守(あしもり)藩で緒方洪(おがたこう)庵(あん)が実施した種(しゅ)痘(とう)について述べました。ここでは、その時に洪庵から痘苗(びょうとう)を譲り受け、津山で最初に種痘を試みた医師を追求してみます。それを解く鍵と

寿光寺に眠る野上玄博の墓碑

なるのが、日笠家（津山市種）に伝わる「種痘啓蒙引札」（種痘を呼びかけるチラシ）です。

原文のまま、以下に紹介します。

> 去年西洋より伝来の痘苗ハ従来の種痘と違ひ、唯左右の臑に種て、小児ハ三四顆、大人ハ二十顆許、其部にのミ痘疱を発せしめ、顔ハ勿論総身ニハ一点も出さず。熱も格別起さず。見點。起脹。灌膿。結痂。大抵尋常のほうそうのごとくに遂終り、再び自然痘を感ざる事決して間違なき霊妙不思議の療法にして、已に長崎ハ勿論のこと、肥前佐嘉、長州萩、越前福井、備中足守等にてハ官府より命令を下し、数千人に種、京都大坂にてハ除痘館を開キ、数百人に種て其確実なることを試したるなり。此法は原来英吉利国にて寛政年中の頃イヽンネル（Jenner ジェンナーのこと）といふ人始て発明し、当今ニいたる迄六十年来数百万人に施し行ひしに、其後疱瘡せしもの一人もなしといふ。唐土（中国のこと）にてハ澳門（マカオのこと）といふ処にて、邱洪川といふ人始て此法を伝へ受て、数千人に行ひしに、西洋人のいふに毫も差ハずして、引痘新法全書といふ書を著ハせり。実ニ往古より疱瘡にて死亡者幾億万人といふ数をしらず。たとひ免死者も醜態となりて、生涯を送ること嘆敷の至りならずや。故に普く諸人をすくはんため、此度有故て大坂緒方氏より右の痘苗を乞求め種痘療法を相弘め申ものなり。
>
> 嘉永三年戌二月　津山野上氏

要するに、民衆に種痘を受けるよう、その伝来と効果や安全性を謳ったチラシで、このことから津山で種痘が開始されたのは嘉永三年（一八五〇）二月以降ということになります。

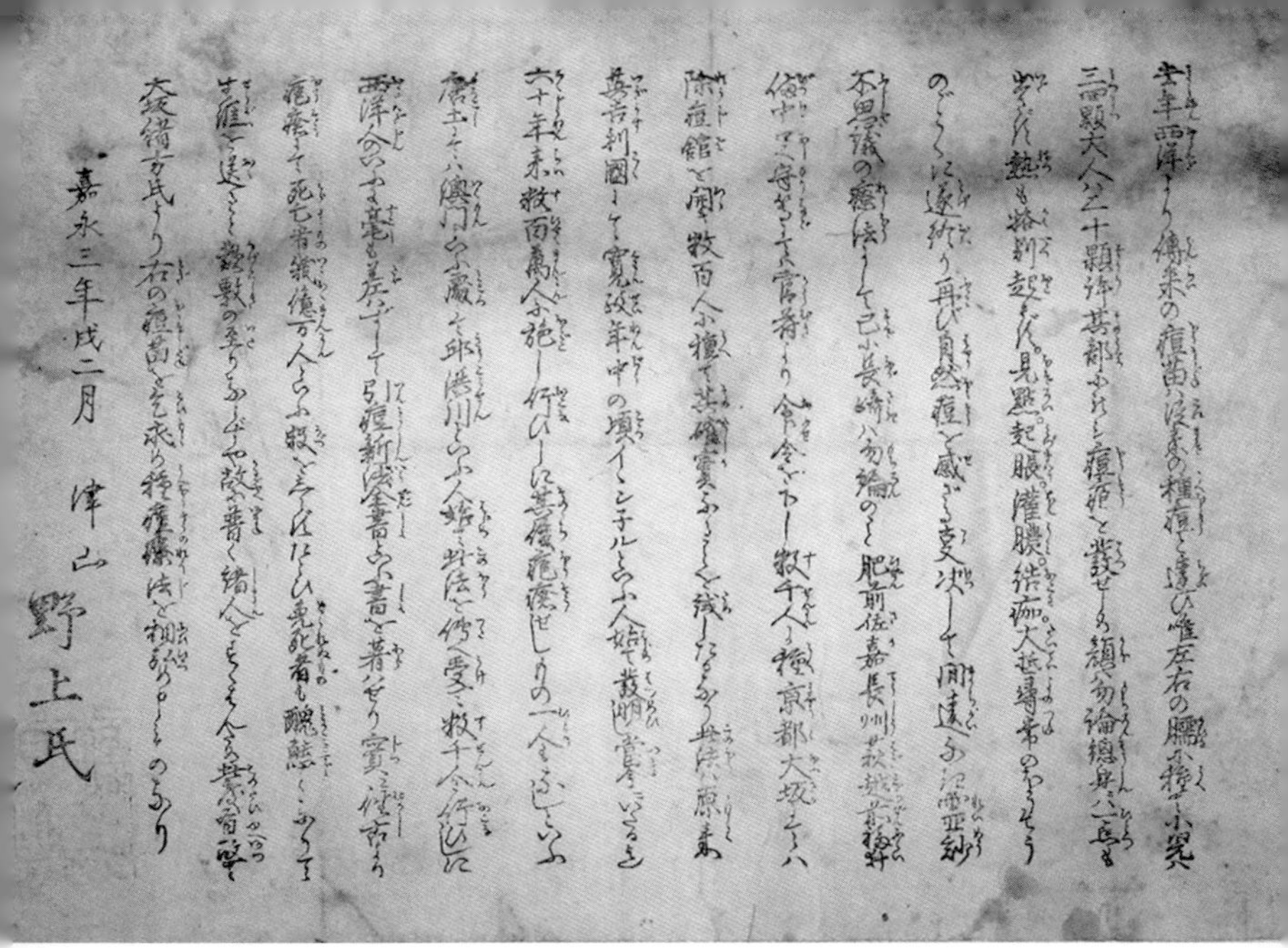

津山市種の日笠家に伝わる「種痘啓蒙引札」（津山洋学資料館・日笠家寄託資料）

この引札の文面は、嘉永二年（一八四九）十一月に大坂除痘館で発行された種痘啓蒙引札に酷似していることから、野上氏なる医師がこの原文を入手し、それに加筆して印刷したと思われます。

さて、「野上氏」についてですが、津山藩文書の「勤書」によれば、文化二年（一八〇五）以来、産科の藩医として野上玄養の名が散見されます。その嫡男で文政三年（一八二〇）から家督を相続した玄博。その姉で産科医の寿美。さらに寿美の養子となって玄博の娘と婚姻し、江戸で産科修業をしたあとに帰郷して別家となった玄雄（備前岡山藩家中桜木権平の次男）。そして玄博の嫡男琢磨（嘉永六年〔一八五三〕、玄瑞に改名）も長崎や江戸で産科を学んだのち帰藩しています。野上家は、まさに産科を旨とした津山藩医の一家でした。

『津山市史』では、万延元年（一八六〇）、玄瑞と玄雄が、津山藩医丸尾玄俊や久原洪哉と共に、藩に対して「種痘所設立願」を上申したことには触れていますが、「種痘啓蒙引札」の「野上氏」が誰かということについては言及していません。

嘉永三年二月に引札が配布されたということは、嘉永五年（一八五二）十一月に脚気の悪化によって死去した玄瑞の父玄博の可能性もまた否定できません。しかし、大坂除痘館からの分苗先を記録した『他所分苗所』の安政七年（一八六〇）二月の箇所に、玄博の死後八年が経っているにもかかわらず「作州津山野上玄博」とあるのは不可解です。

玄博は箕作阮甫とも親交があったことは史料によって明白であり、また阮甫と緒方洪庵は同じ宇田川玄真門下として交流がありました。そのような人脈から、足守で洪庵から分苗を受けた「野上氏」とは玄博だと思われます。そうだとすれば、玄瑞らが再度大坂からの分苗を願い出る際、都合上亡父の名を使ったのではないかと思われますが、真相は定かではありません。

野上家の菩提寺は津山市西寺町の寿光寺です。夕日に映える紅柄色の山門をくぐり、本堂の裏手に回れば、玄博、玄瑞、玄雄らが、寄り添うように静かに眠っています。

4

譲り受けた痘苗

——緒方洪庵から野上玄博へ

平成十八年（二〇〇六）、新たな史料が発見されました。それは、嘉永三年（一八五〇）正月から、足守除痘館で天然痘予防のための種痘を開始していた緒方洪庵が、津山藩医の野上玄博に痘苗を分け与えた時の「分苗免状」です。

幕末頃、伝染病である天然痘を効果的に予防する牛痘種痘が瞬く間に全国に広がりました。優れた洋学者を多数抱える津山では、

野上玄博に痘苗を譲った緒方洪庵の像（岡山市北区足守）

他地域に先駆けて、いち早く実施されています。しかし、「一体誰がいつ頃、痘苗を津山に持ち込んだのか?」という点については、解明できていなかったのです。この史料の新発見によって、美作地方における種痘事業の開始と展開が解明できたのです。

さっそく史料を読んでみましょう。

此度牛痘種法、於作州津山被相弘度旨被申立、令分苗候、真仮鑑定之口訣等被得其意、仁術之本意を守り疎漏無之様可被心得、且痘苗永続之工夫所希候、以上、

足守
除痘館
緒方洪庵
章(花押)

嘉永三年
庚戌二月
野上玄博殿

意味としては、「このたび、牛痘種痘法を作州津山に広めたいとのご希望につき、分苗することにします。接種が真痘か仮痘かを鑑定する口伝などをよく理解して、仁術の心で手抜かりのないように心掛け、かつ痘苗が絶えてしまわないよう工夫してほしい」と、いうことになります。鑑定の結果、緒方洪庵の花押(書判)も誠に美しいものであり、間違いない一点とのことでした。

この史料の所在がわかったのは、横浜市在住の野上祐介氏から「私は津山藩医野上家の子孫にあたる者で、偶然、浅井先生の論文を目にする機会があり、当家に受け継がれたわずかな品の中に、論文

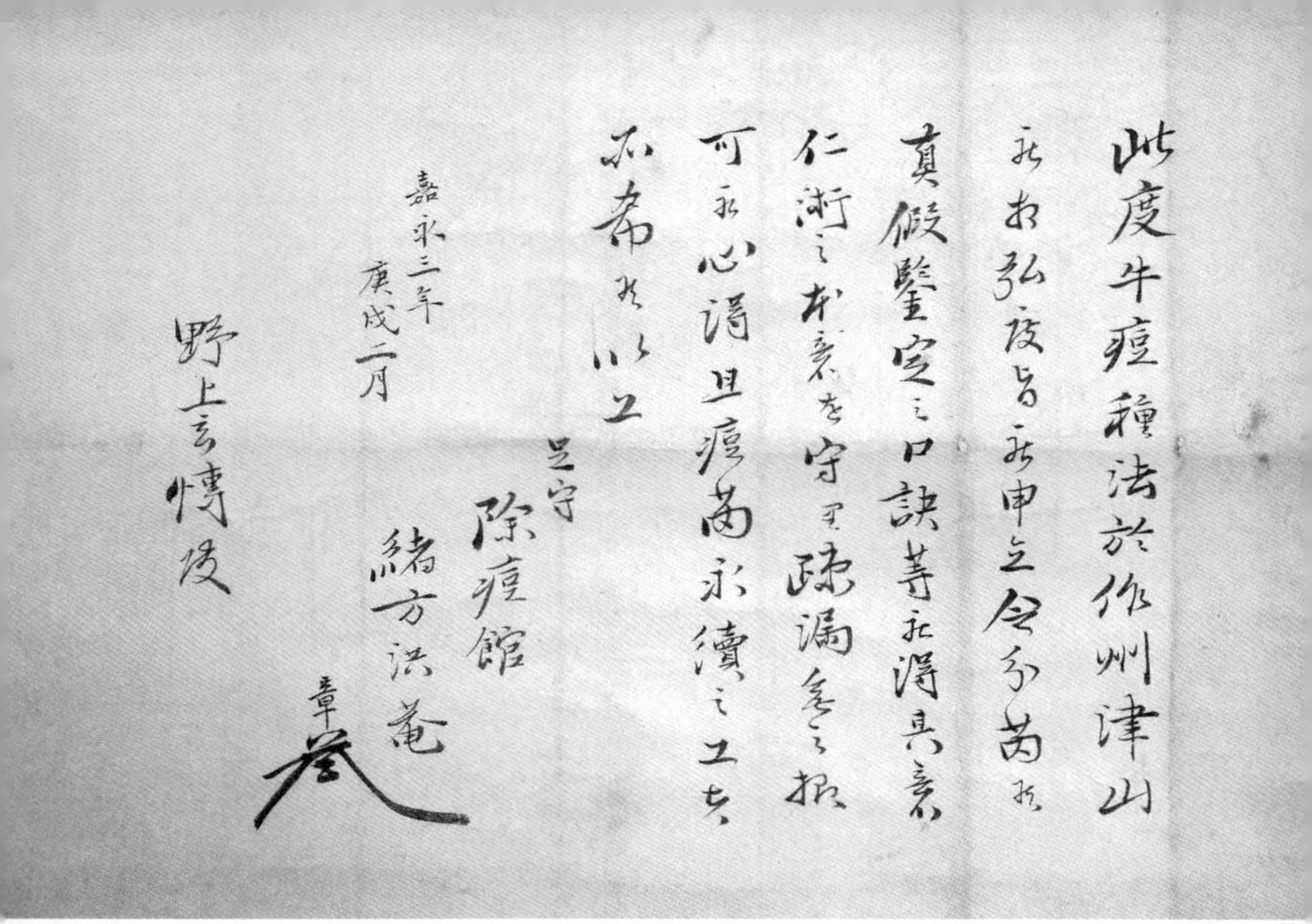
此度牛痘種法於作州津山
致御弘度旨致申立令分苗候
真假鑑定之口訣等致得其意
仁術之本意を守リ疎漏無之様
可致心得且痘苗致續之工夫
不希候以上
嘉永三年
庚戌二月
足守
除痘館
緒方洪庵
章（花押）
野上玄博殿

野上家から発見された「分苗免状」（野上祐介氏所蔵）

を裏付けるかも知れない史料があるので、浅井氏の連絡先を教えて欲しい」というメールと画像が津山洋学資料館に送信されてきたことに始まります。

浅井論文というのは、「津山における種痘受容と野上玄博」と題された、堺女子短期大学教授浅井允晶氏の論考を指し、恩師、故有坂隆道氏（関西大学名誉教授）の古希記念にまとめられた『日本文化史論集』（平成三年刊）に収録されています。内容は「足守藩主の命で緒方洪庵が国元で種痘を行った際、津山で種痘を行うため、足守から痘苗を最初に持ち帰ったのが津山藩医野上玄博ではなかったかと、さまざまな史料をもとに推考」されたものです。論文の付記に津山で調査をした際の協力者として津山洋学資料館の名があったため、問い合わせられたとのことでした。

難波抱節夫妻の墓所

この「分苗免状」と全く同じ内容のものが、『名医難波抱節先生』（森紀久男著、昭和十六年〔一九四一〕刊）に紹介されています。金川（岡山市北区御津金川）の医家難波抱節が、緒方洪庵から痘苗を分与される際に渡されたもので、これも嘉永三年（一八五〇）二月付けですので、足守から金川・津山へは、ほぼ同時期に痘苗が渡ったことになります。免状の比較を試みようと思い、この史料の所在をあたってみましたが、岡山空襲の際に焼失したとの話もあり、もしそうであれば、発見された「分苗免状」は岡山県内では唯一のものとなります。

それにしても、論文発表から十五年の歳月が経過していたにもかかわらず、これが契機となって、百五十六年ぶりの貴重史料の発見に繋がったことは驚きです。

5

種痘の普及に活躍した原村元貞

津山市街地から車で県道四二九号線を東進すること十五分、やがて木造校舎が珍しい元古吉野小学校（現在は「なのはなファミリー」）の見える勝田郡勝央町石生に至ります。幕末から明治期にかけて産科・小児科を専門とし、天然痘予防の種痘普及に活躍した原村元貞は、この地の出身です。

文政十一年（一八二八）、美作国勝北郡石生村の医師原村秀達の長男として生まれた元貞は、最初津山藩医野上玄同について刀圭（医術）を習っていましたが、十五歳になった天保十四年（一八四三）に江戸へ上り、箕作阮甫や竹内玄同に蘭学や外科を学び、さらに大槻俊斎のもとで小児

原村玄貞肖像（津山洋学資料館・原村家寄託資料）

科を修めました。
原村家は、元貞の祖父貞輔の代から漢方医を開業し、その傍ら寺子屋「博愛堂」を開いて地域教育にも尽くしていました。当時、村の医師が寺子屋を経営することは、医業だけでは生計が立たなかったからであり、珍しいことではありません。二代目秀達も医業を継ぎましたが、不幸にも父貞輔よりも一年早い嘉永二年（一八四九）に他界したため、元貞は急遽江戸から帰郷して医家を継いだといわれています。

さて、医業においては「済衆堂」という別称を使って地域治療にあたったようですが、残されたカルテには漢方薬に混じって「セメンシーナ」（回虫駆除剤）、「キナ」（解熱・強壮剤）などの薬品も見られます。薬は津山の秋田屋、因幡（鳥取県）の熊膽屋、美作国勝北郡福井村の薬種屋、同国勝南郡勝間田村の薬種屋などから購入し、約十倍の価格で患者の負担となりました。ただし、入金状況を見ると大半が未収金です。村人の現状を知り「医は仁術」とか「生民広済」（広く民衆を救済すること）などを肝に銘じた医師の生活は、決して楽なものではなかったようです。

その元貞から、美作国英田郡海田村（美作市海田）の開業医で、華岡流外科を習得した山田純造に宛てた手紙が残っています。そこには、「隣村八日市の藤五郎の孫が脚の痛みを訴えたので、痛み止めの手当をしましたが薬の効果がなく、やがて膿でただれ、そのまま延び延びになり、今もって治る様子がありません。昨年暮れより、あなたの医院で診察していただくよう患者によくいっておいたのですが、そのままになっているとのこと。そういうことで、今般お伺いして、あなたのご在宅の折に

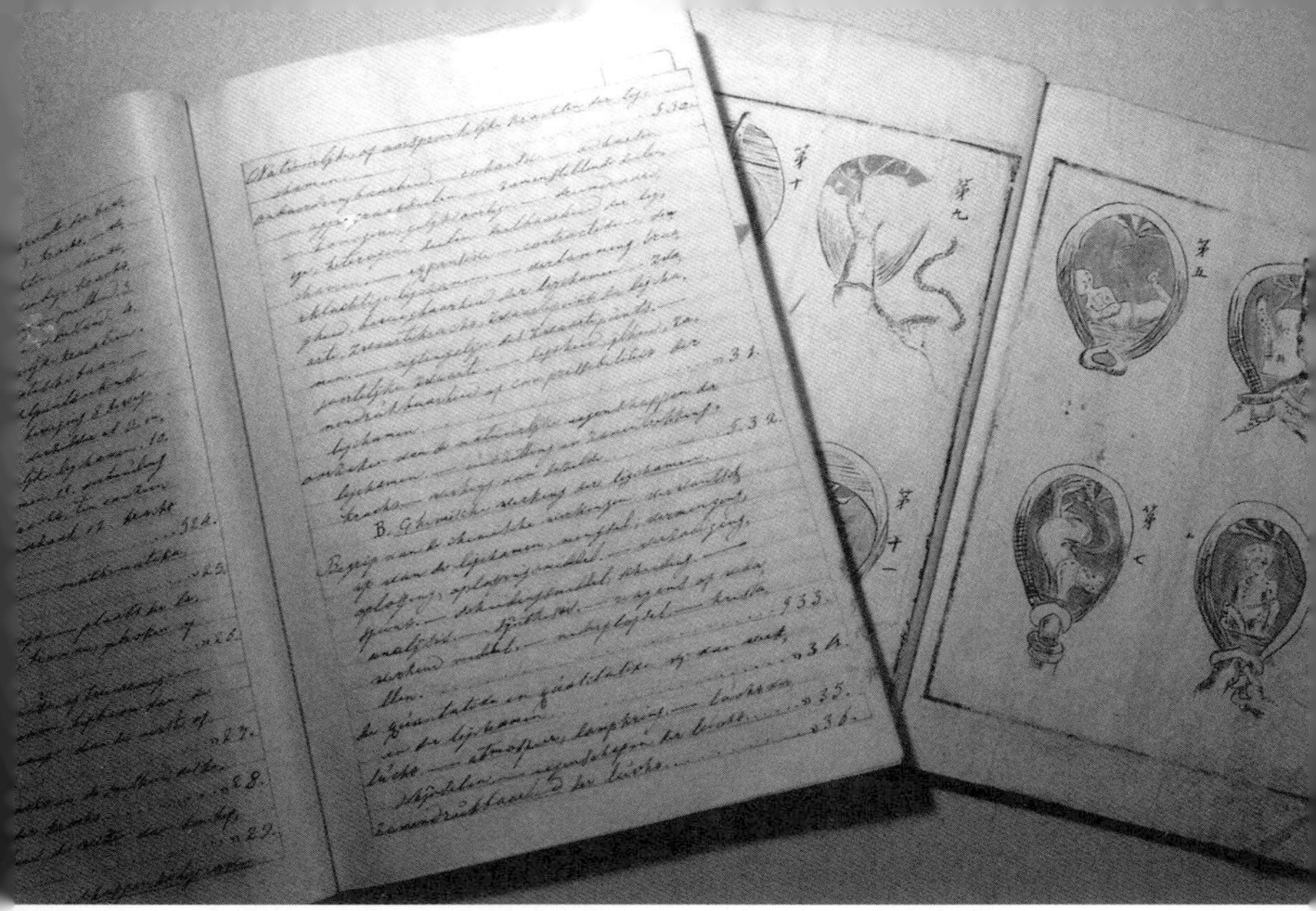

原村家に残る物理学の写本や産科書（津山洋学資料館・原村家寄託資料）

患者を連れて参りたいと思いますので、ご診察のうえ、よい知恵を授けていただきますと共に、薬をいただきたく、伏してお願い申し上げます」と書かれていました。

石生から海田への道のりは直線距離にして約三里（十二キロ）はあります。脚の悪い患者を引き連れ、「仙巖堂（せんげんどう）」（山田純造の医院）への坂道を登っていく様子を思い浮かべる時、真面目でひたむきな元貞の、医者としての姿勢を強く感じるのです。

6

華岡流外科を学び活躍した山田純造

文化元年（一八〇四）、麻酔を用いて乳がん摘出手術を成功させた紀州の蘭漢折衷医華岡青州の評判は瞬く間に広まり、全国から入門希望者が集まりました。門人録で美作関係者をあたると、実に三十七人を数えることができます。

物情騒然とした幕末、一人の若者が大坂の「合水堂」（青州の実弟鹿城が今の大阪市中之島あたりで開設）の門を叩きました。門人録には「安政三年四月、英田郡海田邨、山田淳造」（墓石には「純造」とあるので、以後は純造とします）とあります。

海田村（美作市海田）といえば、お茶の産地として知られた山間の地ですが、山田家は代々この

晩年の山田純造（津山洋学資料館・山田家寄託資料）

地の医家であり、純造は医家初代影右衛門から数えて六代目にあたります。医院を「仙巌堂」と命名した四代目宗伯（純造の祖父）へ、勝北郡豊久田村（岡山県勝田郡勝央町豊久田）の漢学者佐々木雪峰が贈った詩文によれば、「この海田という深山幽谷の地に、薬を求める者や治療を請う者が雲萃（雲が湧くように集まること）し、蟻のように列をなした」とあることから、医家としての評判は純造の祖父の代から高かったようです。

純造の父俊民は三男に恵まれ、長男が純造、次男が謙輔、三男が俊平です。彼らはそれぞれ備前岡山藩家老日置家の侍医だった金川村（岡山市北区御津金川）の難波抱節に師事していますが、のちに純造が合水堂で学ぶことになったのは、師の抱節が文化十一年（一八一四）に青洲門（紀州の塾「春林軒」）で修行していたことによるものと思われます。

そういうわけで、山田家には華岡流外科に関する「乳巌図」や『春林軒膏方便覧』などの写本類や、肖像画「華岡青洲座像」などが伝わっています（現在は津山洋学資料館寄託資料）。

華岡に入門した純造は、同時に徂徠学で有名な藤沢東畡が大坂で開いた塾「泊園書院」にも入門していますが、華岡家と藤沢家は親しい関係にあったため、純造も何らかの紹介を得ることに成功したのかもしれません。山田家には、東畡の子で父の跡を継いだ南岳とやりとりした手紙や、南摩綱紀（明治の教育者。杉田成卿や石井密太郎に洋学を学んだ）との親交を示す手紙も残されています。

さて、帰郷した純造のその後ですが、外科医として地域医療に活躍すると共に、天然痘予防の種痘普及にも努めています。

患者が列をなした山田家の門前

難波立原（りゅうげん）（抱節の長男経直が抱節の名、立原を襲名した）が明治九年（一八七六）に刊行した『種痘伝習録（しゅとうでんしゅうろく）』中の岡山県救助種痘医名簿によれば、内・外科医で種痘料を受けとらない好生（仁心の徳がある）の医師として、備前百十名、備中三十六名、そして美作からは三十四名「合田剛・山田純造・小野謙平・俣野蔀・山田謙輔・山田俊平・小野元達・神田清治・堀尚賢・堀俊三・一柳玄鑑・柳萬壽夫・岡部玄隆・福原志雄・山口丹下・甲田猶夫・中山順道・万袋岷平・池田泰安・藤田淳造・佐々木兵馬・有本隆策・中嶋得玄・三宅良策・原村元貞・豊永原瑞・岸本周益・大町謙斎・岸本理之助・甲田雄平・赤木文哉・杉山玄道・河本秀敬・渡邉玄厚」を挙げていますが、ご覧のように山田家三兄弟も名を連ねているのです。

第九章

最後の津山藩医たち

1

津山藩最後の藩医芳村杏斎

幕末から明治期にかけて、来日したオランダ人医師のポンペやボードウィンに近代医学を学び、津山藩最後の藩医となった芳村杏斎（よしむらきょうさい）について紹介しておきましょう。

杏斎は、美作国大庭（おおば）郡上福田（かみふくだ）村（岡山県真庭市蒜山（ひるぜん）上福田）の医師芳村泰治の長男として、天保七年

（一八三六）に生まれました。芳村家は代々この地の医家でした。

杏斎の略歴については、津山市小田中の丘陵にある墓石に刻まれた墓誌から読み取ることができます。墓誌は杏斎の実弟正秉が撰したものですが、正秉自身も最初は医学を志し、基礎教養を儒者の山田方谷と丸川松隠について学んでいます。しかし、播磨林田藩の尊王家だった河野鐵兜に入門したのちは尊攘運動に加わり、維新後は神習教の開祖となっています。

晩年の芳村杏斎（津山洋学資料館所蔵）

　さて、その墓誌によると杏斎は若くして江戸に遊び、高名な儒学者昌谷精渓や藤森弘庵のもとで学んだとあります。続いて、美濃の高名な蘭方医で大垣藩医の江馬天江・春齢に内科を、また船曳紋吉なる人物に産科を学んでいます。さらに、華岡南洋（華岡青洲の養子）について瘍科（外科）を学んだとあります。

江馬家と華岡家の門人録を調べてみると、江馬家門人録には「万延元年（一八六〇）四月十五日　作州大庭郡上福田邨　芳村快庵」とありますので、どうも元益（四代目春齢）に入門して内科を学んだようです。また、華岡門人録には「安政四年（一八五七）四月二十五日　大庭郡上福田邑　芳村杏斎」と、確かにその名を見つけることができます。入門年月日から見れば、華岡入門後に江馬家に入門したことになり、墓誌の入門順序とは食い違います。とにかく幕末頃、二十歳を過ぎてから西洋医学を志したことはわかります。

ここまで有名塾で修行してきた杏斎でしたが、それに満足することなく、より高次な医学を身につけようと、文久元年（一八六一）には長崎に遊学し、日本最初の西洋式近代病院として知られた長崎養生所のオランダ人医師ポンペから近代医学を学んでいます。数年後、いったん郷里の上福田村に戻って開業したようですが、向学の念が強く、明治元年（一八六八）には上阪して、浪華仮病院（のち大阪府病院。大阪大学医学部の前身）で、オランダ人医師ボードウィンのもとで研鑽を積んだのでした。

そうした杏斎の経歴と実力は、次第に人の認めるところとなり、明治二年（一八六九）には津山藩医久原宗甫らに推挙されて、津山藩最後の藩医の一人として抜擢されることになるのです。

廃藩置県後、再度大阪府病院に戻った杏斎は、明治六年（一八七三）には副当直医に任命されて活躍しますが、激務によって体調を壊したため、同年末には津山に戻って城下の田町で開業し、名声を博したといわれています。

温厚寛大な人柄だった杏斎に、患者たちは「先生に一度でも診察してもらうことができれば、たとえ死んでも恨みません」といって診察を願ったそうです。そうした杏斎も、明治三十八年（一九〇五）六月十日、享年七十で歿しています。

芳村杏斎の墓碑（津山市小田中）

杏斎の足跡を物語る諸資料は、歿後に親交のあった旧津山基督教図書館（財団法人津山教育文化財団）に寄贈されていましたが、資料の性格上、津山洋学資料館での活用が好ましいと判断された森本信一館長から、平成二十二年（二〇一〇）二月に津山市に寄付され、今は津山洋学資料館に保管されています。こうした資料を閲覧するたびに、幕末から明治という激動の時代に、より高次の医学を目指し、粘り強く習得していった杏斎の姿勢には驚嘆させられるのです。

2

津山藩最後の藩医高山俊斎

本項では、芳村杏斎と共に、明治二年（一八六九）に津山藩最後の藩医の一人となった高山俊斎について紹介します。

天保三年（一八三二）、

長法寺にある高山俊斎の墓碑

宇那木藤右衛門の次男として美作国久米南条(くめなんじょう)郡井口(いぐち)村（津山市井口）に生まれた俊斎は、諱(いみな)を忠貫、字は泰道、号を石水といいました。俊斎は通称です。

藤右衛門は美作国東北条(とうほくじょう)郡横野(よこの)村（津山市横野）の高山氏の出ですが、宇那木氏に請われて娘亀子と婚姻し、養子となりました。二男三女（長女鶴子、次女は不詳、長男助次郎、次男俊斎、三女庫子）に恵まれますが、高山氏の跡継ぎが絶えたことから、俊斎が父の生家を継いで高山姓を名乗りました。ちなみに、津山藩士宇那木家を継いだ助次郎は、明治二十七年（一八九四）に一家をあげて北海道へ移住したといわれています。

さて、俊斎は早くから医学を志し、津山藩医野上玄博に師事しました。そして嘉永四年（一八五一）の十九歳の時、より高次の医学を求めて長崎へ出立することになるのです。

遊学当初、どこで学んでいたかは定かでありませんが、師玄博の子、琢磨の勤書に、嘉永五年（一八五二）十一月朔日付けで「産科修業のため長崎の吉雄洪作方へ二年間修業に出る」とあるので、俊斎も近い場所に居たのかもしれません。吉雄(よしお)洪作という人物については、阿蘭陀通詞(オランダつうじ)・蘭方医の名門吉雄家の一族と思われますが、該当する人物が見あたらず、詳細はわかりません。

俊斎は、長崎での修学に都合十八年間も費やしました。その間、津山藩の薬草買い付けに協力したり、オランダ人医師のポンペやボードウィン両氏にも接近して知遇を得ました。ポンペは安政四年（一八五七）に来日し、長崎海軍伝習所教官となり、文久元年（一八六一）、日本最初の西洋式近代病院「長崎養生所」を開設した人物です。また、ボードウィンは文久二年（一八六二）に来日し、ポンペの後

高山俊斎が学んだオランダ人医師ポンペ（長崎大学附属図書館所蔵）

任として、多くの医学生を育成した医師です。

明治二年（一八六九）五月、父が重篤との知らせが届き、俊斎は慌てて帰郷しましたが、臨終には間に合わなかったといわれています。その後は津山に留まって開業することになるのですが、後裔の口伝によると、大変に流行ったようで、「長崎から帰国して津山で開業した時は、門前に市ができるほどの繁盛振りだった」そうです。

津山藩の「国元日記」によれば、この年の冬十月十一日、俊斎は藩から突然医員として召されますが、それには理由がありました。

当時、藩主夫人（儀姫）が乳がんと診断され、担当医たちは最良の治療法を模索しており、事態は逼迫していました。そこで、長崎で近代医学を習得した俊斎の診断が必要となったのです。明治三年（一八七〇）二月三日付けで、「俊斎に藩主夫人の診察をさせるように」（「御家扶日記」）という藩医宇田川興斎と久原宗甫（洪哉）連名による伺いが許可されていることからも、俊斎への信頼ぶりがわかります。

しかし、こうした活躍の中、不幸は突然襲ってきました。長年の労がたたってか、肺疾（結核か）を患って次第に衰弱、ついに回復することなく明治三年六月十七日に永眠します。享年三十九でした。

俊斎の墓碑は、入梅の季節になると「あじさい寺」として話題にのぼる天台宗金光山長法寺（津山市井口）の本堂裏手に広がる墓地の一角に建っています。戒名は「保光院泰道義應居士」。墓前にたたずみ、長崎遊学を伝える墓碑銘を読むにつけ、そのあまりにも早すぎた死に何か人生の儚さを感じてしまうのです。

第十章 浜田藩医能勢家の人々

1 能勢道仙①
——開城で浜田から美作へと敗走

幕末から明治という時代の潮流に翻弄されながらも、一寒村で逞しく生き抜いた不遇の医師能勢道仙（のせどうせん）について述べておきます。

津山市街地から県道津山柵原（やなはら）線に沿って約十キロほど南下、吉井（よしい）川に架かる羽仁（はに）橋を渡ると岡山県

晩年の能勢道仙（能勢協氏所蔵）

久米郡美咲町羽仁に至ります。ここから乙和気川沿いに東進すること約一キロ、やがて僅かばかりの集落が見える小丘に行き着きます。能勢道仙の墓は、かつてこの地にありました。「ありました」というのは、御霊は後裔によって昭和六十年（一九八五）五月に京都真如寺へ改葬されているからです。

道仙は元来、この地の生まれではなく、天保四年（一八三三）十一月十日に渡辺吟右衛門の子として石見国那賀郡後野村（島根県浜田市後野町）に生まれました。幼名は亀太郎、通称は三圭、のちに道仙、諱は頼善、号を秋水といい、十二歳の時に浜田藩医能勢道碩の養子に迎えられています。自ら残した修学履歴を見ると、「浜田藩儒官飯田助蔵へ天保十三年（一八四二）正月より嘉永四年（一八五一）三月まで都合十ヵ年漢学研究、大坂儒者広瀬謙吉（旭荘）へ嘉永四年四月から同五年（一八五二）十二月まで都合二ヵ年漢学研究、大坂医師吉益掃部へ嘉永四年四月から同六年（一八五三）五月まで都合三ヵ年漢方医学研究、備前医師難波立愿（抱節）へ嘉永六年六月より安政二年（一八五五）十月まで都合三ヵ年漢方医学研究、西京医師百々一郎へ安政三年（一八五六）三月より同五年（一八五八）十月まで都合三ヵ年漢方医学研究」（適宜、語句を補った）とあります。いわゆる定型的な漢方医ではありますが、高名な蘭漢折衷派医師華岡青州の門人だった難波抱節のもとで学んでいるところをみると、いくらかは西洋医学にも接点があったと推察されます。こうして道仙は、文久元年（一八六一）正月から明治二年（一八六九）までの九年間、浜田藩医として勤めることになったのです。

当時、時局は尊王倒幕の世論が盛んになり、元治元年（一八六四）、ついに長州藩は幕府に反旗を翻します。翌慶応元年（一八六五）、幕府は長州征伐（第二次）を諸侯に命じますが、慶応二年（一八六六）、親藩だった浜田藩は必然的に山陰出口の防御にあたることになり、長州軍と衝突、多くの死傷者を出す苦戦を強いられました。しかし、ついには支えきれず、自らの城を焼いて開城し、飛地領があった美作国へと敗走することになったのです。

道仙もまた、着の身着のままの無一文で長男萬（当時四歳）を抱え、祖父母やその他の家族を連れて、松江（島根県）・米子（鳥取県）までは舟で、それより先は陸路で因美（因幡・美作）の山丘を越え、やっとの思いで美作国久米郡に辿り着きました。まさに艱難辛苦、その様子は惨めなものだったといわれています。敗走した浜田藩士は、家族を含めてその総数が四千三百人に及ぶとされ、これを受け入れざるを得なかった飛地領の村々は困惑しました。

道仙と妻子は取りあえず久米北条郡神代村（津山市神代）の安藤卯左衛門という百姓家を間借りし、養父道碩たちは同郡打穴村（美咲町打穴）の大百姓近藤鹿右衛門宅に寄宿することとなりました。八月下旬に道仙らは打穴に移り、ようやく一家は揃うことができたのです。

道仙が一時身を寄せた近藤家があった美咲町打穴の民家付近

能勢道仙②

——医師を辞めて教育者の道へ

美作に敗走して流寓生活を余儀なくされた浜田藩士の生活が極めて悲惨なものだったことは、残された文献からも容易に想像がつきます。しかし、時には地酒で宴席を設けることもあったようで、酔いが回る

改葬後、羽仁に残った道仙の墓。戒名は「占春院梅竹道仙居士」。古老の話では、屋敷内に大きな梅の木、裏には竹林があったという。

と、やや流行遅れの大津絵節の「雨乃夜」（ペリー来航を題材としてつくられた戯れ節）が憂さ晴らしに歌い踊られました。

明治二〜三年（一八六九〜七〇）頃になると、新政府から士族としての身分や禄高を認められたうえで、住居も各所に分散できるようになりました。しばらく雑然と仮住まいを強いられた能勢家も、吉田、佐藤、久松の各家と共に美作国勝南郡羽仁村（岡山県久米郡美咲町羽仁）への移住を割り当てられました。道仙は新天地で一家揃っての生活を夢見ましたが、明治三年（一八七〇）九月、養父道碩は中風のために、身を寄せていた打穴村（美咲町打穴）で他界してしまいます。

移住前に羽仁を下見した道仙は、大変この地が気に入ったらしく、打穴に帰って家族にその様子を話して聞かせたといいます。新しい家屋が建つまでには約一年かかりましたが、その間は垂井某なる農家に仮住まいすることとなりました。

ようやく完成した家は清雅簡素であり、普通の民家というよりは一見して詩人か儒医の屋敷のようだったといわれています。道仙はここを拠点として、いよいよ医師として生計を立てようと誓っていました。しかし、漢学者としての名声が次第に広がるにつれ、遠近から同藩・同郷の農商家の若者や、津山藩士の子弟から教えを請われることになりました。そこで、ゆえあって転居した隣家（佐藤家）を引き受け、これを「猶興舎」と命名して講学の場所としました。舎生は時に増減はあったものの、常に二十名より減ることはなかったといいます。ここでは「知識と実践とは相伴い一体化すべきものだ」という陽明学の思想を教えたようです。長男萬が、自分の性格について、「一生を通じて、型式

能勢道仙屋敷跡から見たのどかな羽仁の風景

主義よりは実質主義、威厳よりは自由、煩瑣（細々として煩わしいこと）よりは大局的、推理的よりは直線的、秘密的よりは開放的、また総じて理より情に流されやすいように自覚している」と、回顧録に記しているのを見ると、父の影響が色濃いことがわかります。この萬ですが、やがては羽仁村を離れて上京し、三島中洲の二松学舎や大橋素六の英学塾、さらに中村敬宇（正直）の同人社に転じたのち、司法省に入って大阪地方裁判所長・名古屋控訴院長などを歴任、明治・大正期の法曹界で活躍することになります。

さて、道仙のその後ですが、「これからは西洋医学の時代」と、あっさり医師を辞め、明治六年（一八七三）には観音寺（岡山県久米郡美咲町百々）を仮校舎として開校された又新小学校（松尾・百々・行信・安井・書副・羽仁を学区とする、のちの北和気小学校。現在は柵原東小学校と合併）の首席教師として迎えられました。そして五年後の明治十一年（一八七八）五月一日、波乱に満ちた生涯をこの羽仁で終えています。享年四十六でした。

秩禄処分後、士族の多くが逼塞していく中、能勢家は医師や漢学教授の報酬に恵まれていました。しかし、その道仙でさえ「餓えず、凍えず、又新年」と述べているのをみると、何か切なくなってきます。

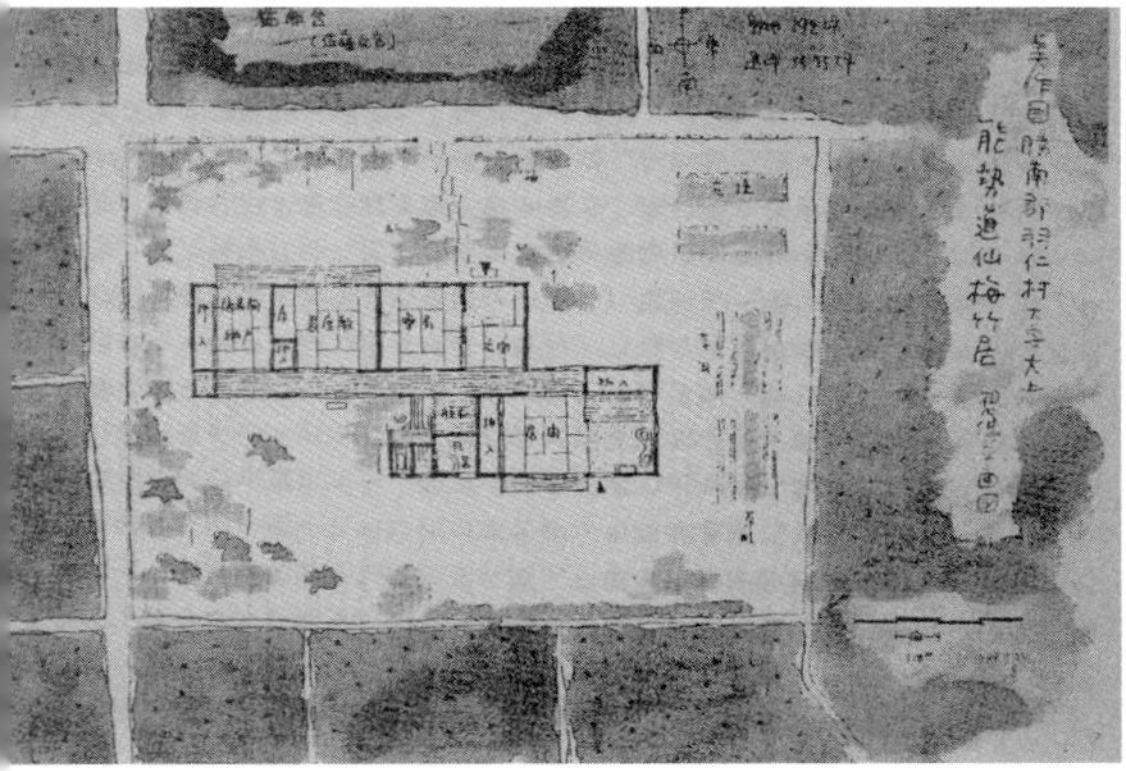

能勢道仙屋敷図

観音寺

能勢萬①

——漢学塾「集義館」を開設

ここでは、先に少し登場した旧浜田藩医の能勢道仙（のせどうせん）の長男萬（よろず）について紹介していきます。

萬が石見国浜田（島根県浜田市）に生まれたのは、幕末の文久三年（一八六三）十月三日です。慶応二年（一八六六）、第二次長州征伐時に敗戦した浜田藩士らは、飛地領のある美作国に敗走しますが、この時、萬は僅か四歳でした。さらに父道仙は明治十一年（一八七八）に四

能勢萬肖像

十六歳で他界し、萬は十六歳で家督を相続することになります。父が開設した漢学塾「猶興舎」はすでに解散し、その屋舎は同藩士だった瀧田なる人に貸していました。

能勢家の長男として責任を自覚した萬は、以前にも増して学問に励むようになります。まずは美作国勝南郡行信村（岡山県久米郡美咲町行信）の大羽材蔵に学び、又新小学校で首席教師をしていた同藩の田村李三郎に独学時の疑問点を質問するなど、厳しい境遇の中で勉強に磨きをかけました。さらに亡父の門弟で同藩士の河野弥太郎の紹介により、津山の岸南岳の漢学塾「待旦舎」にも入門しました。

その後、萬は漢学塾を興すべく画策します。又新小学校の元校長だった行信村の矢吹虎三郎の紹介で、庄屋矢吹家本家の一室を借り受け、漢学塾「集義館」を開設。自ら塾頭を務めますが、講師には有名な漢学者森田節斎の甥にあたる森田弘道を招き、相談役には田村李三郎、塾幹部には永井岩伍郎や河野弥太郎らを迎えました。この塾では等級を三〜四級に分け、授業内容は『四書五経』、『史記』、『春秋左氏伝』、『日本外史』、『日本政記』、『十八史略』、『国史略』に作文作詩でした。開塾当初は盛会で、塾生数が四、五十人に達したようですが、様々な理由によって二年ほどで閉鎖しています。

父の死後、そのようなことばかりに奔走する萬を、「詩を作るよりは田を作れ」と、祖母は何度も戒めたようですが、田村に「文才天分あり」と褒められて上京を決意します。やがて難関の給費制試験を突破して司法官となり、明治十八年（一八八五）の岡山始審裁判所を皮切りに、岐阜・仙台・福岡・名古屋・大阪で地方裁判所長、続いて札幌・名古屋で控訴院長などを歴任し、大正十四年（一九二五）に退職しました。

約四十年間にわたって法曹界で活躍した萬にとって、羽仁村（岡山県久米郡美咲町羽仁）へ定住後の亡父の暮らしぶりは、俗世を逃れたものに映っていたようです。回顧録には、

父の天分と才学があれば、明治維新の進軍に乗じて中原（中央）に雄飛を試みたならば必ず相当成功したであろう。当時各藩の人材は医者・儒学者・僧・武士を問わず、中央政府に登用され、青雲の志を遂げた者は少なくない。現に浜田藩中にも二、三その例があったくらいだ。自分がのちに東京に出て、そうした例を見聞するに及び、父の生き方を遺憾に思い、いささか頑固過ぎたのではないかと疑った。しかし、年を寄せてから考えるに、父が隠遁的な生活を送ったのは、健康上の理由と、老母と幼児三人の面倒をみなければならない生活状況を如何とも処理できなかったためだ。

と、その心情を書き残しています。

開塾のために一室を借り受けた矢吹本家

4

能勢萬②

——難問を突破、司法官の道へ

前項から引き続き、能勢萬を取り上げます。萬が司法官へと進んだのは、明治十六年（一八八三）に実施された司法省の官費法学生募集試験を、「ゆくゆくは判事、検事となれぬこともない」との考えから受験するに至ったからです。もちろん、進路決定には実家の家計上の問題も考慮したに違いありません。そして萬は、受験者数八百人以上といわれる難関をみごと突破し、当時、神田見附内和田倉門外堀側の大名屋敷跡にあった司法省法学校に通学することになりました。校長は、法律学士加太邦憲、講師はフランス人のボアソナード、法律学士一瀬勇三郎らでした。

明治十八年（一八八五）十二月、太政官制度が廃止となり、内閣制度が創設されて、伊藤博文が初代内閣総理大臣に任命されました。そうした時世にあって、国策上から法制度の整備が急務となっていたため、同年の秋期試験後、萬は突然任官することになったのです。

自立の道が開けた萬は、一時、羽仁（岡山県久米郡美咲町羽仁）に帰郷して、一家の墓前に報告、また旧友を招いて小宴を催しました。そして数日後には家族一同を伴い、吉井川の舟便によって西大寺（岡山市東区西大寺）までの十三里（約五十二キロ）を下り、長年過ごした羽仁を離れたのです。川面

法学博士箕作麟祥、のちに男爵となる（津山洋学資料館・箕作家寄託資料）

に映る羽仁の山野と、亡父道仙（どうせん）との思い出が重複したのでしょうか、「その時の光景は生涯忘れることのできないもの」と自叙伝に記しています。

萬は、最初の赴任地となった岡山始審（ししん）裁判所を起点に、その後、全国各地へ転任することになります。大分始審裁判所判事として勤務していた明治二十二年（一八八九）頃のこと、当時検討されていた「構成法」が一度決まると、判事は勤務地に釘付けとなり、転任が困難になるという不安がありました。そこで萬は、都会へ転任できるように運動するため、夏休暇を利用して東上することにしました。まず大阪、それから京都などの知人を頼りましたが、いずれも手応えなし。その後、東京に寄って大審院判事の昌谷千里を頼った。昌谷は萬が松山へ着任した時の所長で、津山では有名な儒家の出身であり、漢学の素養のある温厚な人物でした。萬が胸襟を開いて転任の希望を述べ、援助を頼んだところ、昌谷判事は大いに同情してくれたといいます。そして、昌谷判事は、時の司法次官箕作麟祥（箕作阮甫の孫。幕末に渡仏して法学を修める。明治における法体系を整備した著名な法制官僚）が同藩の縁故だということで添書を書き、また顔見知りの名古屋控訴院長大塚正男にも添書を用意してくれたのです。

そこで萬は、箕作次官を訪問し、取り次ぎに案内されて応接室で待っていました。その時の様子を萬は、

> 私は何しろその頃、稀な法学博士司法次官というのだから、定めし威儀堂々たる風采であろうと予想していたところが、やがて出てきた人は浴衣がけで少し足を引く素朴な中年男であった。私は起立して初対面のあいさつをなし、旅中略服で失礼のことを申し述べた。次官は、いや私こそこの風でと隔意なき様子であったため、添書を出し来意を告げた。（中略）この時の次官の態度と物腰は、率直簡素の中に多分の温かみを含み、実に忘れがたきものであった。

と回顧しています。

萬はこの数ヵ月後、昌谷判事から名古屋控訴院に転任の電報を受けることになります。のちに箕作

萬が生涯忘れることができなかった羽仁の風景。近年新しい橋が完成したが、当時は橋などなかった。

麟祥が名古屋を巡視した時、少し会う機会がありましたが、衆中で意中の万一を尽くせなかったことを後悔し、その数年後に、未だ老いに至らずに麟祥が急逝したことを知って、「私にとって深い心の痛みであった」と追想しています。

第Ⅲ部

洋学浪漫

——津山洋学資料館の収蔵資料を中心に

1

龍馬も読んだ地理の本

写真は、幕末のベストセラー地理書『坤輿図識』と『新製輿地全図』です。海外の情報が乏しかった幕末、多くの人がこの本を手にしました。

吉田松陰は、これを読み終えたあとでアメリカ密航を企て、ペリーの船に乗り込もうとしましたが失敗。幽閉の身となっても「この本を読みたい」と、兄宛ての手紙で伝えています。

また、坂本龍馬はこの世界地図が大好きで、暇をみては、懐からこれを取り出し、ボーッと眺めていたそうです。

これを執筆した箕作省吾は、津山藩の洋学者箕作阮甫の末娘「ちま」と結婚し養子となった人。奥州水沢（岩手県奥州市水沢）の出身で、地元の先輩高野長英の活躍に憧れて江戸に出たそうですが、特に地理学に精通していました。

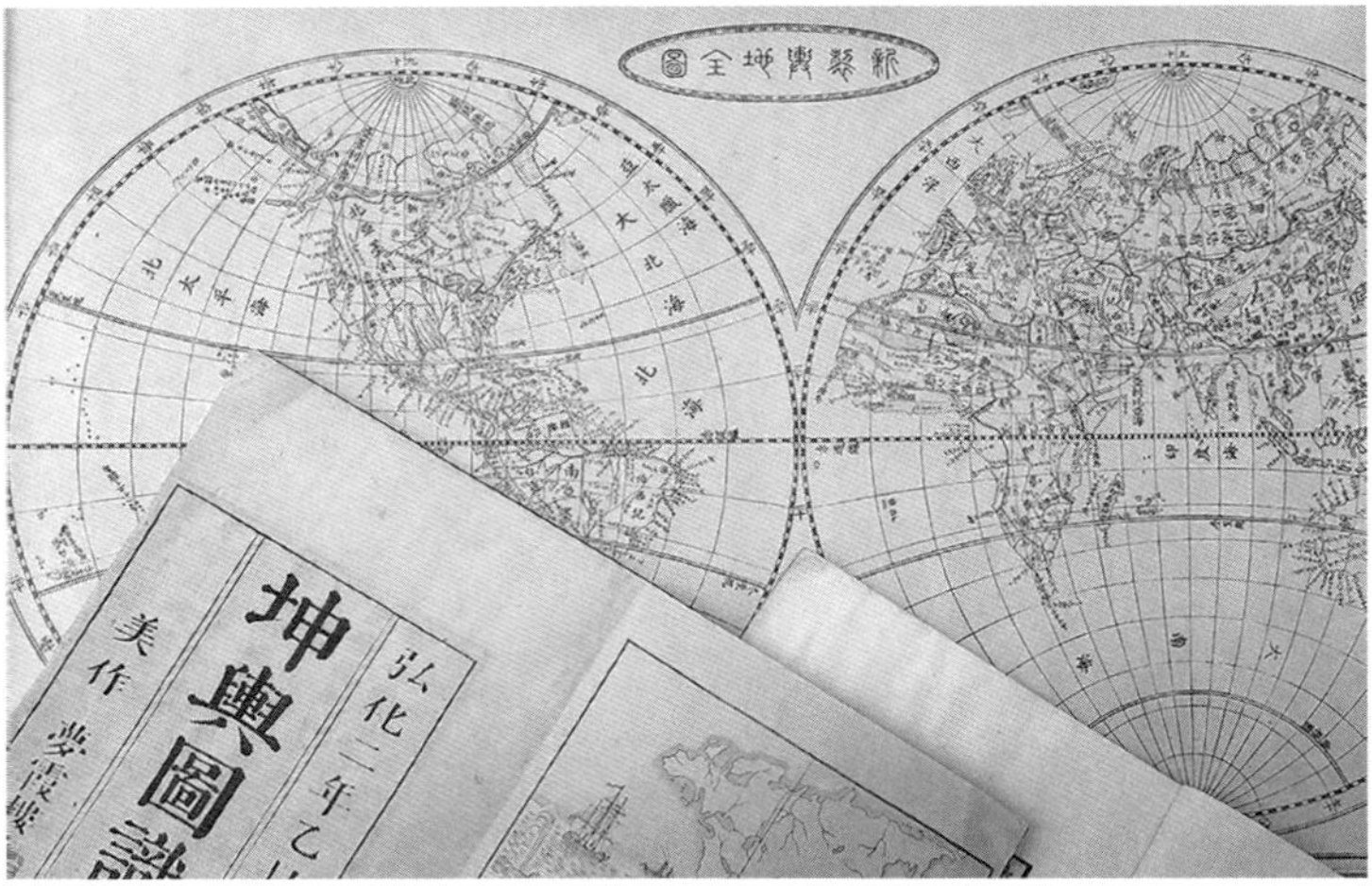

阮甫は、省吾の真面目な人柄がたいそう気に入り、弟子としました。やがて養子に迎えられて箕作家を継いだ省吾は、その期待に応えたいと、地理書を出版するため一心不乱に取り組みました。しかし、それがたたって労咳（結核）を患い、二十六歳という若さで亡くなってしまいました。悲しんだ阮甫は、彼の意志を継いで原稿を完成させ、墓前に手向けたといわれています。

省吾は、この本を執筆中に吐血して原稿を血で染めたため、この本は「喀血の書」と呼ばれています。

2

玄白は梅毒治療の専門医

写真は杉田玄白直筆の手紙で、愛弟子だった小林令助（一四四〜一四七頁参照）に宛てたものです。

JR勝間田駅から東へ三百メートルほど進むと、左手に小林医院が見えてきます。令助はこの小林家の先祖で、江戸に上って玄白のもとで修業した人。玄白の日記『鷧齋日録』にも、修業を終えて帰郷する令助を惜しんだ漢詩が二つ残っています。

さて、郷里で開業した令助ですが、就職のこと、持病のこと、医学上

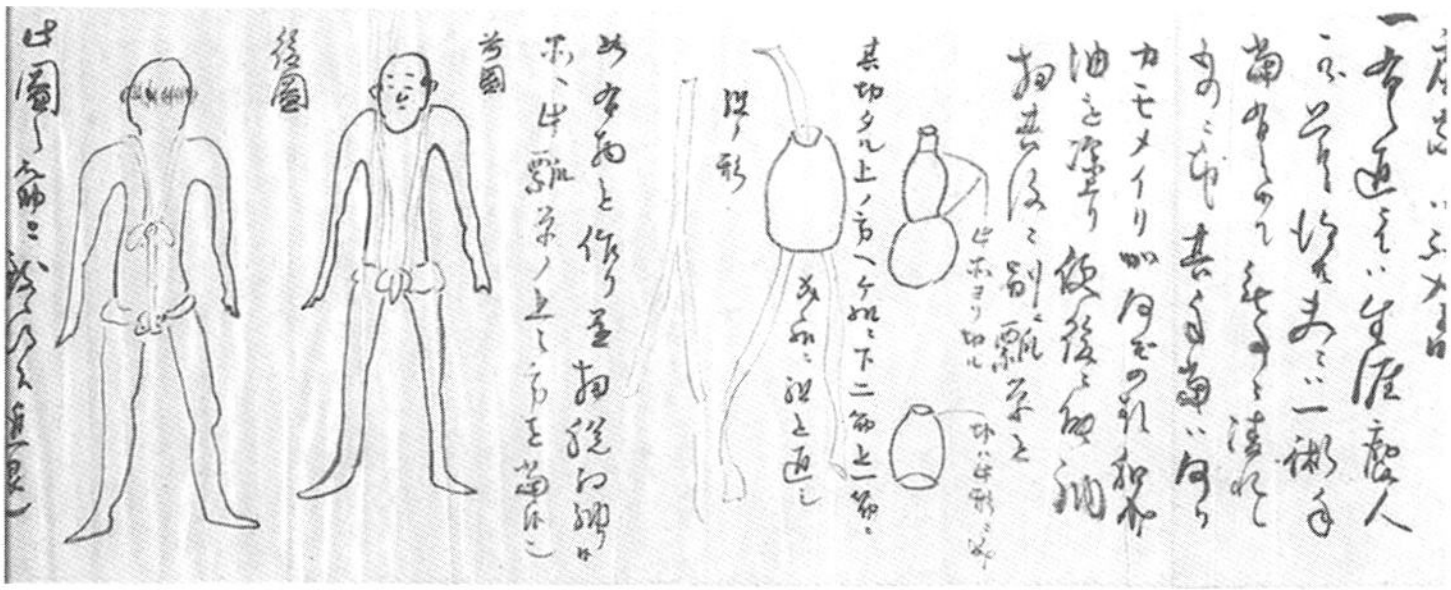

の疑問など、次々に悩みが湧いてきて、その都度頼りとする江戸の玄白先生に何度も手紙を送り、玄白もそれに答えて、丁寧な返書を寄越しました。

この手紙を読んでいると、「ソツヒルマ」という聞き慣れない薬品名がたびたび登場してきます。これは、塩化第二水銀という毒薬のことで、薄めて消毒薬としたり、また昔は梅毒(ばいどく)という恐ろしい性病の治療薬にも使われたりしました。意外に知られていませんが、『解体新書(かいたいしんしょ)』の出版で知られた玄白は梅毒治療の専門医で、回顧録の『形影夜話(けいえいやわ)』にも「毎年千人あまり治療する中で、七～八百は梅毒患者だった」と書いています。

手紙には、「ソツヒルマはやたらに使うものではない」とあります。毒薬の使い方を熟知した玄白が令助にその危険性を伝えていたのですが、薬品一つにも、その背景には深い意味が秘められているのです。

3 甲状腺、その名前の由来とは？

写真は、江戸時代におけるベストセラー外科書『和蘭内景医範提綱(オランダないけいいはんていこう)』の一部で、文化二年（一八〇五）、津山藩医（江戸詰）の宇田川玄真(うだがわげんしん)が苦労の末に出版したものです。

写真をよく見ると、「〇腺　新製字。音泉[新]機里尓(キリイル)」とあります。解説すると、「解体新書ではオランダ語のキリイル（klier）の意味が理解できないので、機里尓と当て字をしていたが、私は腺という新しい文字を作った」ということになります。

そのことを知ってからというもの、筆者はテレビ番組で「甲状腺（こうじょうせん）ガン」などと聞けば、すぐに玄真の顔が浮んできてしまいます。

ところで、「甲状腺」とは、喉（のど）の下にあるホルモンの内分泌腺のことですが、一体いつ頃からそういう名称になったのでしょうか。安永三年（一七七四）に出版された『解体新書（かいたいしんしょ）』を見ると、舌骨に連なる五つの軟骨（なんこつ）の一つとして「甲様（こうよう）軟骨」が登場します。実は、この骨に付属するのが現在の「甲状腺」なのです。

その二十四年後の寛政十年（一七九八）、玄白の遺言で『解体新書』の改訂を命じられた大槻玄沢（おおつきげんたく）は、『重訂解体新書』を脱稿しますが、そこでは「甲様」が「甲状」に変化しています。

さらに七年後、『和蘭内景医範提綱』が出版され、「甲状」はそのまま「甲状」として受け継がれましたが、医学用語の体系化を目指した玄真は、漢字にない「膵（すい）」と「腺」の二文字を自ら考案。これによって、ようやく「甲

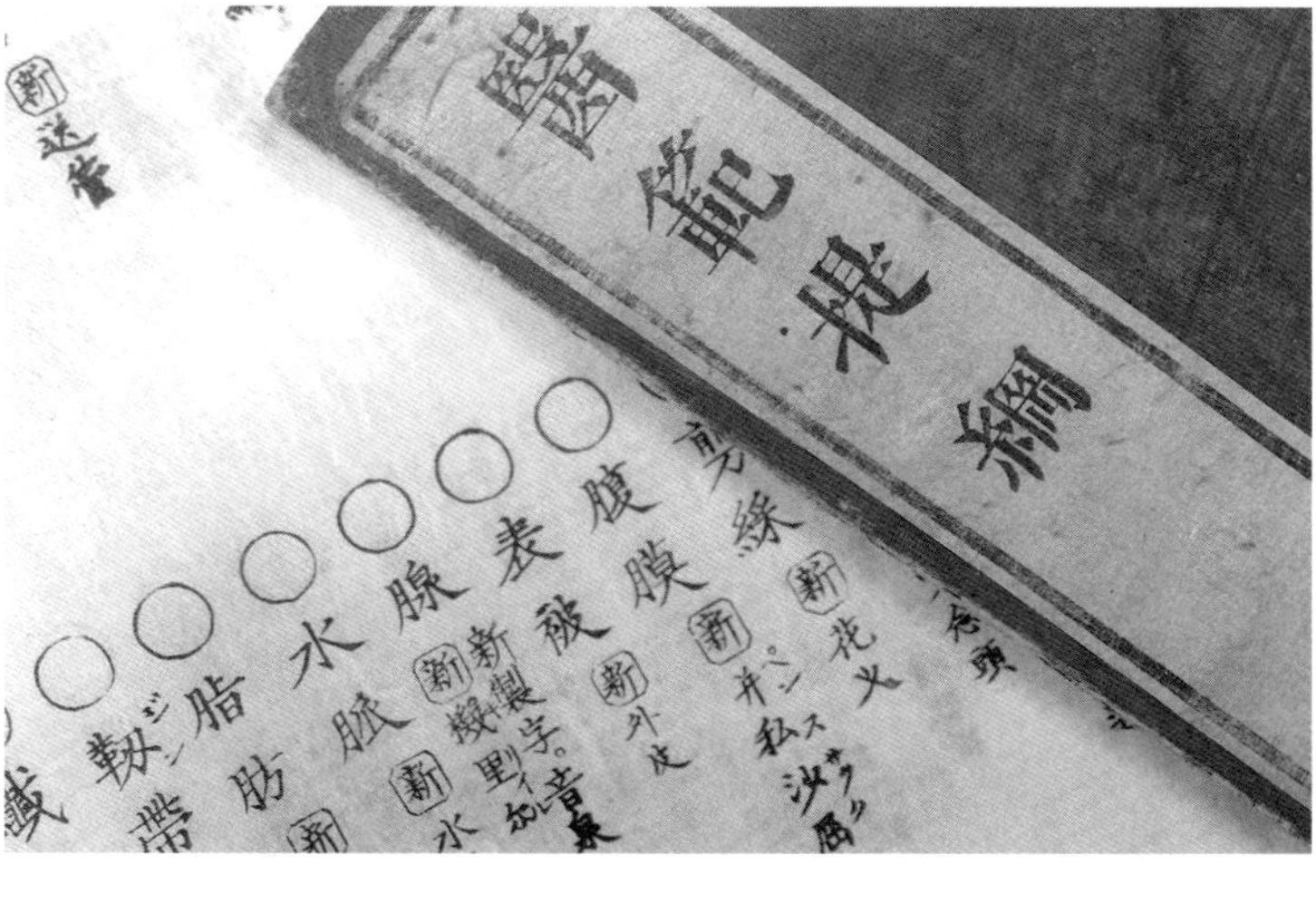

状」に「腺」を結合させることができたのです。

4 刑死体に戒名を

写真は、津山市籾保の仁木家に伝わる『蔵志』という腑分（解剖）報告本の一部で、京都に住む山脇東洋という高名な漢方医が著したものです。

東洋は、「漢方医学も原点に立ち返って、疑問な点は実際に試して実証することが重要」と考える、「古医方」と呼ばれる一派のリーダーでした。東洋自身も、以前から西洋の外科書を入手していたようで、その人体解剖図を見るたびに漢方医学に対して疑問を感じていたといいます。

東洋は、刑死体の解剖を許可してもらいたいと、何度も京都所司代に願い出ました。そして宝暦四年（一七五四）閏二月七日、ようやくその機会を得て、日本で初めて「公許」のもとに、刑死体の解剖が実施されたのです。

当時の解剖は今の解剖とは違って、首のない死体を、刑場の一郭で蓆のうえで行うという不備なものでした。死体が腐るため、急い

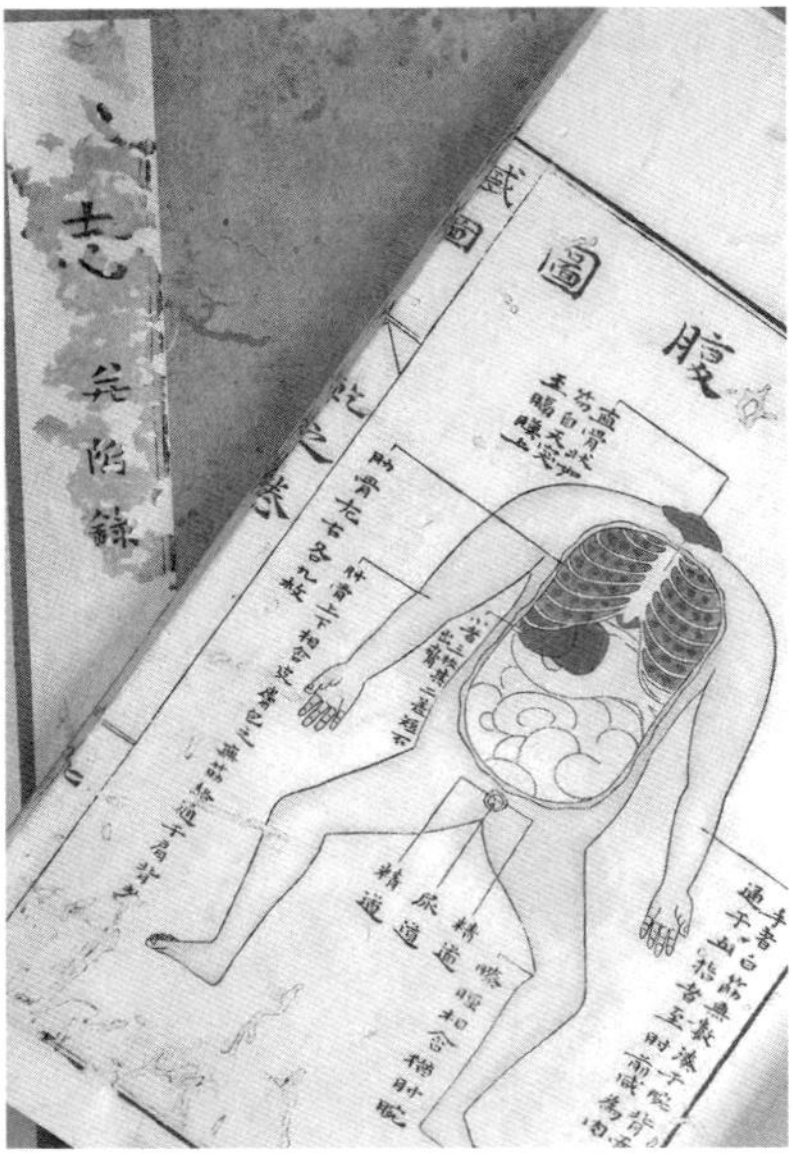

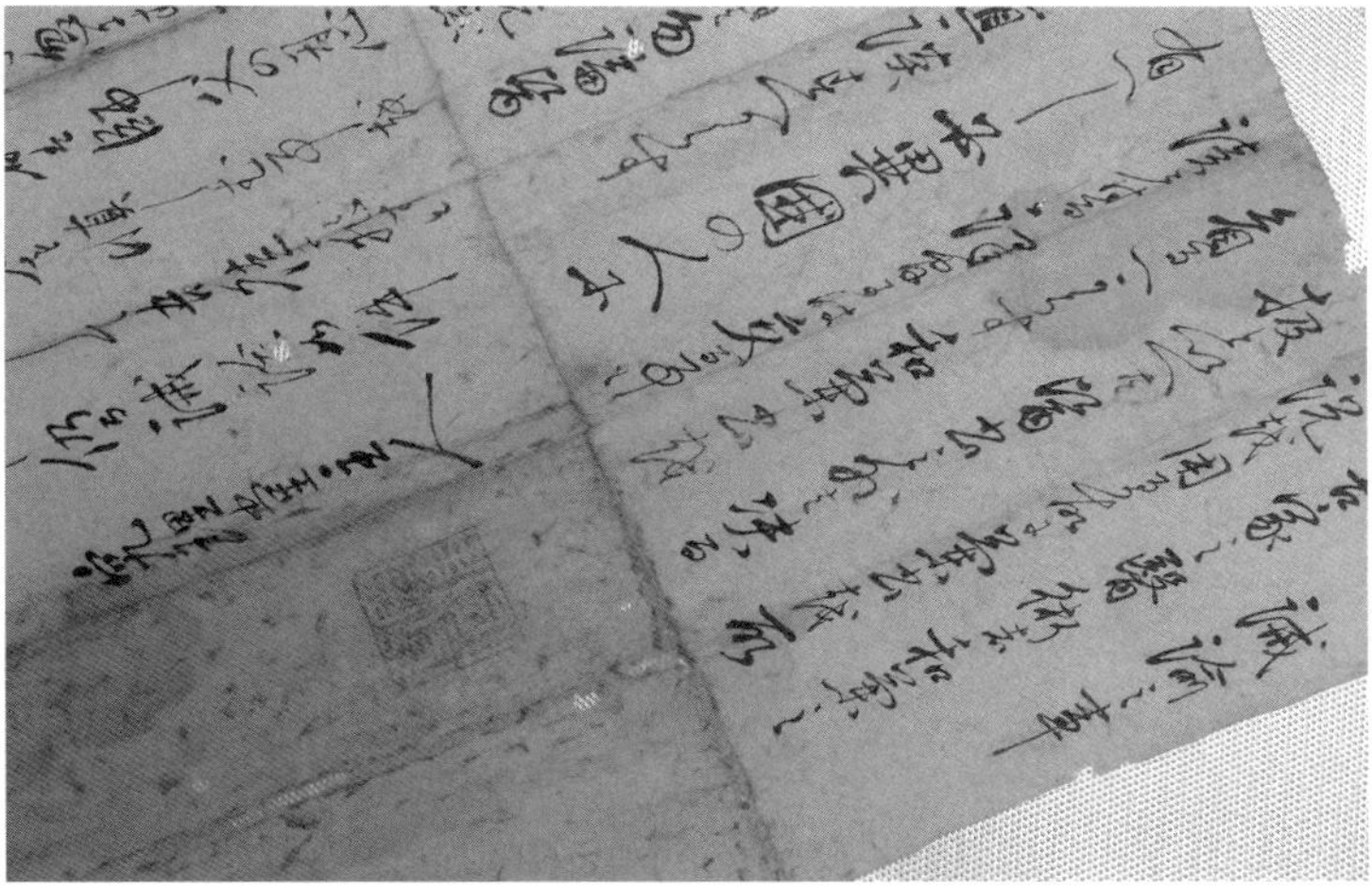

で内臓を観察し、背骨まで数えたようですが、大腸と小腸の区別さえつかないレベルでした。しかし東洋は、その所見をまとめ、五年後の宝暦九年（一七五九）に『蔵志』として出版したのです。

この書中には「夢覚えを祭る文」と題した一文があり、処刑後に解剖された男の霊祭を一ヵ月後に執り行ったことや、刑死体に「夢覚信士」という戒名を与えたことが記されています。

東洋たちの夢を叶えさせてくれたことに感謝したのでしょうか。当時においては、すべてが異例尽くしのことだったのです。

5 迫害を恐れて

写真は、吉ヶ原（きちがはら）（岡山県久米郡美咲町）の旧家江見（えみ）家に伝えられた「誡諭之事（かいゆのこと）」と題する文書です。

江見家の先祖には、江戸時代の終わり頃、有名な京都の蘭方医小石（こいし）家（塾名は究理堂（きゅうりどう））で学んだのち、帰郷して地域の医療活動に尽くし、明治二十年に七十一歳で歿した敬輔という人物がいました。究理堂門人録にも「勝南郡吉ヶ原村 江見敬輔」とあります。

さて、この「誡諭」には、「蘭書を読むのは医学書だけで、ほかの本を読んではならぬ」とか、「蘭書を解読する時、訳官（オランダ通詞）と交わることはあっても、異国人と直に話してはならぬ」など、蘭学を学ぶ際の教訓五つが掲げられています。文末には「究理堂主人」とあり、その落款も確認できます。

実は、「誡諭」というのは、文政十二年（一八二九）、究理堂主人の小石元瑞が、父元俊の遺訓という体裁をとりながら、シーボルト事件発生による官憲の警戒を考慮して書かれたものなのです。

現存する小石家の「誡諭」の文面と比べると、微妙に異なるところも散見されますが、これはのちに書かれたという時間差によるものでしょうか。

かつて「誡諭」が門人宅から発見されたという話は、あまり耳にしたことはありません。しかし、門人の資料中にこれが含まれていたということは、究理堂での教育のあり方や師家を尊ぶ姿勢を示すものとして、とても重要な意味を持ってくると思われます。

6 二枚のヒポクラテス像

写真の二枚の絵は、いずれも古代ギリシアにおける医学の大成者ヒポクラテスを描いたものです。

彼が説いた医師としての倫理「ヒポクラテスの誓い」は、時代を超えて後世に語り継がれ、今でも

医学を志す人であれば、ヒポクラテスのことはご存知のはずです。

そういうわけで、江戸時代に西洋医学を志した医師の間でも、当然ヒポクラテスの名は広く知られていました。

津山藩医の宇田川榕菴（うだがわようあん）もそうした一人であり、この二枚の絵は、ヒポクラテスを崇拝して止まない榕菴が描いたものなのです。右側は、津山洋学資料館が所蔵する榕菴のスクラップブックとでもいうべき「宇田川榕菴張込帖」に張り付けてあるもの。一方、左側は早稲田大学図書館特別資料室所蔵の「ヒポクラテス肖像画」で、絹地に岩絵の具で丁寧に描かれたもの。「聖弟子 宇榕 拝描」とあるので、聖人ヒポクラテスの弟子である宇田川榕菴が描いたということでしょうか。

この二枚は、どう見ても酷似していて、下絵と清書の関係にあることを直感させます。下絵と比較し

て、なぜか清書は顔の天地を少し圧縮して描いているようにも見えます。

二枚はもともと宇田川家が所有していたのでしょうが、時代の変遷と共に所蔵先が分かれてしまったのは残念なことです。

7 日本料理を食べるアメリカ兵

嘉永六年（一八五三）六月三日、アメリカ東インド艦隊司令長官のペリー率いる黒船の来航は、日本の歴史上大変な出来事でした。

ペリーが携えたフィルモア大統領の親書を翻訳するために、津山藩医（江戸詰）箕作阮甫や宇田川興斎は、急遽江戸城に呼び出されることになります。

翌年、幕府から海岸防備を命じられた津山藩は、陣を高輪の泉岳寺（港区高輪）とし、箕作秋坪、宇田川興斎、絵師の鍬形赤子らは連れだって、アメリカ艦隊の動向を調査に出向きました。

さて写真は、津山郷土博物館の個人寄託資料で津山洋学資料館でも展示したことのある絵巻物「米利堅人応接並ニ饗応之図」の部分です。二度目の来航となった嘉永七年（一八五四）三月三日に行われた日米和親条約締結調印後に、アメリカ兵を招いて日本料理を振る舞った時の様子が描かれています。

よくよく観察すると、畳に座る習慣のないアメリカ兵のために、縁台を工夫しているのがわかります。また、アメリカ兵も慣れない箸使いに悪戦苦闘しながら日本料理を食し、すまし汁をすすっています。果たして、これで彼らの舌を満足させられたかどうかは疑問ですが、ボイルされた伊勢海老に無心にかぶりついているところを見ると、さぞやこれは美味かったに違いありません。

大砲を撃ち鳴らし、高圧的な態度で幕府に開国を迫った半面、条約締結後とはいえ、会食では気さくで陽気なアメリカ兵たち。これは、現代のアメリカ人気質そのものではないかと感じてしまいます。

8

消された序文

写真は、寛政五年（一七九三）に津山藩医（江戸詰）の宇田川玄随が出版した日本初の西洋内科書『西説内科撰要』十八巻です。あの有名な『解体新書』（安永三年〔一七七四〕刊）は日本初の外科書というか解剖書ですが、それから十九年後にこの本は出版されたことになります。

玄随が翻訳することになった内科書の原本は、『解体新書』の翻訳グループの一人である桂川甫周から譲られたもので、オランダ人のヨハネス・デ・ゴルテル（玉函涅斯垤我爾徳児）の著した『内科精選』と題された一七四四年版でした。となれば、オランダで出版された本が、四十九年後に日本

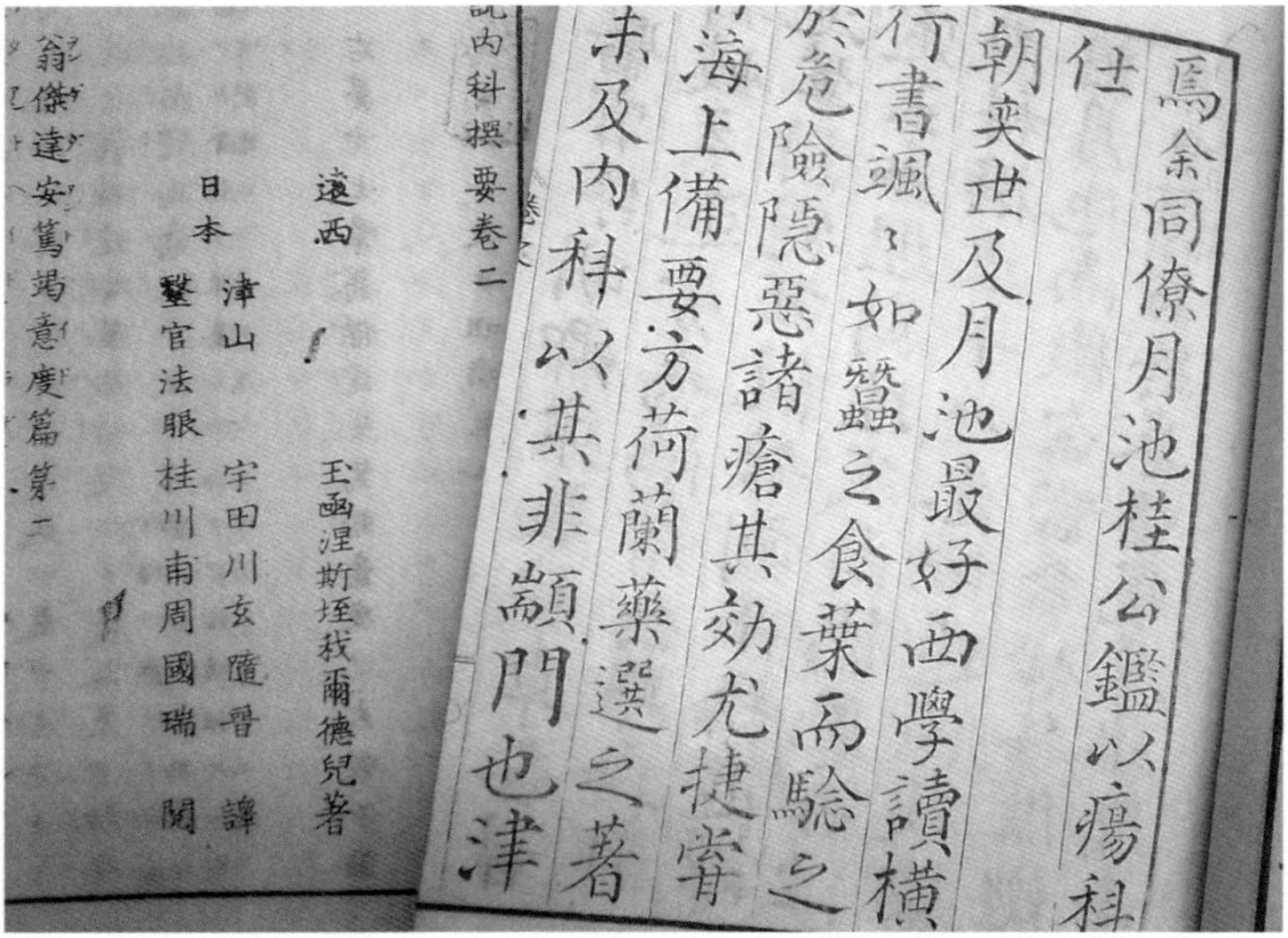

で翻訳・出版されたことになります。

この『西説内科撰要』の巻頭には、江戸の医学館主宰者で漢方医学の大家である多紀元簡（たきもとやす）が、本を推奨する序文を寄せているのですが、よくよく考えてみると、何か不自然な感じがします。当時蘭方（らんぽう）が勢いづいてくると、危機意識を持った漢方医たちは、官立学校の立場から蘭方に圧迫を加えていたからです。

元簡の序文は、この本が出来あがった時に書かれたもので、文中に「桂川甫周の仲立ちによって序文を得た」とあります。甫周がオランダ外科を主張する幕府の医官だったことと、まだ蘭方と漢方の対立が表面化する前だったことから、このようなことが実現したのでしょう。

この内科書が出版されると、漢方医の大家でありながら西洋内科書を推奨した元簡は漢方医たちから非難を浴びることになり、『西説内科撰要』

の再版時には、元簡からの申し出によって序文は削除されることになるのです。

9　『理学入門　植学啓原』の試し刷りと幻の学名

天保五年（一八三四）、津山藩医（江戸詰）の宇田川榕菴は、日本初の本格的な植物学書となる『理学入門　植学啓原』を出版するのですが、その出版前に試し刷りされたと見られる極めて珍しい資料があるので紹介しておきます。

写真のページは「マツ」や「ツガ」などの針葉樹の根に寄生する半寄生植物、「都苦抜涅」の図です。今は「衝羽根」と書くようですが、その姿が羽根突きの羽根に似ていたため、このような名前がつけられたそうです。

さて、写真をもう少し観察してみましょう。茶色に塗り潰された四枚の苞（榕菴は萼としています）の色具合が気に入らなかった榕菴が、自ら欄外上部に同じ図を描き、「うすく」「ふく」などの短い指示文を朱筆で添え、彩色の指示をしていることがわかります。出版された『理学入門　植学啓原』と比較すると、当たり前ですが、見事に指示通りに刷り直

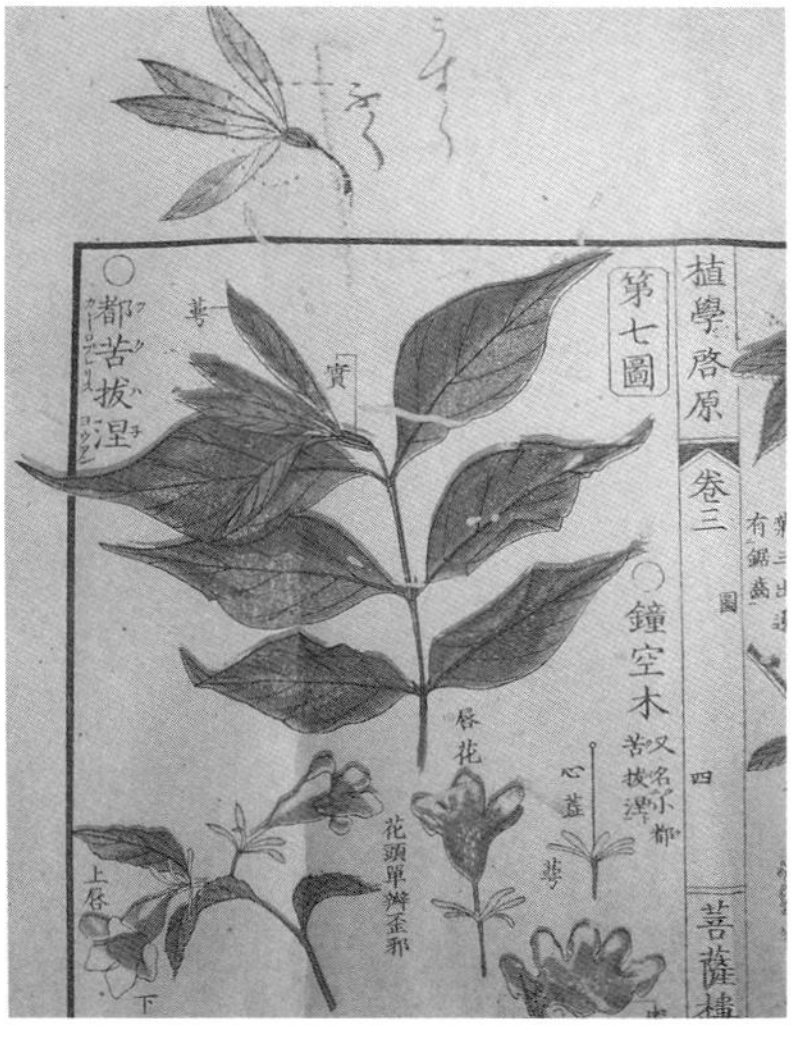

されていて感動します。

かつて榕菴が、敬愛するシーボルト先生に「ツクバネ」の標本を届けたところ、「これは初めて見た」というので、榕菴の名を学名にしてくれることになったといわれています。その証拠に、試し刷り「都苦抜涅」の左側には、シーボルトが付けてくれた学名「カレーロプレリス・ヨウアン」の文字が誇らしげに刻まれているではありませんか。

そういうことで、この「ツクバネ」は榕菴にとって、とても思い入れのある植物となりました。シーボルトは帰国後、日本で収集した植物の研究成果をまとめ、本を出版することになりますが、どういうわけか「ツクバネ」の学名を全く別のものにすり替えてしまいました。どのような理由があったかはわかりませんが、もしもこの事実を榕菴が知ったら、ショックで人間不信になったかもしれません。

10

発見！ 目薬の大看板

写真は、津山洋学資料館の和田家寄託資料である「精錡水（せいきすい）」という文字が刻まれた大看板です（一三四～一三六頁も参照）。

精錡水とは、岡山県久米郡美咲町出身の岸田吟香（きしだぎんこう）が製造販売した点眼式目薬のこと。まともな目薬が少なかった幕末、この薬は飛ぶように売れ、明治期には日本はおろか中国大陸にまでその販売網を広げ、一財産を成したのです。

文久三年（一八六三）、江戸にやって来た吟香は眼病に悩んでいました。どこの眼医者に診てもらっても治らない。そこで箕作秋坪（みつくりしゅうへい）を訪ねた際、「良い医者はいないか」と相談したところ、「横浜にヘボンという眼科医がいて、とても評判が良い」と聞かされ、さっそく受診することにしました。診察したヘボンが目薬で治療したところ、症状は間もなく治まったそうで、どうもトラホームに感染していたようです。吟香はとても感謝したことでしょう。

この奇縁によって、吟香は当時ヘボンが進めていた和英辞典の編纂を手伝うことになります。英語を適切な日本語に置き換えるには、経験豊富な吟香の素養が大いに役に立ったのです。これはのちに上海（シャンハイ）で印刷され、『和英語林集成（わえいごりんしゅうせい）』として慶応三年（一八六七）に出版されています。

同年、ヘボンの信頼を得た吟香は目薬の製法を授けられ、これを精錡水と名づけて販売を開始しました。

この精錡水の大看板は、津山市西今（にしいま）町の藺田川（いだがわ）に架かる翁橋のたもとで薬や雑貨を商っていた永野屋の軒に掛けられていたものです。精錡水の看板

は、これまで美作地方では数点を確認していますが、いずれも小型のもの。薬屋の軒に掛けるこんなにも大きな看板（縦一四九cm×横七五cm）が発見されたのは初めてでした。文字は黒漆に金泥で施され、時代も加わって味があります。裏も表と同じ文字が刻まれていますが、岸田吟香謹製の「岸田吟香」の書き方に洒落っ気が見て取れます。

11 布石としての菩多尼訶経

津山藩医（江戸詰）の宇田川榕菴が、天保五年（一八三四）に『理学入門 植学啓原』を著したことは先述しましたが、実はその十二年前の文政五年（一八二二）、すでに榕菴は『菩多尼訶経』という、日本初の植物学解説書を発行していました。

菩多尼訶とはBotanica（植物学）の当て字なのですが、その解説をお経のようにしたのが、写真の『菩多尼訶経』なのです。

さて、榕菴は熱心な仏教徒ではあったものの、何の意味もなく植物学の内容を経本式にするほど物好きだったとは思えません。そこにはある深い理由が秘められていました。

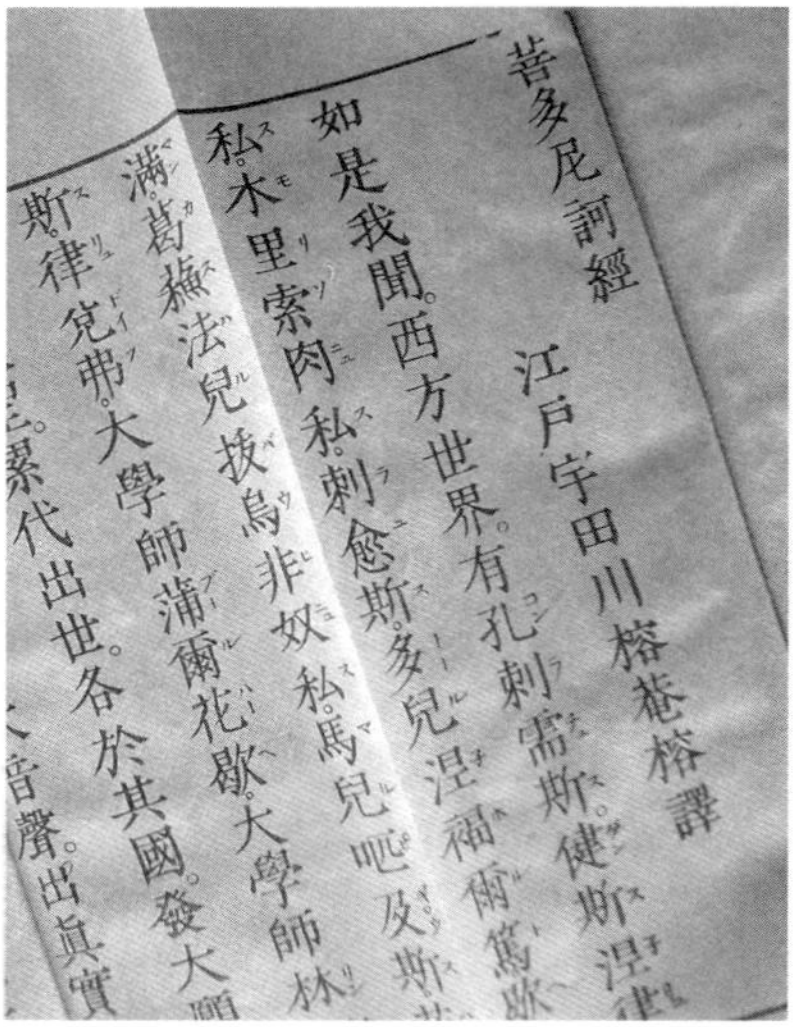

榕菴が伝えようとした西洋植物学の内容は、蘭学に好意的な人たちにとっても難解なものでしたが、特に植物の生殖（せいしょく）についての議論は問題でした。「植物も、めしべ・おしべ・花粉によって、人と同じような生殖行為を行っている」というような説明は、今まで何げなく草花を愛でていた普通の人たちにとっては、「怪しい異教の説教」と捉えられてしまいかねません。不用意に発行すると、どのような疑惑を招くかわからない危険性がありました。

そこで、解説に仏教用語を巧みに織り込み、お経のような折り本に「菩多尼訶経」と題して発行し、役人や学者たちの反応を窺おうとしたのです。

今でも同様ですが、革新的な考えや意見は刺激が強く、すぐには受け入れられないものです。榕菴が本格的な近代植物学書の発行をにらみ、危険を覚悟のうえでその布石として発行したのが、この『菩多尼訶経』だったのです。

12

オランダ語を学ぼう――『蘭学階梯』

蘭学黎明（れいめい）期の有名な学者に、仙台藩医（江戸詰）の大槻玄沢（おおつきげんたく）という人がいます。玄沢は陸奥一関（いちのせき）藩（岩手県一関市）に生まれましたが、のちに江戸へ出て、蘭学の大家だった杉田玄白（すぎたげんぱく）や前野良沢（まえのりょうたく）らに学びました。

玄白の死後、師の遺言に従って、玄白の回想録『蘭東事始（らんとうことはじめ）』（のちの『蘭学事始』）を訂正したり、『解体新書（かいたいしんしょ）』を改訂した『重訂解体新書』を出版したりしているところをみると、よほど律儀な性格

だったと思われます。

玄沢の功績にはいろいろありますが、今回は特に、天明八年（一七八八）に出版した『蘭学階梯（かいてい）』（津山洋学資料館・仁木家寄託資料）について紹介しておきましょう。

「階梯」とは、いわゆる階段とか梯子（はしご）のこと。つまり、「蘭学を習得するため、階段を上る時のように、一段ずつ踏みしめるように学ぶ。それを手助けするのがこの本である」という意味にとれます。

ページをめくると、上巻では蘭学の伝来を述べ、下巻ではオランダ語の文法が体系的に述べられています。「オランダ語とはそういうものか」、「そんな効用かあるのか」ということがわかる程度のもので、決してこれでオランダ語が読めるようになるというようなものではありませんでした。

しかし、これを読んで蘭学を志し、玄沢に入門してオランダ語が読めるようになった人が数多くいたのです。のちに玄沢門下の四天王と呼ばれた宇田川玄真（うだがわげんしん）、橋本宗吉（はしもとそうきち）、稲村三伯（いなむらさんぱく）、山村才助（やまむらさいすけ）といった面々です。特に鳥取藩池田家の侍医（じい）だった稲村三伯は、この『蘭学階梯』を読んで発奮し、蘭学を志したことが知られています。こうした、のちに大活躍することになる後輩たちを「蘭学」の道に導い

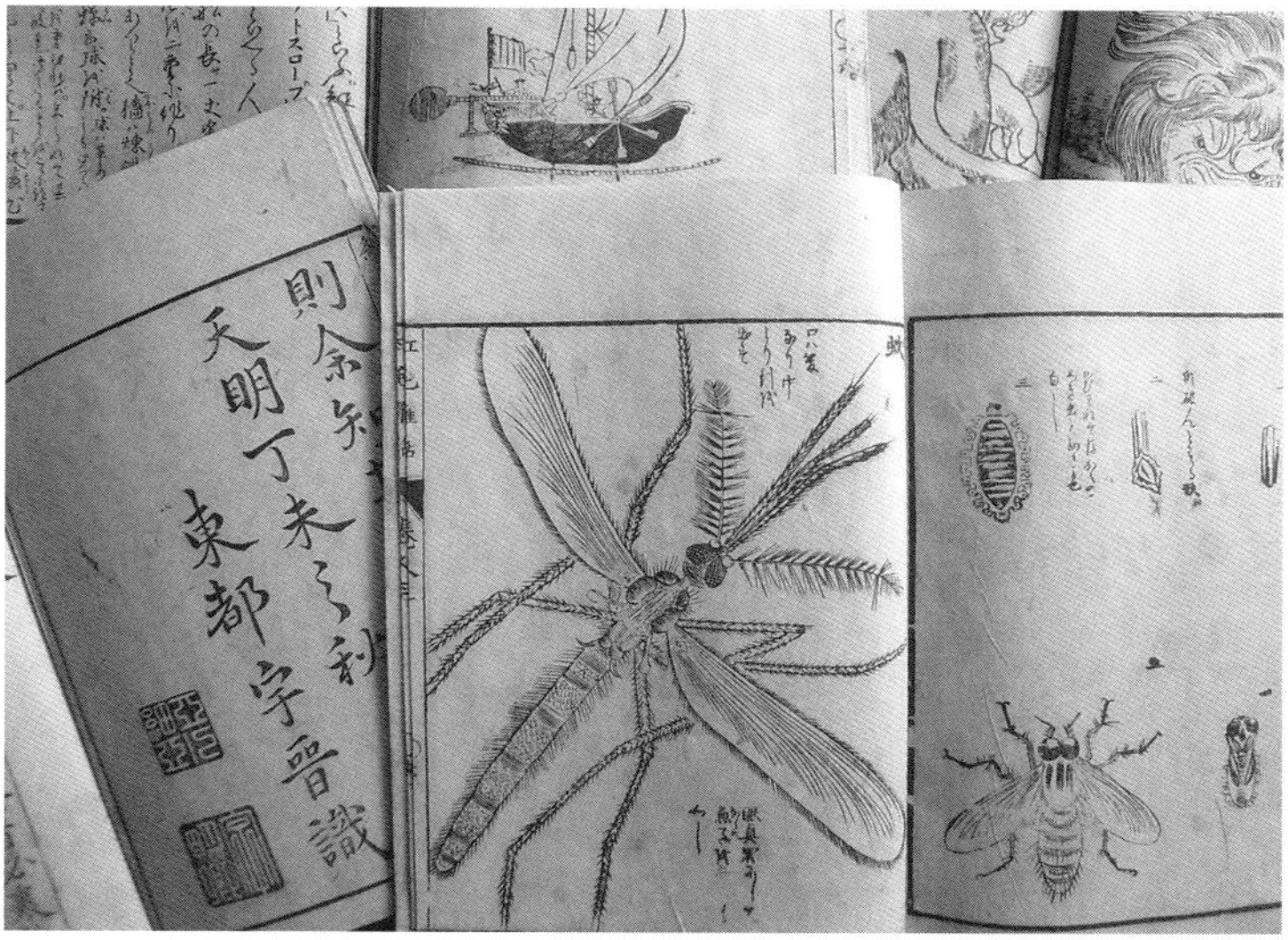

たのが、『蘭学階梯』の果たした最大の役割だったのです。

13

名著『紅毛雑話』と宇田川玄随

写真は、天明七年（一七八七）に出版された蘭学草創期の名著といわれる『紅毛雑話』です。著者は森島中良という人で、『解体新書』の翻訳メンバーの一人だった幕府医官桂川甫周の実弟にあたります。

「紅毛」とはオランダのこと。オランダ関連の「雑話」を集め、蘭学への興味をそそらせる啓蒙書として編集されています。ちなみに、スペイン・ポルトガルのことは「南蛮」といいます。

その頃、貿易の返礼として将軍に拝謁するため、長崎出島のオランダ商館長一行が毎年江戸に参府していました。その時の宿は江戸本石町（中央区日本橋本石町）にあった長崎屋でした。中良はたびたびここに出入りし、オランダ人に質疑した情報や、学者仲間と交わした話題などを集めていきました。社交的でさっぱりとした性格が幸いしたのでしょう。余談ですが、出版の三年後には江戸参府が四年に一度と改定され、以後オランダ人と接触するチャンスは減ってしまいます。

さて、この本を開くと、「顕微鏡」の絵や、その顕微鏡で観察したのか「シラミ」「ノミ」「ハエ」「蚊」「ボウフラ」などの拡大図が載っていて驚かされます。これらの絵は、当時西洋画法に関心を持っていた司馬江漢や、北尾政美（のちに鍬形蕙斎を名乗ります）らが筆をとりました。

また、序文は兄の甫周と仙台藩医大槻玄沢が担当し、跋（あとがき）のほうは『解体新書』翻訳の中心人物として知られる豊前中津藩医前野良沢と、オランダ語を学び始めて五～六年の津山藩医（江戸詰）宇田川玄随が寄せています。

玄随が日本初の西洋内科書『西説内科撰要』出版し、蘭学者仲間から尊敬を集めるのは六年後のことですので、森島中良がいかに早くから蘭学界の重鎮たちと親交を深めていたかがわかるのです。

14

胸部をメスで取り除け——英医からの手紙

ここに、一通の手紙があります。

これはイギリス人医師ウィリアム・ウィリス（一八三七—九四）が津山藩主松平慶倫公に宛てたもので、「私の考えでは、ご婦人の胸部をメスで取り除くことが、唯一の効果的な治療だと思います」

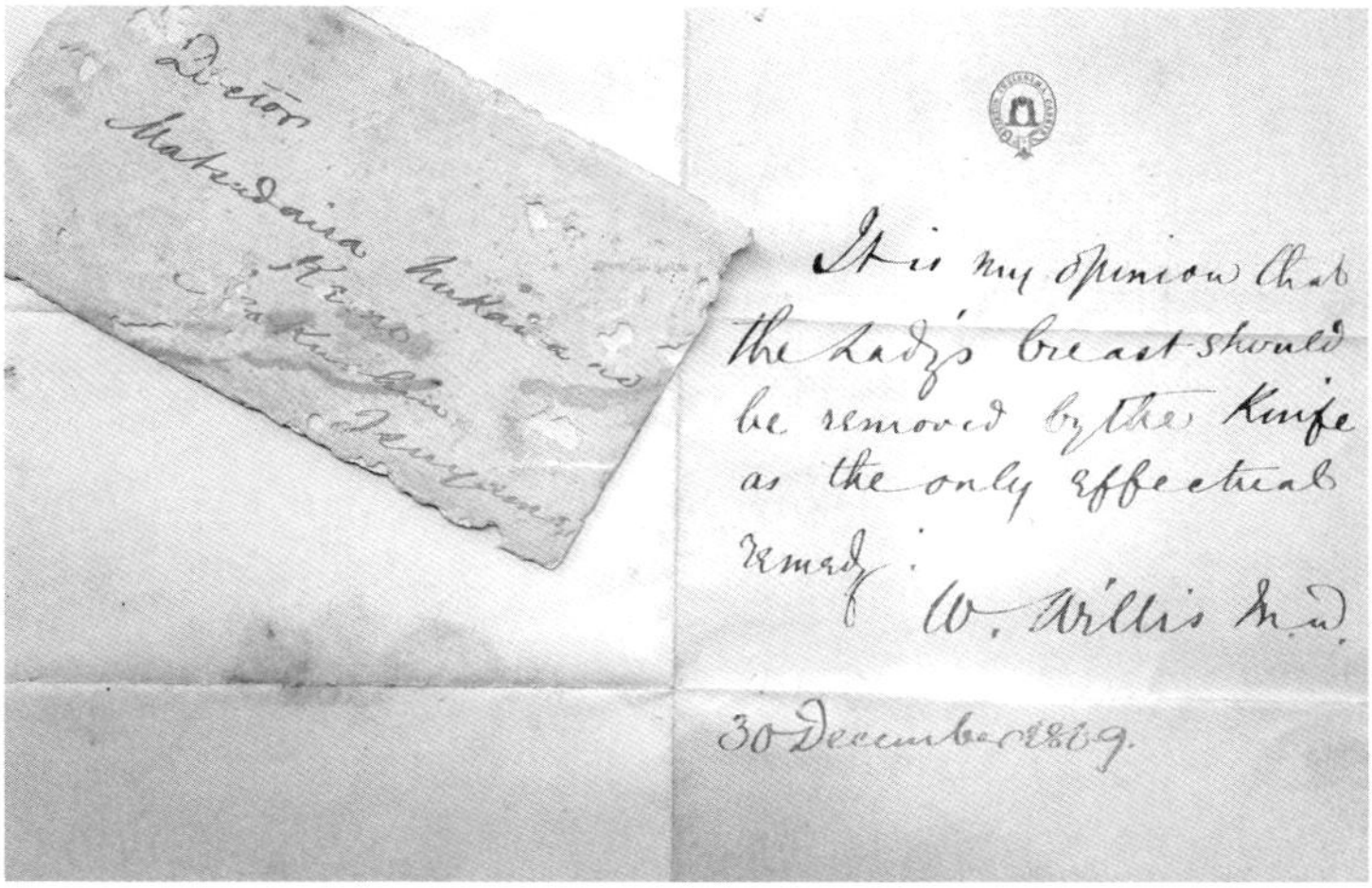

It is my opinion that
the Lady's breast should
be removed by the Knife
as the only effectual
remedy.
W. Willis M.D.
30 December 1869.

と英文で書かれ、日付は一八六九年（明治二）十二月三十日（旧暦では十一月二十八日）です。

ウィリスは、一八五九年にエジンバラ大学を卒業後、一八六一年（文久元）に英国公使館付医官として来日し、戊辰（ぼしん）戦争から明治初年にかけて日本で活躍しました。慶倫公宛てに手紙を書いたのは、東京で医学校兼病院の教師をしていた頃でしょうか。

実はこの時、慶倫公の夫人儀姫が乳ガンを患っていて、夫人の主治医たちは治療法に悩んでいました。しかも、事は秘密裏に進めなければならなかったのです。

藩医宇田川興斎と久原宗甫が連名で明治三年（一八七〇）二月三日付けで藩に差し出した建白書の控えには、「夫人の乳ガン治療について万策を尽くしてきましたが、患部はますます増大し、思案に暮れています。幸い大阪に有名なオランダ人医師ボードウィンが滞在しているので、お忍びで上阪し、診察を受け、治療の万全を期するのが最善の方法だと思います」と書かれており、苦労している様子が窺えます。

この建白書は、ウィリスの手紙が届いた二ヵ月後に提出されていることから、病状が悪化する切迫した状況下で、あらゆるツテを頼って外国人医師の助言を求めようとしたものと推察されます。

ところで、その後の儀姫ですが、明治三年の六月から九月の間に、藩医たちによって無事に摘出手術を終え、廃藩置県後の明治五年（一八七二）には東京に移住しています。当時はまだ抗生物質がなかったため、術後は長く傷口がかぶれて困っていたようです。

15 今も生きる細胞という言葉

北里大学名誉教授の山科正平氏が、二〇〇九年に『細胞発見物語』（講談社）を出版されています。その中で、「細胞という日本語の創始者は誰か？」というテーマのページがあり、そこには「日本語ではcellという用語を細胞と翻訳して使っている。直訳で小さな部屋とはせずに、細かな袋という

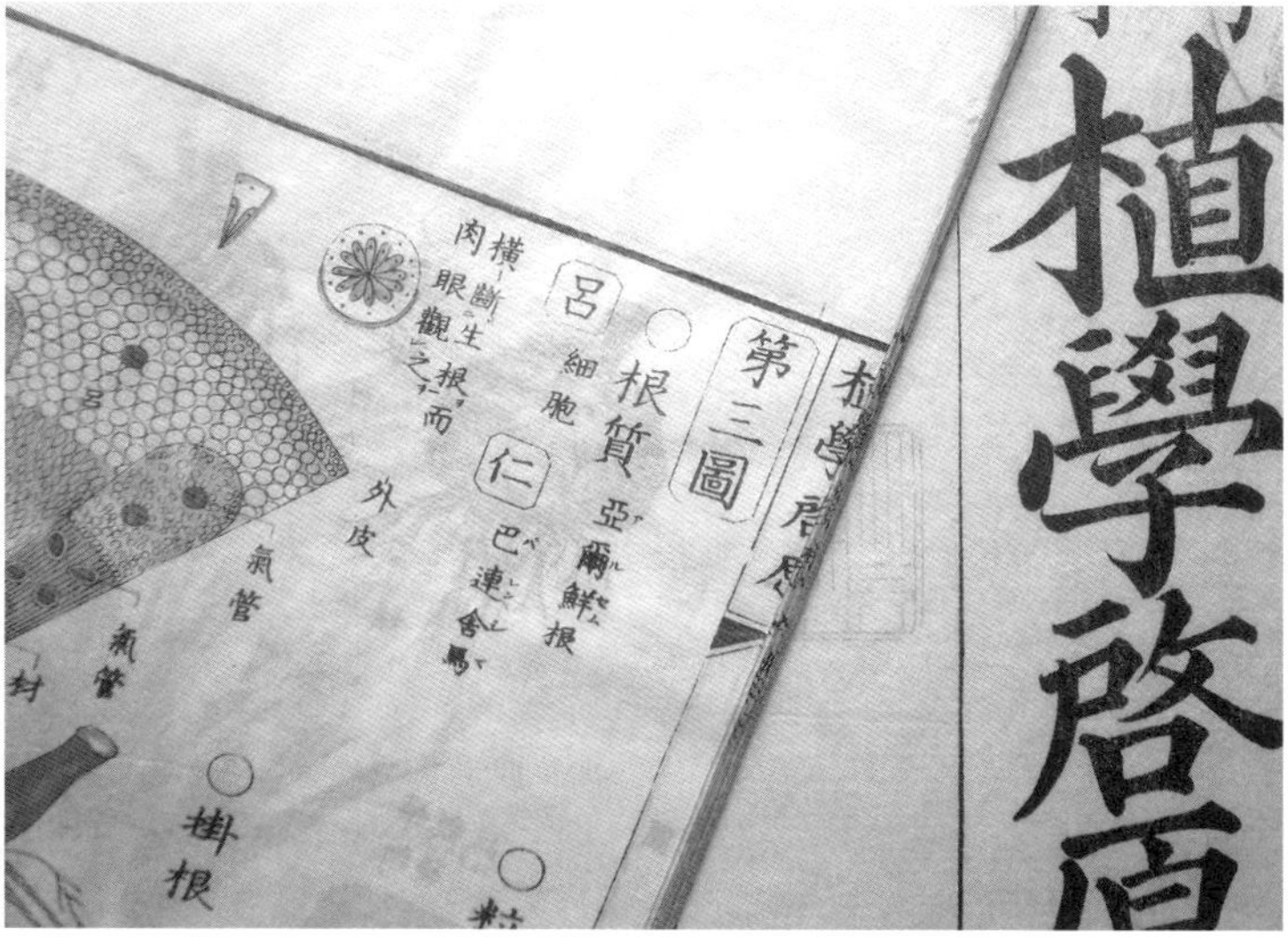

意味をあてがったのは、じつにうまい意訳だと思う。胞は体のなかの膨らんだものを意味するもので、その微小なものになるということになる。この言葉は一八七五年に出版された宇田川榕菴の植学啓原という書物に初めて出てくる……」と書かれています。

「細胞」（蘭語ではcel）という言葉を造語したのが、津山藩医の宇田川榕菴だということは専門家の間ではよく知られているのですが、正直なところ、一般にはあまり知られていないことなのです。

榕菴は、ほかにも「花粉」「柱頭」「蕚」「繊維」など、多くの造語を考案していますが、この「細胞」という言葉は、今では中国語でもそのまま使われています。

『理学入門　植学啓原』第三図の根質の図を見ると、根の皮層の部分名を「細胞」と名づけているのが確認できます。しかし、それはただ単に植物の部分を示すものであって、現在私たちが知っている細胞の概念、つまり「生物体を構成する最小単位のもの」とは異なっていたことを付け加えておきます。

16 人体への探究心が伝わる人頭模型

寛政六年（一七九四）、江戸にやって来た出島のオランダ商館長G・ヘンミイは、会談した幕府の医官桂川甫周に精巧なフランス製の蠟細工による人頭模型をプレゼントしました。すぐに甫周は、職人の鈴木常八に命じて模作させています。ヒノキ材を使い、岩絵の具を塗って完成させましたが、それが巡り巡って、今は東京大学医学部の医学標本室に保管されています。

残念なことに、もとの蠟細工は現存していないことから、今となってはこの模作自体が医学史的に貴重な資料として評価されることになりました。

津山洋学資料館の新館展示に際し、ぜひともこれを展示したいと、特別な許可を得て、その模作を複製させていただいたのが、写真の人頭模型です。

『解体新書』の翻訳メンバーの一人として知られる桂川甫周は、また津山藩医の宇田川玄随を西洋医

学へと導いた人で、津山の洋学とも深い関わりがあります。ひょっとしたら、玄随もこの人頭模型を手にした可能性が高いのではないか？　そんなことに思いを馳せながら、味わうように観察するのが歴史資料に接する醍醐味というものです。

蘭方医たちの好奇心と探求心によって製作された人頭模型には物語があり、その確かな仕事ぶりからは、当時の職人の優れた技術力が伝わってくるようです。

17

玄白を驚かせた木骨

津山洋学資料館の第一展示室の中央で異彩を放ちながら鎮座しているのが、写真の星野木骨です。

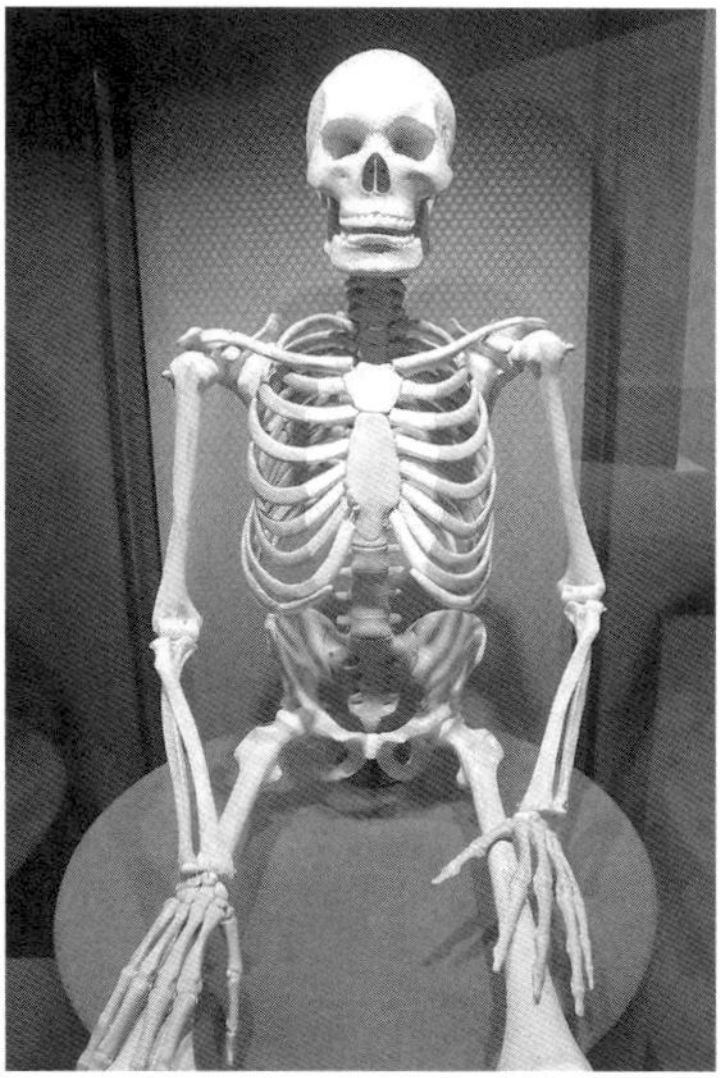

寛政三年（一七九一）、安芸国（広島県）の医師星野良悦（ほしのりょうえつ）は二体の刑死体をもらい受け、一体で内臓を観察し、もう一体はこれを煮て骨格標本としました。さらに職人の原田孝次に命じて、その骨格標本をもとに二体の木製による骨格標本（木骨）を作らせたのです。このことは、五臓六腑（ごぞうろっぷ）の確認に重点を置いた江戸時代の解剖の事例では特異でした。

寛政十年（一七九八）、良悦は出来あがった木骨を携えて江戸に上り、杉田玄白や大槻玄沢らに見せたところ、その見事な出来栄えを褒められたのです。

この年の暮れ、当時の蘭学者八十人を相撲番付に見立ててランク付けした「蘭学者相撲見立番付」（早稲田大学図書館所蔵）が作られましたが、木骨を持ち込んで蘭学者仲間を大いに驚かせた良悦は、「東方大関　作州宇田川玄真」（津山藩医江戸詰）の右側にちゃっかり張り出しで登場することになってしまいました。

帰郷後、別に一揃えの木骨を原田に作らせ、寛政十二年（一八〇〇）十一月、幕府に献じています。

現在、星野木骨は重要文化財として広島大学医学部の医学資料館が所蔵していますが、新館の展示にあたり、特別許可を得て複製できたことには感謝の念が絶えません。

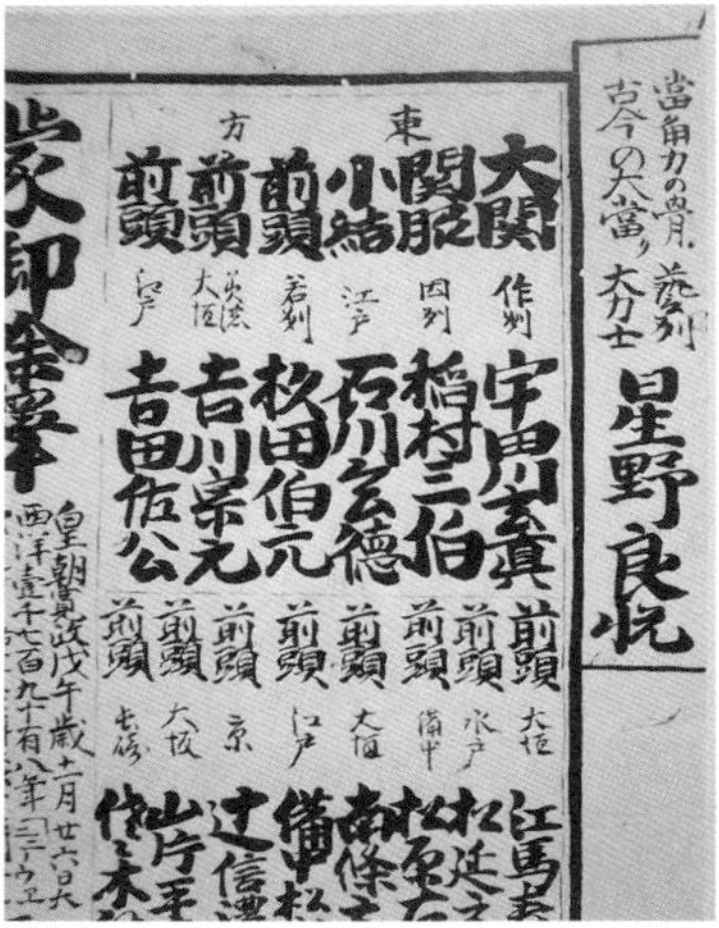

18

シーボルトから贈られた顕微鏡

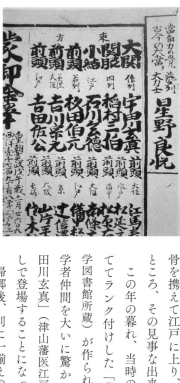

写真は、フォン・シーボルトが津山藩医の宇田川榕菴にプレゼントした顕微鏡（複製）です。原物は早稲田大学図書館特別資料室の所蔵ですが、津山洋学資料館の新館展示にあたり、特別許可を得て、複製を製作することができました。

文政九年（一八二六）、長崎出島から江戸参府でやって来た商館長一行の中に、有名なシーボルトがいました。宿泊先となった江戸本石（ほんごく）町（中央区日本橋本石町）の長崎屋には、シーボルトを訪ねて様々な人が出入りしましたが、もちろん、榕菴もその一人でした。

シーボルトと面会した榕菴は、その時の印象を「博覧多通、音律を解し、多識の学（博物学）に長じている。交友を重ねるごとにますます益になる……」と書き残しています。このチャンスを逃してはならぬと、西洋の学問についてあれやこれやと質問したことは想像に難くありません。そんな榕菴の熱意に感心したシーボルトは、別れに際して「江戸の医師にして植物学者の宇田川榕菴に、あなたの親友として記念に贈る」という献詞を添えたバスター著の『科学の楽しみ』、スプレンゲル著の『植物入門書』と共に、この高価な顕微鏡をプレゼントしたのでした。

この顕微鏡は榕菴にとって、どんなものにも代え難い大切な宝物だったに違いありません。

19 中国伝来の楽器にも興味

写真は、津山藩医（江戸詰）の宇田川榕菴（うだがわようあん）が晩年に描いたと思われる「明清楽器図」の一部分です。胡琴（こきん）・蛇味線（じゃみせん）・四胡線（しこせん）・二胡線・八角琵琶・月琴などの珍しい楽器が、黒・茶・赤・黄の四色を使って鮮やかに描かれ、思わず見とれてしまいます。

榕菴が西洋音楽に興味を持って研究していたことは知られていますが、このような中国伝来の楽器にも強い関心を寄せていました。さらに榕菴は、江戸で明清楽器の演奏家たちとも交流していたことから、自らも演奏を楽しんでいたようです。

自分で試してみるという「親試実験」を座右の銘にしていた榕菴は、すべてにおいて探求心が旺盛でした。

この資料は、もともと財団法人津山社会教育文化財団のコレクションでしたが、津山洋学資料館の新館開館を機に、展示に役立ててもらいたいとして津山市に寄付されました。

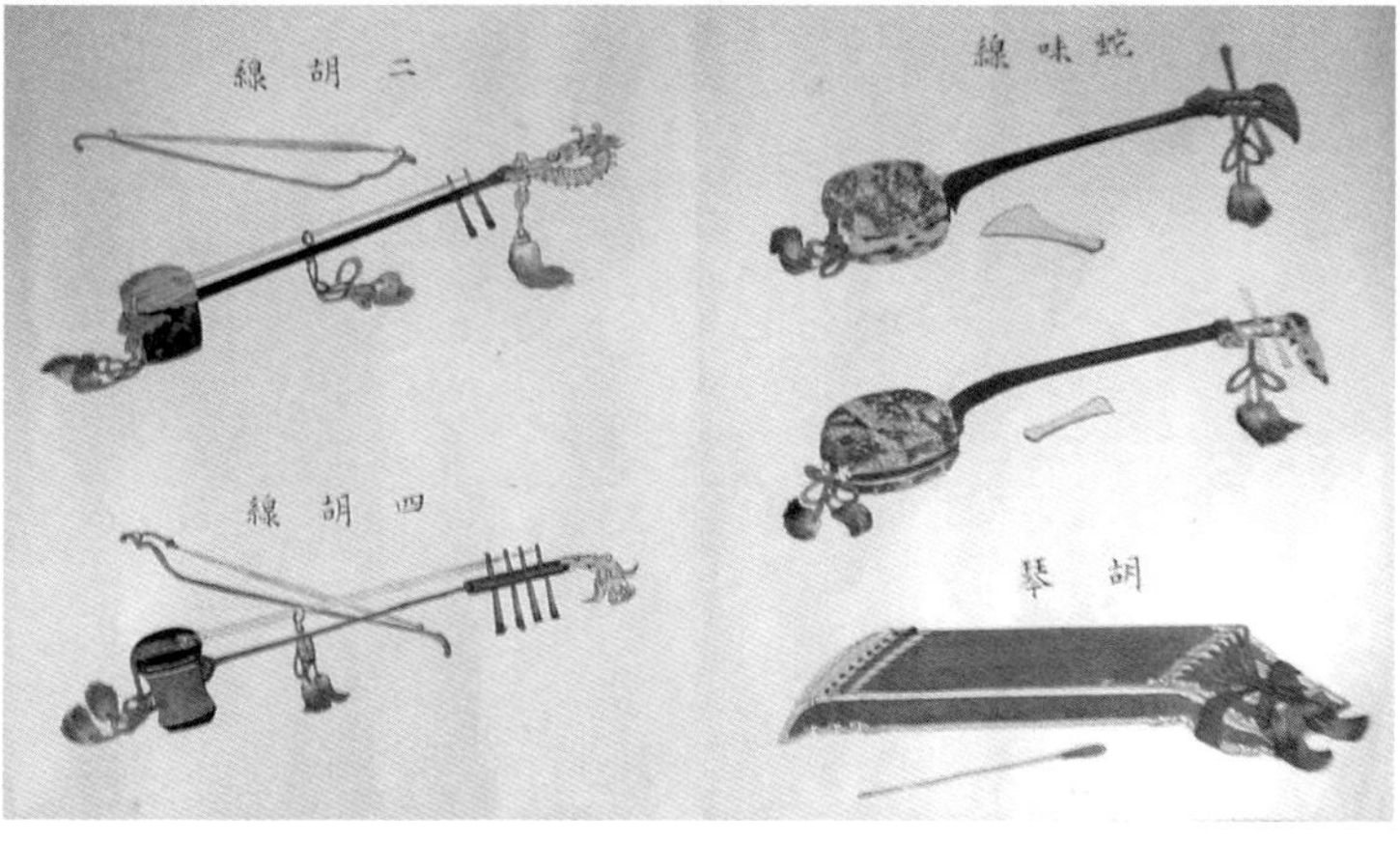

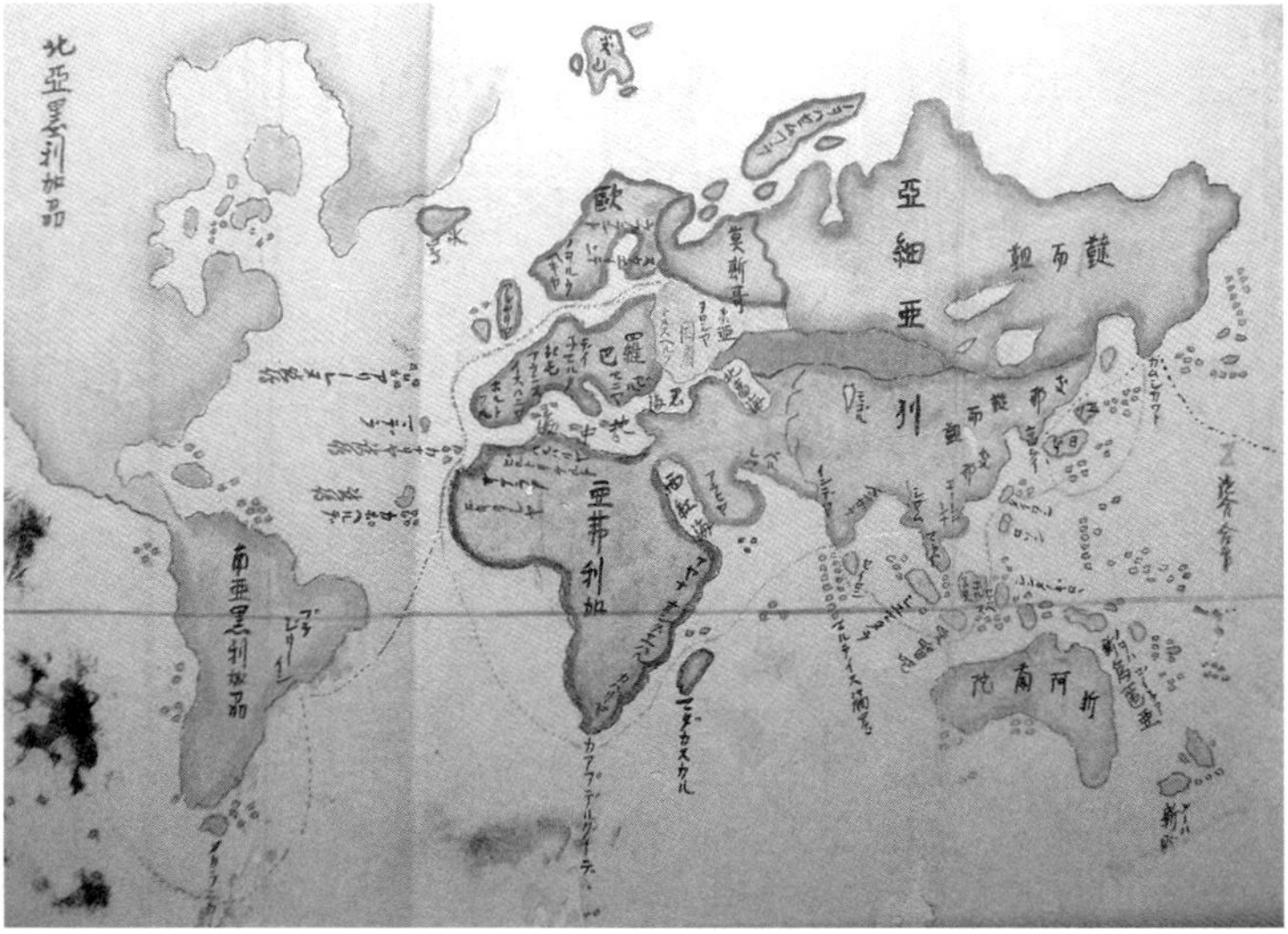

まさに榕菴自筆の一級資料なのです。

20 宇田川家に残された極秘文書

寛政五年（一七九三）冬、陸奥宮城郡（仙台）の水夫四人が江戸に出船したものの逆風に遭い、アリューシャン列島（当時はロシア領）に漂着するという事件が起こりました。

そして十一年後の文化元年（一八〇四）、その水夫たちは、ロシアの第二回遣日使節として長崎に来航したレザノフに伴われて帰国を果たします。レザノフは江戸に出向いて、皇帝アレクサンドル一世の親書を奉呈したいと望みましたが、聞き入られず、日本人漂流民を引き渡して長崎から退帆したのでした。

その際、仙台藩主伊達周宗は、大槻玄沢と志村弘強に、国禁を犯さざるを得なかった四人から事の顛末を聞き出すことを命じ、のちに『環海異聞』としてまとめています。

さて、写真の地図は津山洋学資料館蔵の「宇田川榕菴張込帖」にスクラップされた一枚です。前出のレザノフと仙台漂流民が乗船した世界周航帆船ナジェージタ号の、ロシアから日本への往復航路が墨と朱の点線によって描かれています。

なぜ、このような極秘文書が津山藩医宇田川家の資料の中に紛れていたのでしょう。

実は、大槻玄沢と宇田川玄真・榕菴父子は共に幕府天文方で、外国の文書を翻訳する蛮書和解御用掛を務めた仲間だったのです。その公私にわたる親交から、宇田川家に残ったのではないかと推察されます。また、この地図と同じものが徳川宗家や旧幕臣たちの資料を収集した静岡県立中央図書館にも保管されているようで、ますます興味を引かれます。

21 ノーベル化学賞の源泉は津山に

平成二十二年（二〇一〇）のノーベル化学賞の受賞者に、北海道大学名誉教授鈴木章氏と米国パデュー大学特別教授根岸英一氏が決まり、大変な話題となりました。

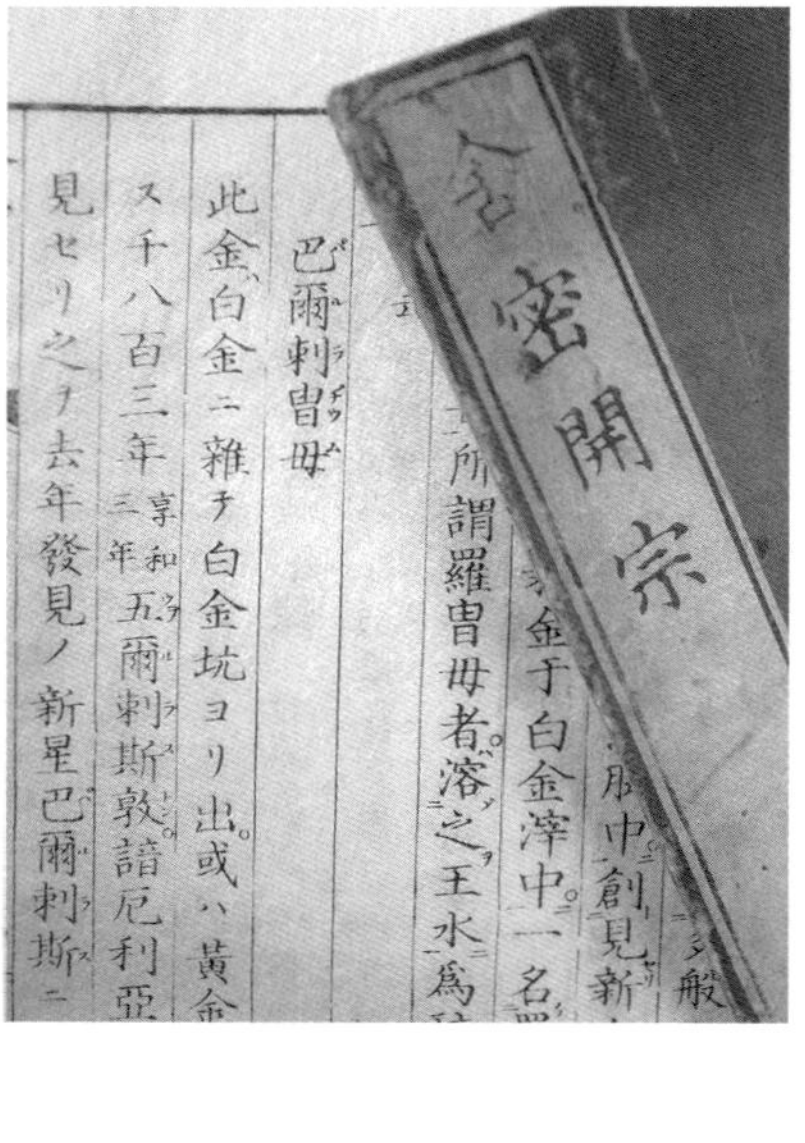

二人の研究は「クロスカップリング反応」という、有機化合物の画期的な合成法だそうで、通常は結合させることが難しい炭素原子を金属のパラジウムを触媒にして効率よく結合させ、新しい化合物をつくるというものです。医薬品や液晶などの産業に大きな影響を与えたことが受賞の理由でした。

ところで、このノーベル化学賞の源泉を辿ると、津山にも関係があるということをご存じでしょうか。それは、津山藩医（江戸詰）の宇田川榕菴（うだがわようあん）が、天保八年（一八三七）に出版した日本初の化学書『舎密開宗（セイミかいそう）』の中で、「巴爾刺冑母（パルラチウム）」としてパラジウムの性質について詳しく解説していたからです。『舎密開宗』が出版された当時、すでにヨーロッパの化学は、原子・分子の概念のうえに立って、物質の性格と変化と化合物の構造によって解明する方向へと急速な展開をみせていました。当時の日本では、化学はまだ未知の分野だったわけですが、その概念を、榕菴は自ら実験しながら理解しようと努力していたわけです。今から百八十二年も前のことです。

22

英和辞書の普及

嘉永六年（一八五三）と翌七年のペリー来航時、緊迫する日米交渉に立ち会った通詞（つうじ）（通訳）たちの中に、堀達之助（ほりたつのすけ）という人がいました。オランダに取って代わって台頭してきた米国の脅威を間近に感じた堀は、「これからは英学だ」と強く思ったに違いありません。

その後、堀は、誰しもが英語を学べるようにと、ピカルド（H.Picard）の『英蘭対訳辞書』を底本とした英和辞書の編纂に着手することになります。西周（にしあまね）、千村五郎（ちむらごろう）、竹原勇四郎・箕作（みつくり）貞一郎（箕作阮甫の孫で、のちの麟祥）ら洋書調所の教授陣たちの協力を得て、文久二年（一八六二）、三万五千語を収録した、活字本としては日本初の本格的な英和辞書『英和対訳袖珍辞書』を出版したのでした。

　さて、この写真は慶応三年（一八六七）に『改正増補版』として再版されたものです。明治二年（一八六九）にも重版刊行され、本の厚みが枕にもなる

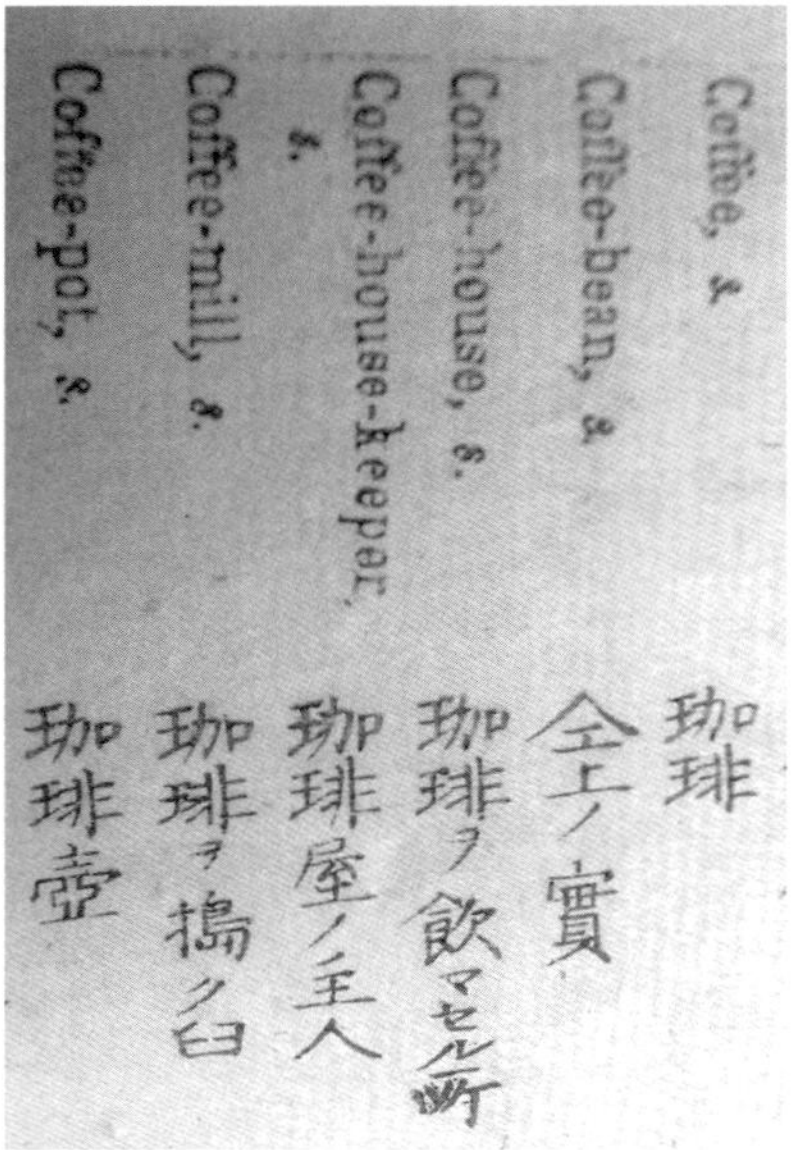

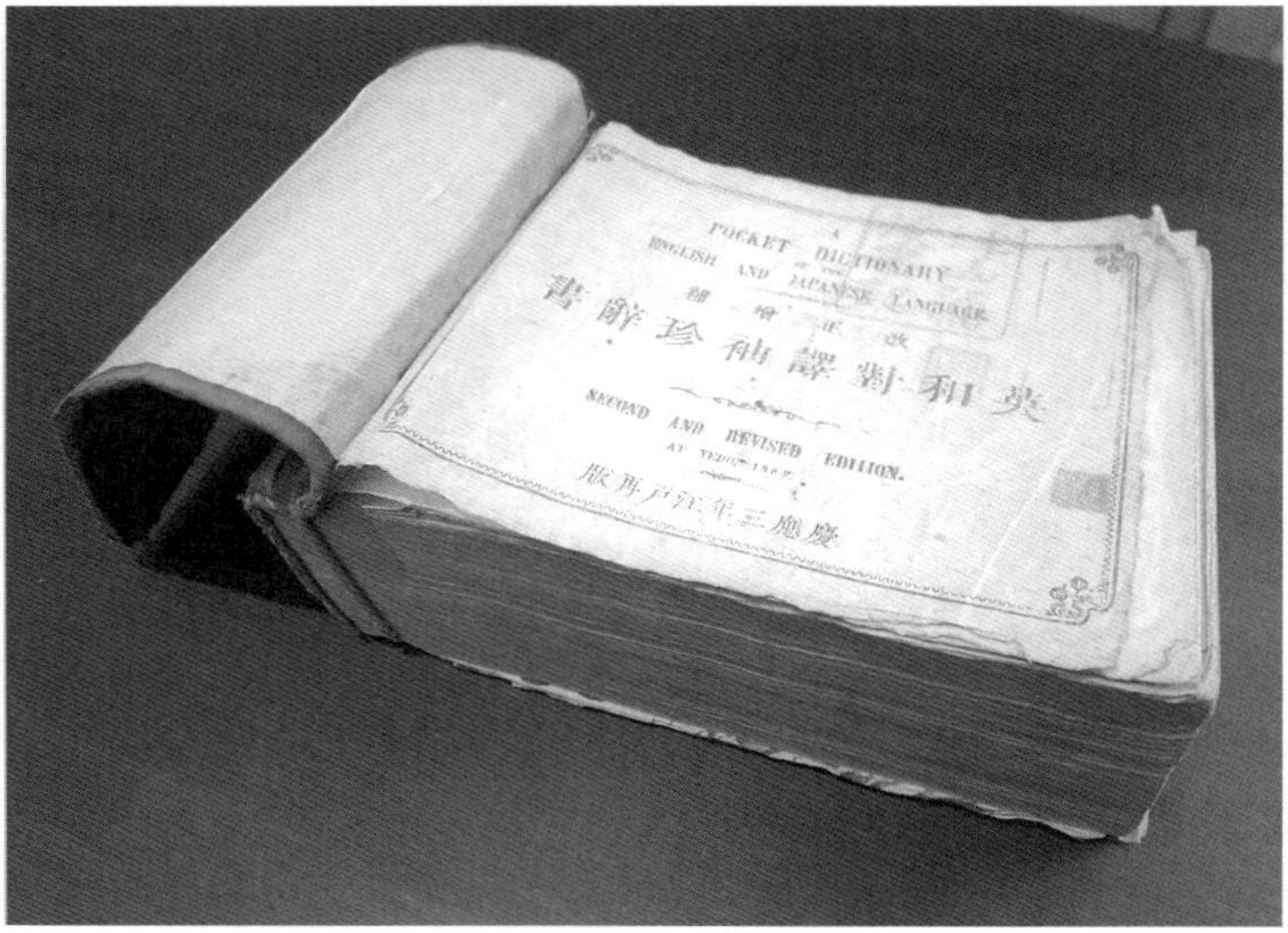

というので「枕辞書」の名で流行したそうです。
ともあれ、この辞書が蘭学から英学への橋渡しをした業績は、洋学史上、意義が大きいと高く評価されています。この辞書で「Coffee」の訳語として採用されたのが、江戸時代後期に津山藩医（江戸詰）の宇田川榕菴がオランダ語「Koffie」の当て字として考案した「珈琲」です。この辞書の普及によって、次第に「珈琲」という言葉が、人々に認識されていったのかもしれません。

23

玄白、玄随を惜しむ——「鉄根の人」

津山洋学資料館では、市民からの寄付金によって杉田玄白の回想録『蘭学事始』を所蔵資料の一つに加えています。これは、『解体新書』出版時の苦労や、その後の蘭学の広がりについて書かれたものとしてあまりにも有名です。

蘭学・洋学の専門資料館を標榜する同館にとっては、この本が必要不可欠なことはいうまでもありませんが、それ以上に重要なのは、下之巻で津山藩医（江戸詰）の宇田川玄随と、その養子となった玄真について、玄白がその思いを綴っているからです。

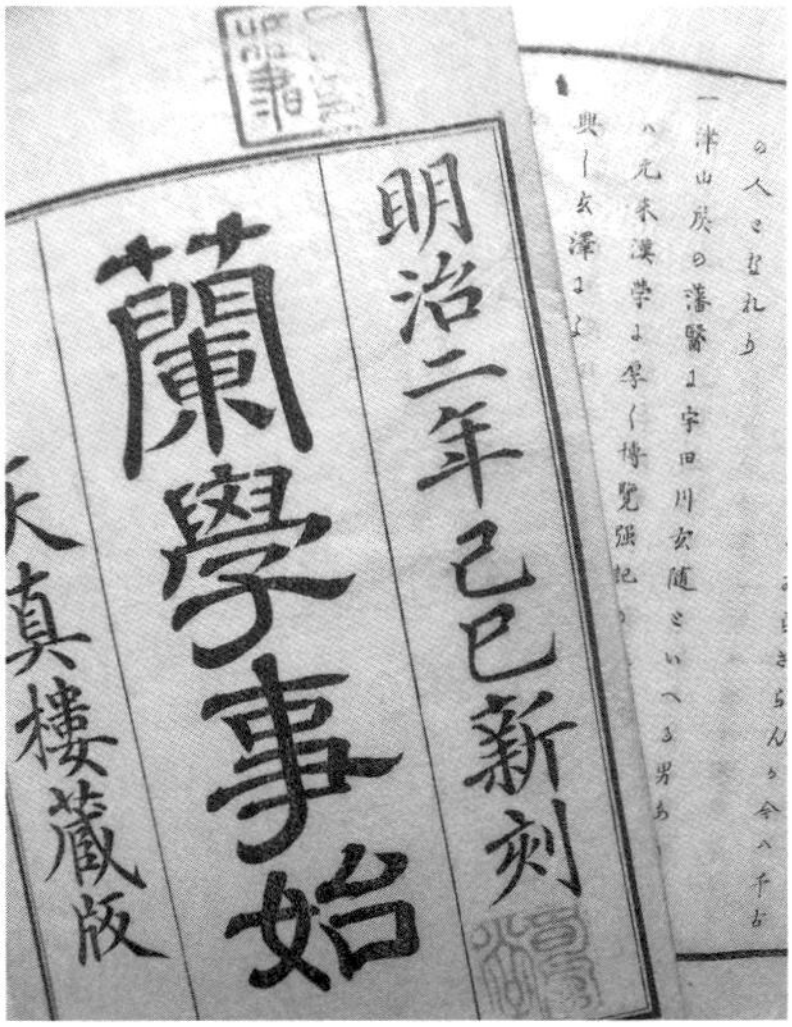

原文は玄白が八十二歳の時の文章なので、そのまま現代語訳にすると不具合も出てきますが、本項では、その中から宇田川玄随の箇所を読んでみることにしましょう。

津山侯の藩医に宇田川玄随という男がいました。この人は漢学に優れ、広く書物を読み、物事をよく知った人でした。蘭学を志し、大槻玄沢からオランダ語の書物を学び、また私や中川淳庵の門にも出入りし、やがて桂川（甫周）君や前野良沢ともようやく交流するようになりました。のちに、長崎の元通詞（通訳）で白河侯（藩主松平定信）の家臣となった石井恒右衛門という人とも交流して、数々のオランダ語を学んだのですが、元来の秀才で、根気のある人でしたから、蘭学が大いに上達して、一書を翻訳して「内科撰要」と題する十八巻を著しました。これは簡単に要約された内科書でしたが、日本で最初の内科書の翻訳でした。惜しいことに、四十余歳で黄泉の国へ行ってしまいました。この書は、歿後にようやく全巻の出版を完了することができました。

このように書かれているところをみると、当時蘭学界の大御所だった杉田玄白が、道半ばで逝った玄随の才能を大変惜しんでいたことが伝わってきます。原文では、熱心に蘭学に取り組む玄随を評して「鉄根の人」とありますが、一冊の医学書の翻訳に十年という歳月をかけて取り組んだ玄随には、ピッタリの言葉のように感じます。

24 皇太子も書道の練習——日高秩父の版木

写真は、書道教本を刷るための版木です。これを使って書道の練習をされたのが皇太子（のちの昭和天皇）というのだから、ただの版木ではありません。

書道教本を作ったのは明治・大正の執筆家として知られ、国定教科書『尋常小学書キ方手本』の執筆者でもある日高秩父（ひだかちちぶ）です。

秩父は栃木県出身で、嘉永五年（一八五二）の生まれです。陸軍省、奈良県、東京府で勤務したのち、明治十五年（一八八二）に宮内省へ入省、宮家家令、侍従職を歴任して内大臣秘書となりました。大正三年（一九一四）から東宮（とうぐう）御学問所御用掛となり、大正九年（一九二〇）には宮中顧問官（きゅうちゅうこもんかん）を兼務することになります。

略歴から推測すると、東宮御学問所御用掛の時に皇太子の書道教本として版木が製作されたことがわかります。昭和天皇は明治三十四年（一九〇一）のお生まれですから、この書道教本を使って習字をされたのは、十三歳以後ということになるでしょうか。

ところで、どうしてこの版木が秩父の出身地である栃木ではなく津山に保管されているのかというと、実は津山藩医（江戸詰）箕作阮甫（みつくりげんぽ）の孫娘リキ（のち里起子）の嫁ぎ先が秩父だったことから、平成十三年（二〇〇一）、日高家当主の日高單也氏を通じて七十七枚の版木が洋学資料館へ寄託され、平成二十九年（二〇一七）には寄贈となったからです。

25 ハナハゼのハナは花子のハナ

内海などに生息するハゼの仲間にハナハゼというダイバーにも人気の美しいハゼがいます。ダテハゼとテッポウエビの巣穴に居候するという、少々ずうずうしい習性でも有名です。

そのハナハゼの名前が、津山藩医（江戸詰）箕作阮甫の七番目の孫で、養殖真珠を世界で初めて成功させた御木本幸吉（ミキモト創業者）を学術的に指導した海洋動物学者箕作佳吉博士に関係しているというのだから、興味津々です。

実はハナハゼの「ハナ」は、御令嬢「花子さん（戸籍上はハナ）」に由来するというのです。そのことを、魚類学者の田中茂穂が昭和九年（一九三四）に著した『奇魚珍魚』という本の中で

箕作佳吉夫妻と娘の花子

ハナハゼ（写真提供＝神奈川県立生命の星・地球博物館、瀬能宏氏）

書いています。

ハナハゼは標準和名ですが、学名は〝hanae〟で、命名者の魚類学者ジョルダンは、論文の中でその語源として、Hana, a flower, the name of Professor Mitsukuri's daughter. と記しています。のちにスタンフォード大学の学長を務めたジョルダンは、大の親日家でした。当時の日本にも魚の採集で何度となく訪れ、多くの弟子を育てましたが、田中もその一人だったそうです。

最近、東京湾で頻繁に捕獲されるという深海ザメのミツクリザメは、箕作佳吉の名がついたサメとしてテレビ番組に何度も取り上げられ、すっかり有名になってしまいましたが、ハナハゼにもそのような秘密があったとは驚きです。

花子さんは明治三十年（一八九七）生まれ、のちにＩＬＯ（国際労働機関）日本代表などを歴任した吉阪俊蔵（よしざかしゅんぞう）に嫁し、二男一女に恵まれ、昭和五十八年（一九八三）に八十七歳で他界されました。次男の昭治氏に、「御母堂さまは、そのことをどう思われていたのでしょうね」とお尋ねしたところ、「母は時折、私の名前のついた魚がいるのよ！　と自慢げに話していましたよ」とのこと。やはり花子さんはご存じだったのです。しかし今では、このハナハゼの語源について知る研究者はほとんどいません。

26 オランダ徳利

写真は、江戸時代にオランダから渡来したガラス瓶です。主に酒や薬品を運搬するために使われて

いたといわれています。出島のオランダ人たちの晩餐（ばんさん）風景を描いた長崎版画を注意して見ていると、食卓に「ジュネーバ」という蒸留酒の入ったこの瓶を見つけることができます。

ジュネーバは、もともと熱病対策のための薬として開発されたそうです。十七世紀には、オランダ東インド会社が世界に帆船を送り出しましたが、航海時に船乗りたちが熱病に罹らないようにと予防のために飲んでいました。また、酔っぱらってしまうので、船酔いにも効果があったといわれています。今でも出島を発掘すると、この瓶の破片がたくさん出てくるので、随分と日本には持ち込まれたのでしょう。

当時、ガラス瓶はとても希少なものでした。オランダ人から不用になったガラス瓶をプレゼントされた通詞（つうじ）（通訳）や商人、そして蘭学者や大名たちは大変喜び、わざわざ桐箱を新調して、その表に「阿蘭陀徳利（オランダとっくり）」と書いて珍重しました。

今でも長崎の骨董店を回ると、時折見つけることができますが、時代や形によって値段にも幅があるようです。津山洋学資料館でも、ぜひ展示したいと考えて購入しました。

27

今も生き続ける法律の言葉――『泰西国法論』

写真は『泰西国法論』です。幕末外交史の大家である故大久保利謙は「日本人が書いた最初の立派な西洋法学通論」と評しましたが、これを著訳したのは津山林田（津山市上之町）出身の津山藩士津田真道でした。

幕末の文久二年（一八六二）、幕命によってオランダ留学を果たした真道は、ライデン大学のシモン・フィッセリング教授邸に通って、性法（自然法）学・万国公法学・国法学・経済学・統計学を二年あまり学びました。帰国後、ただちに国法学について翻訳し、慶応四年（一八六八）に出版したのが、この『泰西国法論』です。

本の内容について、ここでは詳しく解説しませんが、例えば凡例の箇所に、「法論の本意は人をして其自主自立の権を保たしむに在り。彼国の昔時一切の人権を奪ひて生ながら死人に同しうする刑ありたれども、今は廃したり。是法学の一層高きを加へて一証なり」とあります。この時代においてすでに「人権」という言葉を使っていたことに驚かされます。

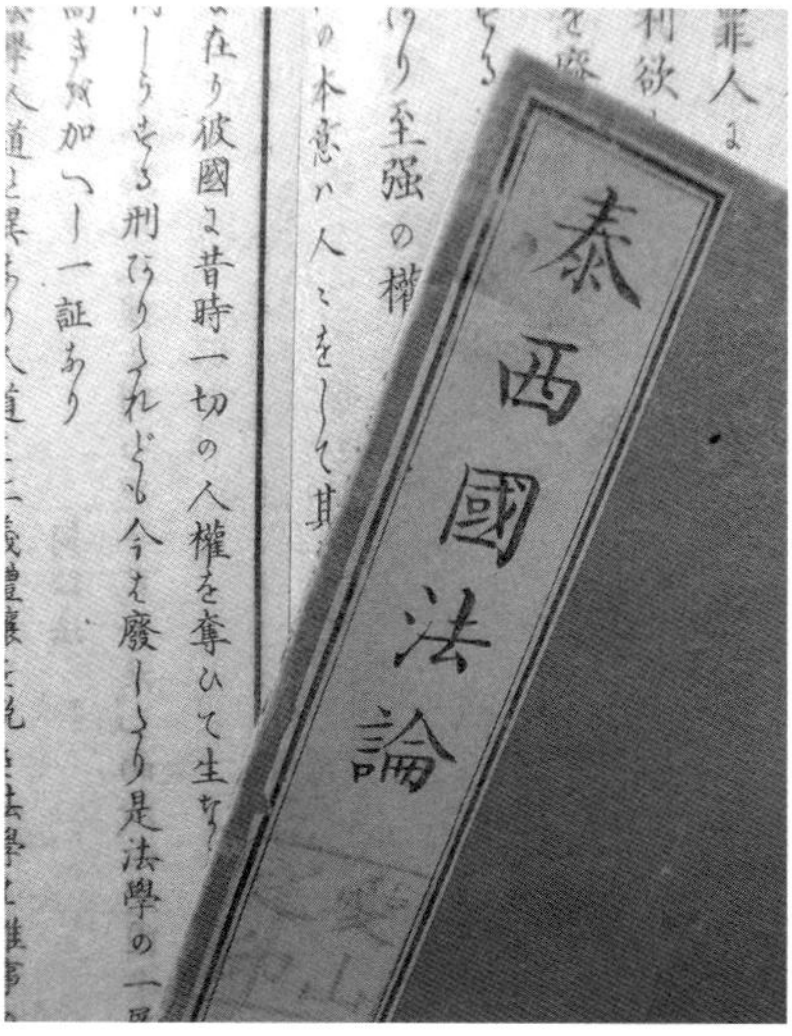

ほかにも主権・権利・民法・公法など、多くの法律用語が登場してきますが、この中で「民法」と「主権」の二語は、真道が創案したものといわれています。

28

英国製石鹸を舐めた榕菴

武田科学振興財団杏雨書屋が所蔵する津山藩医宇田川榕菴(うだがわようあん)自筆稿本『榕菴雑録』には、榕菴が収集した数々の珍蔵品が記録されていて、どんなものがあるのかと見入ってしまいます。

ここではその中の一つ、「龍動製　石鹸(せっけん)一」に注目してみましょう。龍動とは英国の都府「ロンドン」の当て字ですから、榕菴が英国製の石鹸を持っていたことになり、それは一体どのような石鹸だったのか、と興味が湧いてきます。

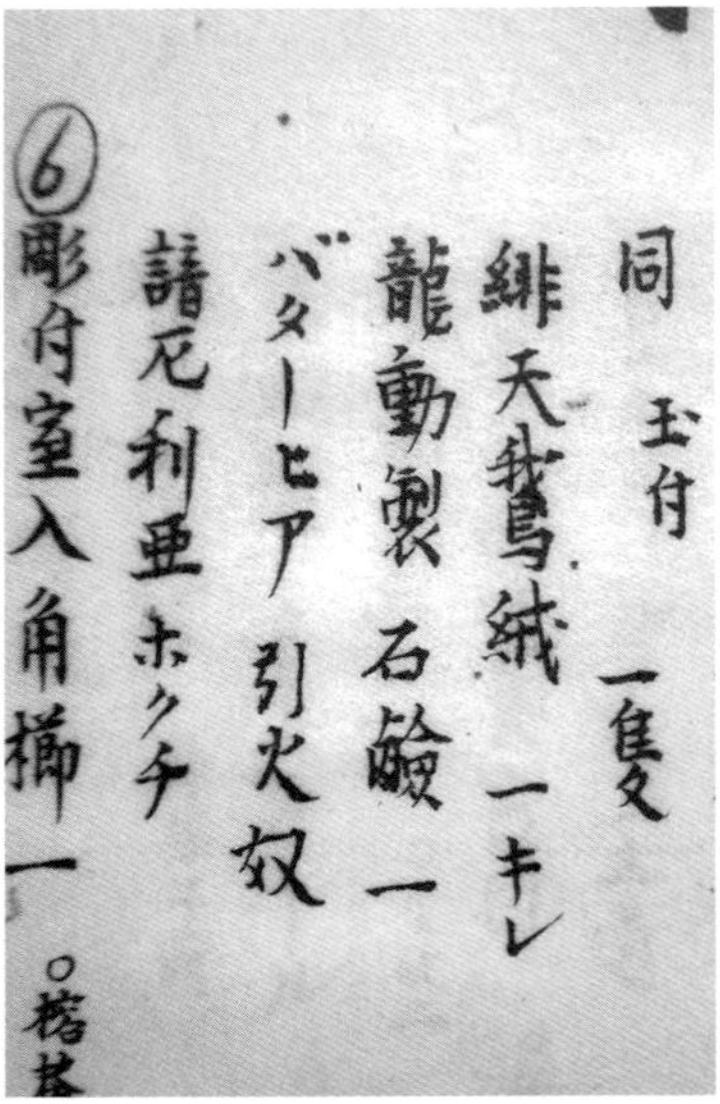
同　玉付　一隻
緋天鵞絨　一キレ
龍動製　石鹸　一
バターヒア　引火奴
諳厄利亜ホクチ
⑥彫付室入角櫛　一　○榕菴

そこで、ほかに何かないかと自筆稿本をいろいろ調べてみると、『榕菴随筆（上）』中に、関連箇所を見つけることができました。添えられた解説文には、「〇諳厄利斯(イギリス)石鹸　色白ク微黄ヲ帯ブ、香気アリ、毎顆紙ニ包ミ紅條(べにひも)ニテ結ブコト図ノ如シ、重サ大低十四銭許(ばかり)、面ニ獅子アリ、下ニ Purified Windsor Soap. London. ノ文アリ」とあり、石鹸の表

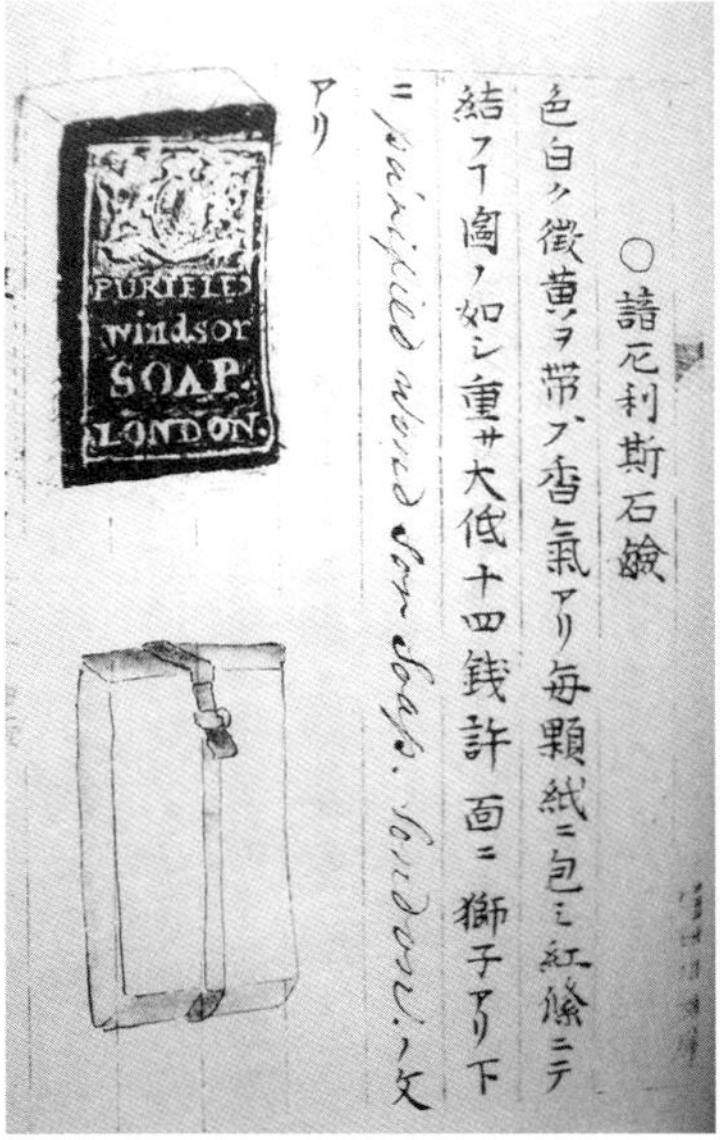

裏を描き写しています。

これによって、石鹼は乳白色で香りも良く、一個ずつ紙で包まれ紅色の紐でくくられていたことがわかってきました。重さは十四銭とあるので、約五十二グラムぐらいでしょうか、どうも小ぶりの石鹼のようです。

文政五年（一八二二）から随時出版された薬学書『遠西医方名物考』には、「西洋の薬物」として、この石鹼が再び登場してきます。「形は長さが二寸（約六センチ）、幅が一寸二三分（約四センチ弱）」であること。また「味は刺激のある芳美で、乾酪をかんだようだ」とあり、内服剤としての使い方や製造方法まで言及しています。

榕菴のモットーは「親試実験」でした。実際に石鹼を舐めて「刺激ある味」、嗅いで「芳しく」、噛んで「チーズのようだ」とは、実に体験的な表現ではありませんか。このような文献に触れていると、好奇心旺盛な榕菴が、恐る恐る石鹼を舐めている姿が、時空を超えて目の前に広がってくるようです。

29

起死回生の医術——華岡青洲寿座像

写真は、津山洋学資料館で展示している「華岡青洲寿座像」です。青洲といえば、苦心の末に開

発した全身麻酔薬「通仙散」を使った乳ガンの摘出手術を文化元年（一八〇四）に世界で初めて成功させ、一世を風靡した紀州の医師です。その門弟は千八百人を数え、美作地方からも三十七人が、紀州本塾の春林軒や大坂分塾の合水堂で学んでいます。

寿座像は、そうした門人の一人で、安政三年（一八五六）四月、合水堂に入門した美作海田村（美作市海田）出身の山田淳造（のち純造）の後裔宅で、平成三年（一九九一）に蔵の中から発見したもので、青洲が還暦を迎えた文政三年（一八二〇）に描かれた寿座像を基本にして写された何点かの一枚です。残念ながら、絵師は確認できません。

この寿座像の重要な点は、「竹屋蕭然烏雀喧　風光自適臥寒村　唯思起死回生術　何望軽裘肥馬門」と、青洲が直筆で賛を入れていることです。つまり、「質素な暮らしが自分には適していますが、ひたすら望むことは、人々の命を救い助ける起死回生の医術のことだけです。贅沢は望んでいません」

と、医師としての心構え、青洲のモットーが書かれているのです。

また、賛の末尾にはこれを授かった門人河野煥の名があり、文政六年（一八二三）夏とあります。「春林軒門人録」によれば、同年三月十三日に入門した備前国邑久郡尻海村（瀬戸内市邑久町尻海）に河野文平という人がいますので、河野煥とはこの人ではないかという説もありますが、今のところは定かではありません。

いずれにせよ、何かの理由によって、華岡門人同士のよしみで山田家に譲られたのでしょう。華岡門人が多いことは前にも触れましたが（一七九～一八四頁、二〇七～二〇九頁を参照）、全国的に青洲寿座像は極めて少なく、これも岡山県内では一点のみという一級史料なのです。

30 奥津にフランス外科学伝わる

写真は、岡山県苫田郡鏡野町の奥津温泉近く、奥津川西の医家石田家から寄託された『懐中秘書』に描かれた治療図の一部分です。このページをよく観察すると、右肩を脱臼した患者に棒を使って治療する様子が描かれていて、一見すると中国伝来の整体術のようにも思われます。

ところがこの治療図、源流を辿ってみると、意外にもフランスの外科医アンブロアス・パレ（一五一〇―九〇）の著した外科書からの転載なのです。パレの外科書は十六世紀から十七世紀末までヨーロッパ全土で各国語に翻訳重版され、やがて十七世紀前半には日本にも伝わり、吉雄耕牛の外科書『紅夷外科宗伝』にも使われることになりました。

のちに、このパレ外科書の治療図にある西洋人を東洋人に据え替え、さらに患者の足を晒で巻くなどの工夫を加えたのが、麻酔薬「通仙散」を使って乳ガン手術を成功させ、一世を風靡した紀州の華岡青洲です。その絵巻を門人たちが帰郷の際に修学時の土産として持ち帰ったため、このような治療図が全国各地に伝わっていったものと思われます。

石田家は秀賢を祖に、その長男賢碩、次男良碩、三男右門をはじめ、静寛院宮（十四代将軍徳川家茂の正室・和宮(かずのみや))の侍医(じい)を務めた大村達斎(右門の長男)などを輩出した医師の系譜です。その中で華岡塾と関係を持つ人を探してみると、賢碩の孫娘りくが、天保十三年(一八四二)に紀州の華岡本塾の春林軒(しゅんりんけん)に入門した美作国羽出(はで)(鏡野町)の医師水田敬道に嫁していることから、想像を逞しくすると、このような経路から治療図が石田家に伝わったのではないかとも考えられます。

いずれにしても、パレ外科書の治療図が変化しながら、幕末には鏡野町の山間地にまで伝わっていたことを知ると、今さらながら当時の医師たちの学問に対するひたむきさを感じてしまうのです。

31 甦った江戸時代の蒸留器

写真は、江戸時代に蒸留器として使われた蘭引(らんびき)を復元したもので、医者が患者の傷口を消毒するためのアルコールを酒から抽出するために使った器具です。

今から三十四年前の昭和六十年(一九八五)、筆者は実際にアルコールが抽出できるかどうかを実験してみたくなって、陶芸家に依頼し、蘭引の復元を試みましたが、その時は上手くいかずに失敗

してしまいました。以来、復元した蘭引を使って蒸留実験をすることをずっと夢見ていました。チャンスは思いがけなくやって来ました。当館の協議会委員でもある山田克惟氏の紹介によって、火にかけても割れない備前焼の技術を持った陶工紀 琇山（きのしゅうざん）氏から協力を得られたことで、復元に希望が出てきたのです。

それから間もなく、轆轤（ろくろ）引きによる本格的な復元作業が始まりました。蘭引は三つのパーツから構成されていたのですが、内壁の構造がとても複雑なため、窯焼きの際に割れる危険性が高く、これが難関でした。約一年の歳月を費やし、ようやく完成に漕ぎ着けた蘭引の形は、少しモダナイズされ、肌合いも南部鉄器（なんぶてっき）のよう。

さっそく夏のワークショップで実験を行い、焼酎（二十五度）からアルコール（八十度）を抽出することに見事成功しました。実験に参加した子どもたちの好奇心に満ちた眼を見て、感激もひとしおでした。

32

二百年前の植物標本

写真は、シーボルトが採取したオキナグサの植物標本です（首都大学東京・牧野標本館所蔵）。

文政六年（一八二三）にシーボルトが来日した目的の一つは、プラントハンターとして日本の植物を調査研究し、収集することにありました。弟子や友人たちが採取に協力したことで、各地から珍しい植物が大量に長崎出島へ届けられました。やがて標本は、本国オランダに送られますが、現在それ

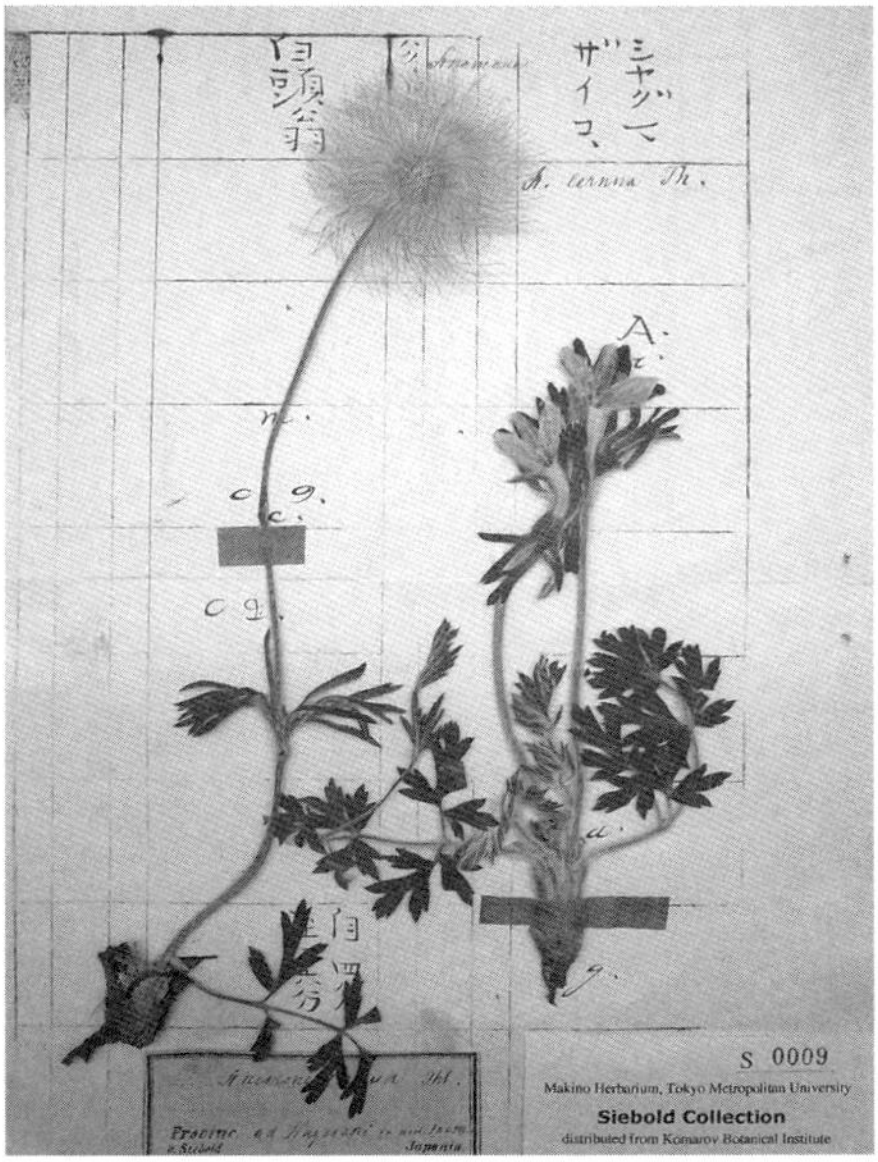

らは、ライデン大学図書館やロシアのコマロフ植物学研究所に「シーボルトコレクション」として保管されています。

さて、写真の標本の台紙に目を凝らすと、「シャグマザイコ」と「オキナグサ」の別称が書かれていることに気づきます。また、長崎出島の対岸に見える稲佐山で採取されたこと、さらにシーボルトの自作だということもわかります。花が散ったあとの柱頭の綿毛はフワフワしていますが、これは今にも風に運ばれて遠くへ飛んでいきそうです。恐らく、採取したのは文政頃と思われますが、本当に二百年近く前のものとは信じ難いほどに美しいものです。

このような状態で保たれているのを見ると、これまで管理に関わってきた研究者たちの標本保存にかけたたゆまない努力と情熱を感じずにはいられません。

33

伝わった神農像

写真は、津山市田町（たまち）の医家中島家（なかしま）に伝わる神農像（しんのうぞう）です。制作年は、江戸時代末期から明治期のように思われます。中島家には「神農様の頭をなでると賢くなるぞ」という言い伝えがあり、現当主も幼い頃にそういわれて神農様の頭をなでた記憶があるそうです。それにしても、これだけ立派なものが見つかることは珍しい。

そもそも神農とは、中国に古くから伝わる「農業の神様」のこと。この神様は、草や水を舐めることによって有益な五穀を選び、それを栽培耕作することで民を健康にし、その結果として疫病（えきびょう）から人々を救いました。一日に百草を舐めては、食べられるものと毒があるものとを見極めたことから、あとになって「医薬の神様」としても信仰されるようになったといわれています。これがやがて日本にも伝わり、掛け軸になったり、木像が作られたりすることになりました。これまで筆者は、美作地域の旧医家を調べてきましたが、神農像としては二体目の確認です。

神農様をよく見ると、本来薬草を持っていなければならない手の部分が破損しているのが残念です。

また、像と座っている螺鈿細工の台は、後年別のものが組み合わされたように思われます。神農様は本来山野にあるもの、石や幹の切り株のような自然物に座っているほうが様になります。

ところで、神農像の頭に角があることにお気づきでしょうか？「草を食らう」というので牛のように角が生えたとする説、はたまた「一日百回死んで百回生き返った」との伝説があるように、毒のせいで変貌したという説もありますが、その真相は定かではありません。

34

宇田川榕菴所蔵の張込帖を入手——思い出の一品

最後に、津山洋学資料館の数ある展示品の中でも、筆者にとって一番思い出深く、また心に残る一品を紹介したいと思います。

それは、常設展示「榕菴コーナー」に展示しているもので、「宇田川榕菴蔵張込帖」（以下「張込帖」）といい、「江戸のマルチ学者」と称される榕菴が収集品九十八種の資料を貼り込んだ折本です。

「医聖ヒポクラテス肖像画」（早稲田大学図書館洋学文庫所蔵の「医聖ヒポクラテス」肖像の下書き）、砲術家高島秋帆が大砲の演習をするために江戸へ持ち込んだ「ホーイッスル砲・マルビィツ砲の図」、「馬の包帯術の図」、「宇田川家の落款類各種」など、榕菴の自筆資料も多く含まれています。

「張込帖」は、二十五年前に東京で開催された古典籍展観大入札会に出品されたものですが、目録の中にこれを見つけた時は、「こんなものが今になって出てくるとは」と身震いしました。と、同時に、「これは何が何でも入手しなければならない」という思いに駆られてしまったのです。

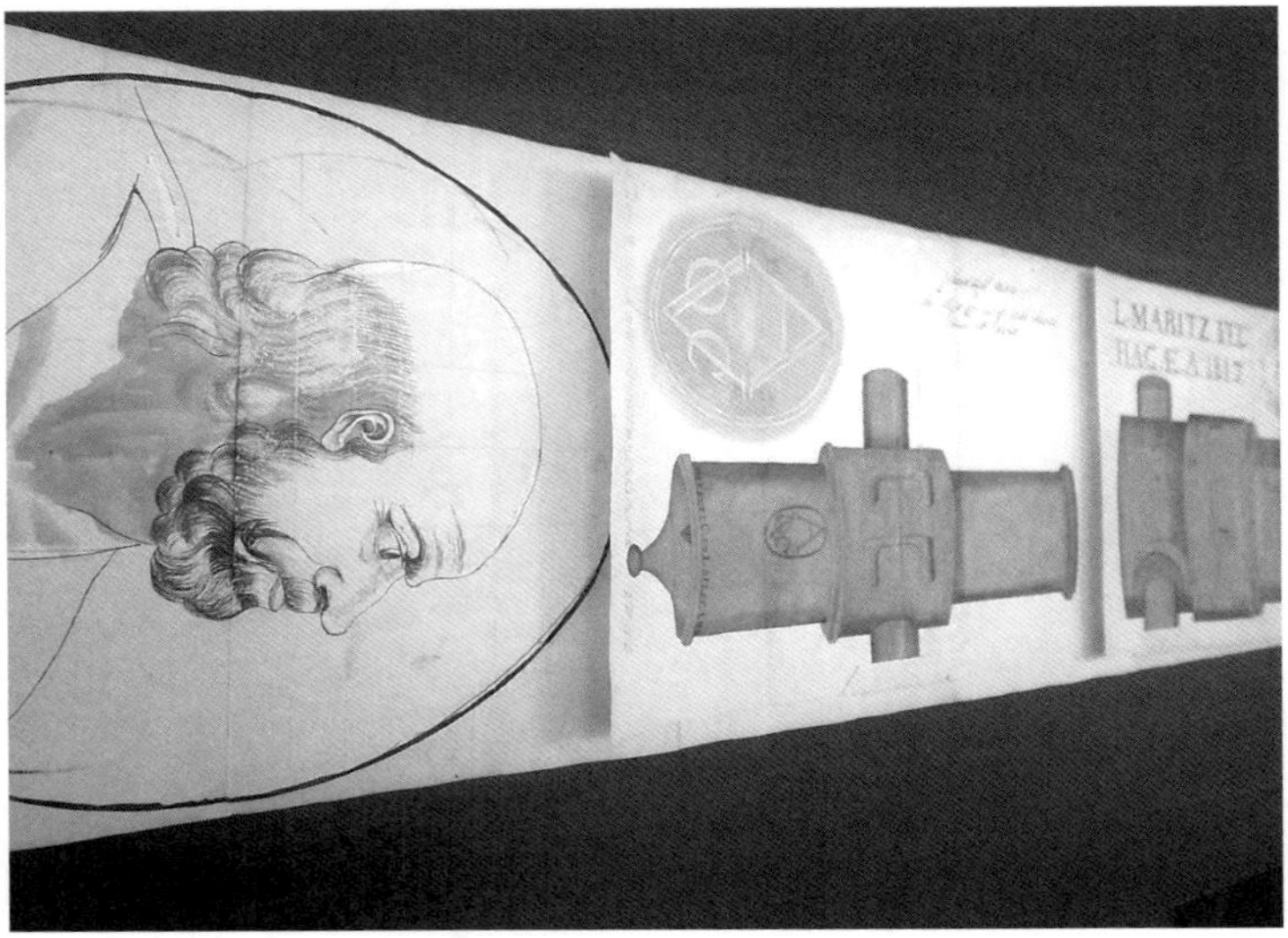

しかし、津山洋学資料館の備品購入費は僅かであり、このような貴重資料を購入するゆとりなどありませんでした。さらに入札となれば、最高値をつけて落札しなくてはならず、ハードルは高くなるばかり。それでも津山市財政課との協議で、やっとのことで上限百二十万円の了解を取り付け、満を持して上京したのでした。

ところが下見会の会場で、出品元の書店主から「最低価格は三百万円ほどでは」という情報を得て愕然とし、心が折れかけてしまいました。会場近くの喫茶店から、市役所に電話を入れて状況を伝え、増額を懇願しましたが、当然それは認められるはずもなかったのです。

その喫茶店の隣席では、某大規模図書館の職員たち数名が購入希望資料の入札価格を相談していました。その様子を窺いながら、悲哀を感じると共に恨めしく思いました。

さて、一度は断念して帰郷したものの、その思いは日々募るばかり。そこで、その後の成り行きを関係筋にあたってみたところ、現在某大学図書館が購入を希望しているが、高額資料を購入したばかりで予算が足らず、今は保留になっているとのこと。

この情報を耳にして、俄然闘志が湧いてきました。さっそく東京大学名誉教授の木村陽二郎氏と東京工業大学名誉教授の道家達将氏の両大家に鑑定を依頼し、その結果をもとに値段交渉をして、二百八十万円の売却価格を確認。資金集めに奔走することになりました。調整の結果、市民有志から百四十万円の指定寄付をいただけることが決まり、その後、市も増額して百四十万円とし、合わせて二百八十万円を三月補正予算で承認。ギリギリのところで購入が叶ったのでした。

今思えば、本来、市が洋学資料館という専門資料館を設置した以上、宇田川家や箕作(みつくり)家など、津山を代表する洋学者の自筆資料(一点物)が市場に出た場合には、是が非にでも購入していくという姿勢を持つべきだという気概が、当時の筆者にはまだあったように思えます。

今も「張込帖」は榕菴自筆資料の一品として来館者を魅了し続け、他館からの貸出依頼や専門家からの閲覧申請が頻繁な同館の至宝なのです。

時折来館して、ガラス越しに「張込帖」を眺めていると、旧館の薄暗い収蔵庫の片隅で、目頭を熱くしながら梱包(こんぽう)を解いたあの日の感動が鮮明に甦ってきます。

長い時間を経た資料には、ここに安住するまでの物語がそれぞれにあるものです。そのことに思いを馳せながら閲覧していただけるとしたら、筆者にとって、それ以上の喜びはないのです。

参考文献（編著者五十音順）

今泉みね『なごりの夢』（東洋文庫、一九六三年）
植村心壮『呵々 伝えておきたい話』（二〇〇〇年）
江橋　崇「榕菴カルタと水田晶二郎」（『津山洋学資料第6集 津山洋学』津山洋学資料館、一九八〇年）
緒方洪庵記念財団 除痘館記念資料室編『緒方洪庵の「除痘館記録」を読み解く』（思文閣出版、二〇一五年）
岡山歴史人物事典編纂委員会編『岡山歴史人物事典』（山陽新聞社、一九九四年）
奥山儀八郎『珈琲遍歴』（旭屋出版、一九七四年）
木村岩治「津山藩記録に見える津田真道」（『津田真道 研究と伝記』みすず書房、一九九七年）
木村岩治「津田真道の生涯」（『波濤を越えて』津田真道・西周顕彰委員会、一九九七年）
呉　秀三『箕作阮甫』（思文閣出版、一九一四年）
大槻文彦『箕作麟祥君伝』（丸善株式会社、一九〇七年）
幸田正孝「宇田川榕菴の年譜（上）・（下）」（『津山工業高等専門学校紀要第31号』津山工業高等専門学校、一九九二年）
幸田正孝「宇田川三代と蘭学者の時代」（『化学』化学同人、一九九八年）
小山健三『作州からみた明治百年』（津山朝日新聞社、一九七一年）
芝　哲夫「宇田川榕菴と『舎密開宗』」（『化学』化学同人、一九九八年）
治郎丸憲三『箕作秋坪とその周辺』（箕作秋坪伝記刊行会、一九七〇年）
下山純正「ペリー随員J・Rゴールズボローの名刺からの考察」（『津山洋学資料第7集』津山洋学資料館、一九八三年）
下山純正「美作在村蘭学概論」（『在村蘭学の展開』思文閣出版、一九九二年）
下山純正「幕末から明治期における寒村医家の思想と動静――鶴田藩（旧浜田藩医）能勢道仙と子息万の場合」（『一滴』

津山洋学資料館、一九九八年）
下山純正「京都の解剖家小石家の医学塾究理堂門人 吉ヶ原の江見敬輔について」（『やなはらの文化』第30号、柵原文化協会、二〇〇九年）
下山純正「化学会の初代会長久原躬弦と津山」（『化学と工業7』日本化学会、二〇一六年）
杉浦　正『岸田吟香――資料から見たその一生』（汲古書院、一九九六年）
杉山　栄『先駆者岸田吟香』（岸田吟香顕彰刊行会、一九五二年）
能勢　協『能勢万自叙伝』（能勢善樹、一九八九年）
宗田　一『日本医療文化史』（思文閣出版、一九八九年）
『ニューヨークタイムズ』紙　三月八日付け「天皇の新しいスーツ」（提供：箕作元秋氏）一九七二年
津山市史編さん委員会『津山市史』第5巻（一九七四年）
津山洋学資料館編『津山洋学者の墓誌・顕彰碑文』（津山洋学資料館、一九八五年）
津山洋学資料館編『特別展・横山廉造と香杏館 ある在村蘭方医の一生』（津山洋学資料館、二〇〇三年）
中山沃『岡山文庫・岡山の医学』（日本文教出版、一九七六年）
日本化学会化学教育協議会・化学アーカイブス設立準備WG（二〇〇四年）
洞　富雄『新異国叢書8』（雄松堂、一九八三年）
松尾耕三『近世名医伝』（香草園、一八八六年）
村岡　實「江戸時代の文献にみるわが国の阿蘭陀料理」（『親和文庫第17号　長崎出島の食文化』親和銀行、一九九三年）
山本明夫「日本の化学の歴史」（『化学アーカイブス』日本化学会、二〇〇四年）
渡辺芳也『アコーディオンの本』（春秋社、一九九三年）
※参考文献については努めて明らかにするよう配意しましたが、もし遺漏があれば、ご容赦を願います。

関連年表

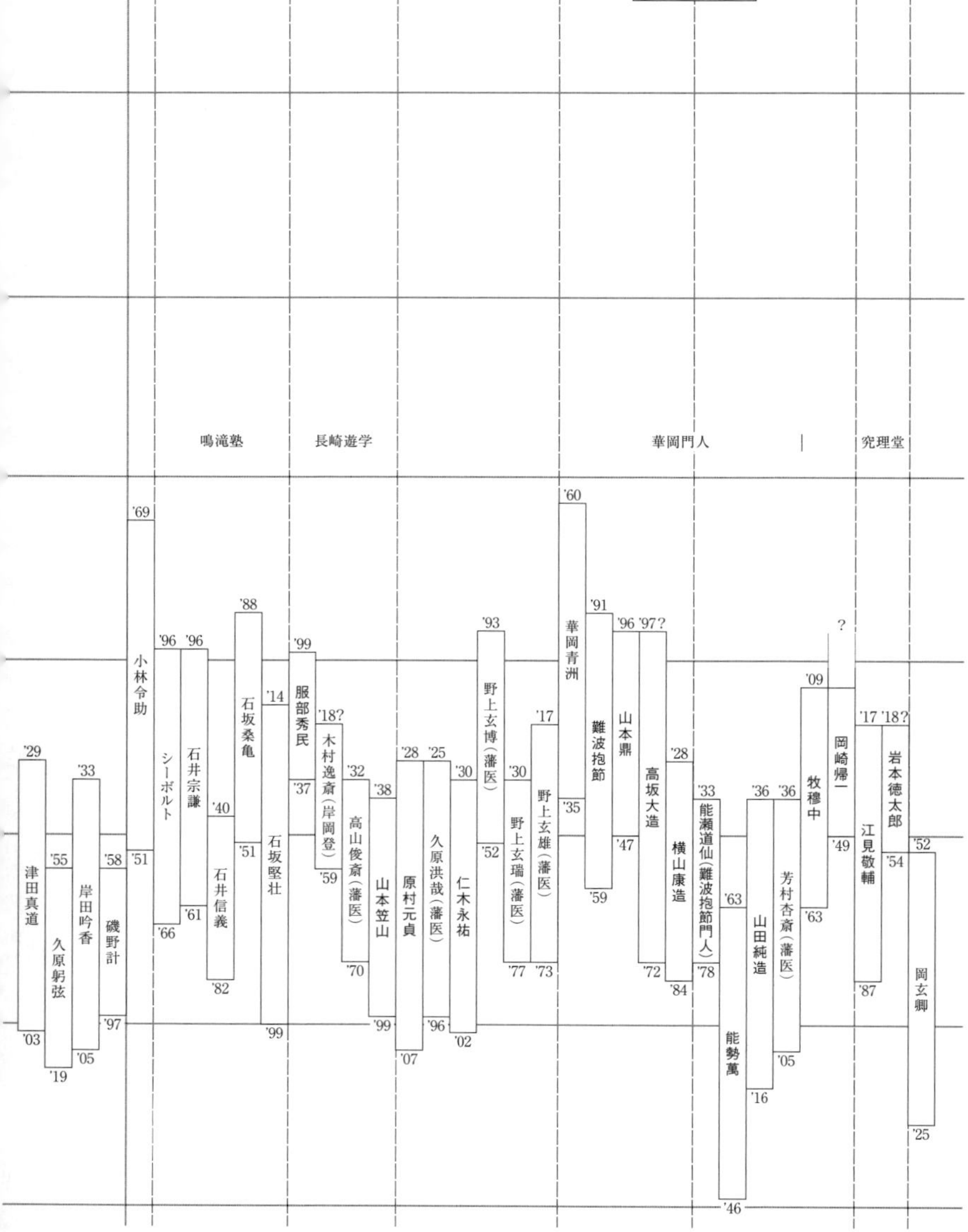

鳴滝塾
長崎遊学
華岡門人
究理堂
'29 津田真道 '03
'55 久原躬弦 '19
'33 岸田吟香 '05
'58 磯野計 '97
'69 小林令助 '51
'96 シーボルト '66
'96 石井宗謙 '61
'40 石井信義 '82
'88 石坂桑亀 '51
'14 石坂堅壮 '99
'99 服部秀民 '37
'18? 木村逸斎(岸岡登) '59
'32 高山俊斎(藩医) '70
'38 山本笠山 '99
'28 原村元貞 '07
'25 久原洪哉(藩医) '96
'30 仁木永祐 '02
'93 野上玄博(藩医) '52
'30 野上玄瑞(藩医) '77
'17 野上玄雄(藩医) '73
'60 華岡青洲 '35
'91 難波抱節 '59
'96 山本鼎 '47
'97? 高坂大造 '72
'28 横山康造 '84
'33 能瀬道仙(難波抱節門人) '78
'63 能勢萬 '46
'36 山田純造 '16
'36 芳村杏斎(藩医) '05
'09 牧穆中 '63
? 岡崎帰一 '49
'17 江見敬輔 '87
'18? 岩本徳太郎 '54
'52 岡玄卿 '25

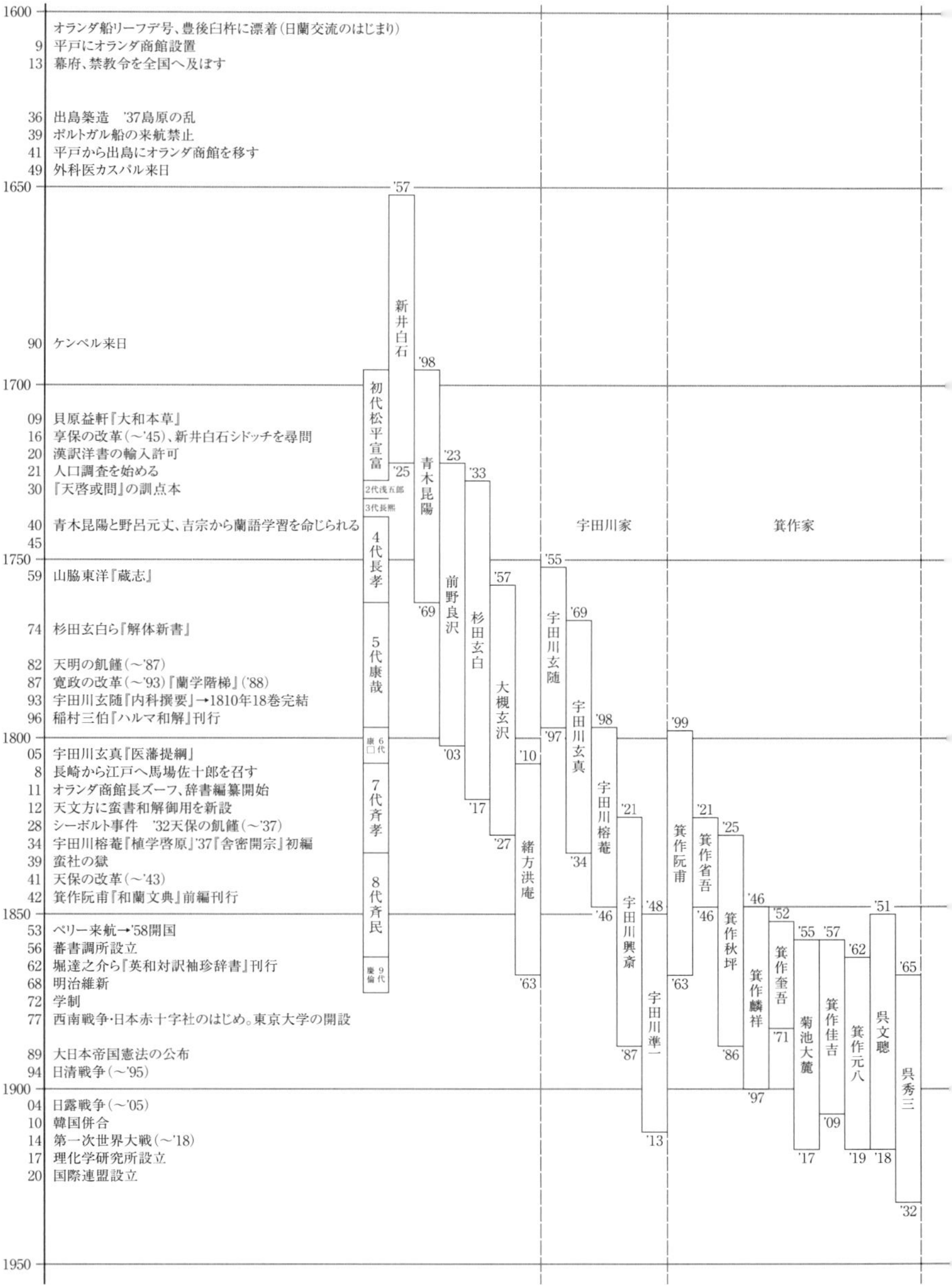
1600
オランダ船リーフデ号、豊後臼杵に漂着（日蘭交流のはじまり）
9 平戸にオランダ商館設置
13 幕府、禁教令を全国へ及ぼす
36 出島築造 '37島原の乱
39 ポルトガル船の来航禁止
41 平戸から出島にオランダ商館を移す
49 外科医カスパル来日
1650
90 ケンペル来日
1700
09 貝原益軒『大和本草』
16 享保の改革（～'45）、新井白石シドッチを尋問
20 漢訳洋書の輸入許可
21 人口調査を始める
30 『天啓或問』の訓点本
40 青木昆陽と野呂元丈、吉宗から蘭語学習を命じられる
45
1750
59 山脇東洋『蔵志』
74 杉田玄白ら『解体新書』
82 天明の飢饉（～'87）
87 寛政の改革（～'93）『蘭学階梯』（'88）
93 宇田川玄随『内科撰要』→1810年18巻完結
96 稲村三伯『ハルマ和解』刊行
1800
05 宇田川玄真『医範提綱』
8 長崎から江戸へ馬場佐十郎を召す
11 オランダ商館長ズーフ、辞書編纂開始
12 天文方に蛮書和解御用を新設
28 シーボルト事件 '32天保の飢饉（～'37）
34 宇田川榕菴『植学啓原』'37『舎密開宗』初編
39 蛮社の獄
41 天保の改革（～'43）
42 箕作阮甫『和蘭文典』前編刊行
1850
53 ペリー来航→'58開国
56 蕃書調所設立
62 堀達之介ら『英和対訳袖珍辞書』刊行
68 明治維新
72 学制
77 西南戦争・日本赤十字社のはじめ。東京大学の開設
89 大日本帝国憲法の公布
94 日清戦争（～'95）
1900
04 日露戦争（～'05）
10 韓国併合
14 第一次世界大戦（～'18）
17 理化学研究所設立
20 国際連盟設立
1950
初代松平宣富
2代浅五郎
3代長熙
4代長孝
5代康哉
6代康□
7代斉孝
8代斉民
9代慶倫
'57 新井白石 '25
'98 青木昆陽 '69
'23 前野良沢 '03
'33 杉田玄白 '17
'57 大槻玄沢 '27
'10 緒方洪庵 '63
宇田川家
'55 宇田川玄随 '97
'69 宇田川玄真 '34
'98 宇田川榕菴 '46
'21 宇田川興斎 '87
'48 宇田川準一 '13
箕作家
'99 箕作阮甫 '63
'21 箕作省吾 '46
'25 箕作秋坪 '86
'46 箕作麟祥 '97
'52 箕作奎吾 '71
'55 菊池大麓 '17
'57 箕作佳吉 '09
'62 箕作元八 '19
'51 呉文聰 '18
'65 呉秀三 '32

『徳川日本の洋学者たち』解説にかえて

東洋大学文学部史学科教授　岩下哲典

かねがね、「読みたいなあ」と心の底からと思っていた本にやっとのことで出会うことができた。元津山洋学資料館館長・現津山洋学資料館友の会顧問下山純正先生の、この本である。

今でも、津山にお伺いするたび、最新の、美作や津山の洋学者やその史料、史跡、特に墓所・墓石のことをお聞きし、大変に勉強になる。ところが、先生の新発見の度合いが早く、迅速なため、新しい情報が次から次に更新されて、私の脳の中は容量が一杯いっぱいになって、前の部分が上書きされて、以前お聞きしたお話がかなり消去されてしまっていた。忘却のたびに、いつも、今までのお話をまとめられたご本があるといいのになあと思っていた。そうした本をこのたび、東京堂出版より上梓していただけて、実にありがたいなあと思う。編集部長の小代渉さんのご尽力に感謝したい。

2年ほど前だったろうか、そうした思いを下山先生にお話ししたことがあった。今回、先生は謙遜されながら、先生がこれまで岡山や津山の新聞に連載されてきた、約200編の作品を、私にお託し戴いた。これまでお聞きしていたお話しの数々を一気に拝読して、私の頭の中で自然に本書のような配列が出来上がっていった。それは、先生の原稿がそれ自体生命を宿していて、それぞれの章のファイルの中に自然に、ごく自然に納まっていくような感じであった。それは、とても不思議な体験であった。文章には魂が宿っているのだと思う。

かくして、40年に及ぶ下山先生の洋学資料館を通じての貴重なお仕事、すなわち美作・津山地方の洋学者や洋学史料の発掘と保存、調査研究、展示を活字で、もちろん一部ではあろうが、追体験させていただくことができたのである。

いずれの原稿の行間からも、美作・津山地域の洋学者やその史料への愛情、墓石・史跡から蘭学者の人生に思いをはせ、そこに、しばし、静かにたたずむ下山先生を想像することができると思う。

本書は、美作地域の洋学者や洋学史料を、初めはほとんど独力で、次第に後輩学芸員と共に、発掘し保存し調査研究して展示をしてこられた、学芸員下山先生のお仕事が、やさしい言葉でつづられているものだ。そして、津山洋学資料館のコレクション形成史そのものであると言っても過言ではない。最初は600点から始まったコレクションは現在、約1万2000点にもなっている。実に20倍である。すごいことではないだろうか。

先生のお仕事を追体験したいと思う関係者のみならず、全国各地の若い生徒や学生たち、若手学芸員や研究者にぜひ読んでほしい本である。

確かに本書で語られている、下山先生と同じことをすることは、今の時代はできないかもしれないが、その思い、思想はぜひ読み取ってほしいものである。そしていつか、いつの日にか、一つでもいいので、それぞれの場所で何かを実現してほしい。

また、美作・津山の方々には、先生が集められた洋学史料をぜひ利用して、さらにこの地方の洋学史を解明していただきたく思う。それが、この地方のアイデンティティ（独自性）を育み、全国や世界から注目され、多くの外客を呼び込むことにもなると思う。歴史を大切にし、史料と学芸員と資料館（博物館）を大切にすれば、全国や世界から大切にされる。そのためにはどうしたらいいか、下山先生の、この本の中に答えがあるように思う。

そもそも、先生との出会いは、今から28年前の、順天堂大学医学部の大教室、洋学史学会創立集会当日であった。当時、私は大学院博士後期課程で20代後半。大家の先生方が前のほうに座っておられ、私は後ろのほうにいた。

突然、近くに座っておられた、角刈りの体の大きな方から、いささか低音のはっきりした声で話しかけられた。

「どこから来られたの」

「神奈川です」

「私は岡山県の津山というところから来ましたが……」

それが先生との最初の出会いであった。

「(津山ってどんなところだろう……)」

この出会いから、先生が学芸員として勤務される津山洋学資料館で、まだ海の者とも山の者とも知れない大学院生の頃から、また、大学教員になってからも何度も講演をさせていただいた。そればかりか、資料館の新館建設では展示構想策定委員にしていただき、展示内容や博物館建設に関して大いに学ばせていただいた。これがきっかけの一つで、現代書館から『シリーズ藩物語　津山藩』を書かせてもいただけた。出会った時には、まさか自分が津山藩の概説書を書くとは思いもよらなかった。何しろ下山先生と出会わなければ、津山というところがどんなところかさえ知らなかったのだから。

しかし、今では津山洋学資料館は、私にとって大学で博物館学を担当する時、最も重要なエビデンス（証拠、証明書）の一つになっている。先生は否定されるかもしれないが、私は先生を博物館学の師匠と密かに思っている。おそらく、私のように、知らず知らずのうちに津山に引き込まれ、下山先生に「津山ファン」「下山ファン」に育てられた、研究者・学芸員は実は全国にたくさんいるのではないかと思っている。あるいは「隠れ下山ファン」は地元津山や全国、またオランダなどの世界にたくさんいると思う。私は前者の繋がりを「下山スクール」と密かに呼んでいる。この下山スクールと隠れ下山ファンのバイブルが、本書であるとも思っている。

つまり、本書は、下山スクールのバイブルであり、新たな下山ファンを獲得するための布教書でもあるのだ。言ってみれば、津山の洋学者宇田川榕菴（うだがわようあん）の『菩多尼訶経（ぼたにかきょう）』のようなものである（詳しくは本書248頁参照）。

さて、本書の編集に幾分関わった、私独自の本書の読み方を披露したい。

まず、最初のほうで、日本史上の大きな洋学の歴史をおさらいしながら、津山の洋学がどのようにその歴史とリンクしているかが理解できるようになっている。なので、洋学を一から学びたい人には、第一章から順番に読んでほしい。第二章は津山洋学の中でも特筆される宇田川榕菴のマルチな活動を扱っている。榕菴が日本の西洋文化受容にどれほど大きな足跡を残しているかが実感できる。第三章は、「津山洋学」の本流にして、日本の洋学の大成者と言ってもよい津山人箕作阮甫のルーツ、役割、交流、赤穂浪人との関係が語られる。私個人は、この章と次の第四章が実に面白かった。その第四章は阮甫の弟子や子孫がどれほど多く、深く日本の学術に関わったか、もう心から感嘆せざるを得ない。第五章はその箕作家に続け、とばかり、これでもかこれでもかと次々に現れる洋学者に圧倒される。第六章から第七章は、杉田玄白やシーボルト、華岡青洲、京都や長崎などで学んだ美作・津山の洋学者の、貴重な発掘記録である。学芸員を目指す人はここから読んでもいいかもしれない。第八章は美作や備中の種痘（天然痘の予防法）の普及が語られ、第九章は最後の津山藩医の群像譚である。第十章は長州藩との戦いに敗れて美作へ敗走した浜田藩の医師たちに焦点を当てている。

そして第三部の「洋学浪漫」は、洋学資料館所蔵の「逸品」を中心にして軽妙な口上で語ったもので、品物から歴史を考えるのもいいかもしれない。実は本書で真っ先に読んでもいいところかもしれない。なおかつ「洋学浪漫」はどこから読んでもいいし、それで関心持った人物を各章にあたってさらに詳しく知るのもいいと思う。また、これまで読んできた事柄のまとめとして最後に読むのもいいだろう。展示品を前に下山先生の、裏話も含んだ含蓄のある解説を聞いているような錯覚を覚えるのは私だけではあるまい。先生の展示解説からファンになる人もたくさんいる。

ともかく、「津山洋学」のバイブルとして、永遠に読み継がれる、いい本だと思う。そして、いい本に出会った、そう思えた読者は、その後の人生が必ずや豊かになる、と私は信じて、この本を多くの方々にお勧めしたい。

この本を読めば、「学芸員はガンだ」などと言ったどこかの某政治家は恥ずかしくて夜も寝られないだろう。いや、逆にそういう人にこそ読んでみてほしい。やっと自分の言ったことが、どれほど間違っているかを本当に「悟る」ことができ、それで安眠できるに違いない、と私は思う。

あとがき

明治百年記念事業の一環によって、洋学者箕作阮甫(みつくりげんぽ)旧宅（津山市西新町）が国指定史跡に追加されたのは昭和五十年（一九七五）のことです。その三年後の昭和五十三年三月、津山市は譲渡されていた旧中国銀行津山東支店（元妹尾(せのお)銀行）を改装して、津山洋学資料館（津山市川崎）を開設しました。その翌年から筆者は学芸員として勤務することになりましたが、洋学に特化した全国的にも希有な資料館の運営には迷いや悩みも多く、自らの浅学を嘆いたものでした。

ところが、「洋学」を専門にしたマニアックさが幸いしたのか、洋学史・化学史・植物学史・法制史学・医史学・薬学史などの研究者の来館が年々増加し、関連学会の地方大会も津山で開催されるようになりました。

「西欧から受容したもの、すべてが洋学に通じる」と考えれば、その学問領域の広がりは計り知れません。それからというもの、関連学会を自由に見聞しては情報の収集に努め、多くの先生方のご協力によって日本医史学会関西支部・化学史学会・洋学史学会などの地方大会を津山に誘致することができました。

昭和六十一年、資料閲覧のために「在村蘭学の研究」を提唱されていた愛知大学教授の田﨑哲郎先生が来館されたことがあります。その時、田﨑先生から「在村の蘭学者を調べてみてはどうか」というご教示をいただき、在村蘭学の研究グループにも加わることができました。

それがきっかけとなって、全国の有名な蘭学塾の門人録から美作出身者を拾い出してリストを作成したり、時間を作っては現地へ出掛けて旧家を訪ね歩くという地道な調査を始めました。大方は不発に終わるのですが、探していた墓碑を確認したり、時には蔵から「華岡青洲座像画」を発見して胸躍らせることもあって、いつしかこれがフィールドワークとなってしまいました。

調査の積み重ねは、洋学者の後裔や旧家からの寄託や寄贈を増やすことに繋がります。これが企画展の計画や開催に大いに役立ったことは言うまでもありません。さらに、新たに発見した旧家や墓碑を案内するための史跡見学会を実施するなど、関連事業を徐々に拡大させていきました。それはまた、新館建設という夢を遠謀することにも繋がっていったのです。

平成十二年（二〇〇〇）、山陽新聞美作版の紙面が拡張されたことに伴い、月一回、洋学関連のコラムを担当することになりました。郷土の洋学の歴史について、少しでも地域の皆さんに関心を持っていただきたいという思いから、「美作洋学あれこれ」（平成十二年三月～十九年一月、全六十七回）と題して、無作為にテーマを選んで寄稿させていただきました。

平成二十二年三月に箕作阮甫旧宅隣地へ新館移転（津山市西新町）することが決まった平成二十年からは、主に新館で展示する資料について解説した「洋学浪漫」（平成二十年四月～二十五年三月、全三十六回）を、また退職後は「洋学礼賛」（平成二十五年五月～、五十九回）とタイトルを変え、令和元年となった現在も書き続けています。読者の方々から出版を望む声がありましたが、このたび縁あって、すでにシリーズを終えている「美作洋学あれこれ」と「洋学浪漫」を再編集して出版することになりました。

本書の出版にあたりましては、実に多くの方々にお世話になりました。お名前を記して謝辞を申し上げます（敬称略・順不同）。岩下哲典、幸田正孝、小島徹、田中美穂、川崎惠子、津山洋学資料館の皆さま、津山郷土博物館の皆さま、調査協力や資料提供いただきました宇田川・箕作両家後裔の皆さま、美作に点在する在村蘭方医旧家後裔の皆さま、山陽新聞社各位。

特に今回の出版に際し、構想の段階から東洋大学教授の岩下哲典先生には並々ならぬご尽力をいただきましたこと感謝に堪えません。岩下先生とは、先生が大学院生時代から交遊を賜り、これまで津山でもたびたびご講演いただくと共に、また新館建設に際しては展示構想策定委員を務めていただきました。

また、長年にわたり専門的な立場から数々のご指導をいただいている、豊田工業高等専門学校元教授幸田正孝先生にもこの場を借りて感謝申し上げます。

さらに、東京堂出版編集部長の小代渉さんには、構想・編集など終始お世話になりました。ご協力賜りました皆様方に、この場をお借りして厚く御礼申し上げます。

二〇一九年八月

下山純正

【著者略歴】

下山純正（しもやま・よしまさ）

1953年、岡山県生まれ。国士舘大学文学部卒業。元津山洋学資料館長。
現在、岡山日蘭協会監事・津山洋学資料館協議会委員・津山洋学資料館友の会顧問。

【主要業績】

『在村蘭学の展開』（共著、思文閣出版、1992年）
『岡山県歴史人物事典』（共著、山陽新聞社、1994年）
『洋学資料による日本文化史の研究』（共著、吉備洋学資料研究会、1988～1997年）
など。

徳川(とくがわ)日本(にほん)の洋学者(ようがくしゃ)たち

2019年９月10日　初版印刷
2019年９月20日　初版発行

著　者　　下山純正
発行者　　金田　功
発行所　　株式会社 東京堂出版
〒101-0051　東京都千代田区神田神保町1-17
電話　03-3233-3741
http://www.tokyodoshuppan.com/

装　丁　　臼井新太郎
組　版　　有限会社 一企画
印刷・製本　　中央精版印刷株式会社

ISBN978-4-490-21018-7 C1021

東京堂出版の本

［価格税別］

村役人のお仕事

山﨑善弘［著］

●四六判上製／224頁／2200円

錦絵解析　天皇が東京にやって来た！

奈倉哲三［著］

●A5判並製オールカラー／224頁／2800円

徳川日本の個性を考える

ピーター・ノスコ［著］　大野ロベルト［訳］

●A5判上製／328頁／4500円